JN097991

も　く　じ

もくじ

レクチャー＆トレーニング

日商リテールマーケティング（販売士）検定試験 3級

上岡史郎 ［著］

実教出版

はじめに

従来の「販売士検定」は、平成27年度検定試験から名称が「リテールマーケティング（販売士）検定試験」に変更されました。この名称変更に伴い、「販売士」の資格は、小売業の販売だけでなく小売業経営の全般を網羅するものであることが明確化されました。

今までは、モノを売る、サービスを提供することは、個人のカンと経験で行うことができました。しかし、現代は、少子高齢化や消費者のライフスタイルの変化、グローバル化やIT化などによって、小売業を取り巻く環境が日々刻々と変化しています。このような環境の変化に対応するためには、店舗運営、企業経営に必要なあらゆる知識を体系的に学ぶことが必要です。

「リテールマーケティング（販売士）検定試験」は、次のようなレベルにより、1〜3級までに分かれています。

> **1級** 小売業経営に関する高度で専門的な知識を身につけ、経営計画を立案し、総合的な管理業務を遂行できること。
>
> **2級** 小売業について主として販売に関する専門的な知識を身につけ、ある程度の管理業務を遂行し、かつ部下を指導できること。
>
> **3級** 小売店舗運営の基本的なしくみを理解し、販売員としての基礎的な知識と技術を身につけ、販売業務を行うことができること。

「リテールマーケティング（販売士）検定試験」は、小売業に従事する人だけでなく製造業（メーカー）や卸売業、サービス業といったさまざまな業種に従事する人々も受験しています。特に「リテールマーケティング（販売士）検定」の3級は学生の受験率が高く、就職の足がかりとして受験する傾向があります。

本書は、「リテールマーケティング（販売士）検定」の3級の出題範囲について、重要事項を中心にまとめたテキストです。図表やイラストを使用し、より理解しやすい内容となっています。

また、各編の最後には学習のまとめとして検定試験形式の問題を掲載し、学習した内容が身についているか確認できるように工夫しました。

多くの方が、本書を活用して、「リテールマーケティング（販売士）検定試験」に合格し、リテールマーケティングのプロである販売士として活躍されることを願っています。

最後に、本書の刊行にあたり終始助言いただいた実教出版株式会社企画開発部、また、編集、校正段階でご尽力いただいた有限会社アクトにこの場を借りて心より御礼申し上げます。

上岡史郎

本 書 の 使 い 方

　本書は、「リテールマーケティング（販売士）検定試験」3級の学習内容をまとめたテキストです。各編は、株式会社カリアック発行の「販売士ハンドブック（基礎編）」（2019年5月15日　初版発行）の上下巻に対応しています。

※統計数値は、2022年10月現在の最新数値となっているため、
　「販売士ハンドブック（基礎編）」と異なる部分があります。

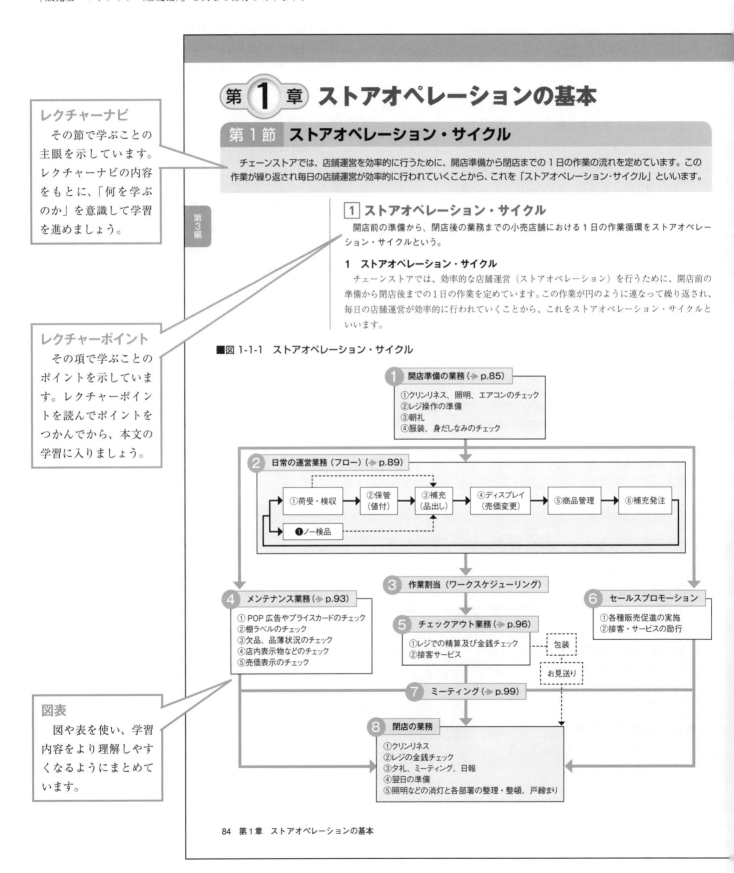

レクチャーナビ

　その節で学ぶことの主眼を示しています。レクチャーナビの内容をもとに、「何を学ぶのか」を意識して学習を進めましょう。

レクチャーポイント

　その項で学ぶことのポイントを示しています。レクチャーポイントを読んでポイントをつかんでから、本文の学習に入りましょう。

図表

　図や表を使い、学習内容をより理解しやすくなるようにまとめています。

第3編

第 1 章　ストアオペレーションの基本

第1節　ストアオペレーション・サイクル

　チェーンストアでは、店舗運営を効率的に行うために、開店準備から閉店までの1日の作業の流れを定めています。この作業が繰り返され毎日の店舗運営が効率的に行われていくことから、これを「ストアオペレーション・サイクル」といいます。

1 ストアオペレーション・サイクル

　開店前の準備から、閉店後の業務までの小売店舗における1日の作業循環をストアオペレーション・サイクルという。

1　ストアオペレーション・サイクル

　チェーンストアでは、効率的な店舗運営（ストアオペレーション）を行うために、開店前の準備から閉店後までの1日の作業を定めています。この作業が円のように連なって繰り返され、毎日の店舗運営が効率的に行われていくことから、これをストアオペレーション・サイクルといいます。

■図1-1-1　ストアオペレーション・サイクル

① 開店準備の業務（→ p.85）
①クリンリネス、照明、エアコンのチェック
②レジ操作の準備
③朝礼
④服装、身だしなみのチェック

② 日常の運営業務（フロー）（→ p.89）
①荷受・検収 → ②保管（値付） → ③補充（品出し） → ④ディスプレイ（売価変更） → ⑤商品管理 → ⑥補充発注
❶ノー検品

③ 作業割当（ワークスケジューリング）

④ メンテナンス業務（→ p.93）
①POP広告やプライスカードのチェック
②棚ラベルのチェック
③欠品、品薄状況のチェック
④店内表示物などのチェック
⑤売価表示のチェック

⑤ チェックアウト業務（→ p.96）
①レジでの精算及び金銭チェック
②接客サービス

⑥ セールスプロモーション
①各種販売促進の実施
②接客・サービスの励行

包装
お見送り

⑦ ミーティング（→ p.99）

⑧ 閉店の業務
①クリンリネス
②レジの金銭チェック
③夕礼、ミーティング、日報
④翌日の準備
⑤照明などの消灯と各部署の整理・整頓、戸締まり

84　第1章　ストアオペレーションの基本

トレーニング

　各編の最後に問題を掲載しています。編で学習した内容が理解できているか確かめましょう。

トレーニング

第1問　次のア～オは、小売業の定義と機能について述べている。正しいものには1を、誤っているものには2を、解答欄に記入しなさい。

ア　経済産業省の商業統計調査では、年間販売額の70％以上を消費者に販売する事業者を小売業としている。

イ　主として個人または家庭用消費者に無店舗販売を行う事業所も小売業に含まれる。

ウ　商品を仕入れて産業用使用者に販売したり、仕入れた商品をほかの事業者に再販売したりする事業者への販売活動は卸売りである。

エ　小売りと卸売りは売り手による区分である。

オ　小売業は、メーカーに代わって消費者への「購買代理」を行っている。

ア	イ	ウ	エ	オ

トレーニング　解答・解説

第1編　小売業の類型 (p.40)

第1問	ア	イ	ウ	エ	オ
	2	1	1	2	2

ア　年間販売額の70％以上ではなく、半分以上が消費者に対するものである場合、小売業と定義している。

イ　そのほか、商品を販売し、かつ、同種商品の修理を行う事業所や、製造小売事業所、ガソリンスタンド、産業用使用者に少量または少額で販売する事業所も小売業となる。

ウ　卸売りとは、生産活動や事業活動のために原材料や部品、設備などを販売する活動をいう。文具店が消費者に商品を販売すれば小売活動であるが、ほかの小売店に販売すれば卸売活動となる。

エ　小売りと卸売りは買い手によって区別できる。小売業は消費者に対して商品やサービスを販売し、卸売業は消費者以外の事業者に販売する。

オ　小売業は、メーカーに代わって消費者に商品を販売する「販売代理」を行うと同時に、消費者が望む商品を消費者に代わってメーカーから仕入れてくる「購買代理」を行う。

トレーニング　解答解説

　解答と解説は198ページ以降に示しています。解説は本文の説明を踏まえて、より詳しい解説としました。

第2節

　開店前はれるにあた

1 クリンリネス

　クリンリネスとは、「掃除」「清掃」を指す言葉である。クリンリネスにつながる。

1　クリンリネスの基本「3S」

　クリンリネスとは「掃除」「清掃」という意味です。店舗内外を清……の基本となります。クリンリネスを徹底することによって、顧客は気持ちよく買物をすることができます。

　売場のクリンリネスの実践は3Sを基本とします。この3Sとは「整理」「整頓」「清掃」のことで、それぞれの頭文字をとっています。

クリンリネスの3S

①整理：乱れた商品をきちんと整え、秩序通りに正しくそろえること。
②整頓：商品や資料、備品などを一定の基準のもとに片づけること。
③清掃：店舗内外の売場をきれいに維持すること。

2　清掃する場所

　清潔に保つべき場所は売場だけではありません。店舗の入口周辺や駐車場は顧客が店舗に入る前に目にする場所であり、店舗の印象を左右する場所です。また、顧客が立ち入らないバックヤードも清潔に保つことで作業効率が上がります。

　また、店内で特に汚れが目立つ入口のマットは、顧客に気持ちよく入店してもらうために、常に清潔に保つ必要があります。売場床の清掃は、毎日数回の清掃と業者によるポリッシャーといわれる専用の清掃機械を使った定期的な磨きこみを行います。

・従業員がほこりや汚れを見つけたときは、速やかにその場で清掃する。

・清掃中に顧客が近づいてきたら、一旦作業の手を止めて挨拶する。

⇒参照
○バックヤード
⇒ p.22

ポリッシャー

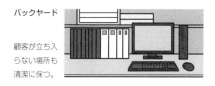

側注

　側注には、次のものを示しました。

重要
　本文内の重要語について説明しています。重要語の意味をしっかりおさえましょう。

補足
　本文と関連する内容について、補足説明をしています。学習内容をより深く理解できるようになっています。

統計
　小売業に関するさまざまな統計資料を掲載しています。近年の傾向をつかんでおきましょう。

参照
　本文中の内容について説明しているページを示しています。

■表1-2-1　おもな清掃場所

店外	看板、ガラス窓	
	外壁、店頭（ピロティ）	
	空調口	
	駐車場、駐輪場	
店内	売場床	
	ディスプレイ什器	
	レジ周り	
	照明器具、蛍光灯	
バックヤード	事務所	
	店員の休憩場所	
	倉庫、荷受・検品場所	
トイレ	便器、タンク、床、壁	

駐車場

店舗に入る前に顧客が目にする部分は店舗の第一印象が決まる場所。

バックヤード

顧客が立ち入らない場所も清潔に保つ。

売場床

特に入口の床やマットは目につきやすい。

リテールマーケティング（販売士）3級検定試験について

　リテールマーケティング（販売士）検定試験は、2021年度よりテストセンター（指定の試験会場）におけるネット試験となりました。これまでの年2回の統一試験日での実施と異なり、随時、受験が可能となっています。試験はすべてパソコン上で行われ、試験結果も受験後すぐにわかるようになりました。出題形式は、各科目20問（択一式正誤問題10問、択一式穴埋め問題10問）で、5科目100問となります。制限時間は5科目全体で60分です。

　受験の申し込みは、株式会社CBT-Solutionsの「リテールマーケティング（販売士）検定試験　申込専用ページ」（https://cbt-s.com/examinee/examination/jcci_retailsales）から行うことができます。

【択一式正誤問題の例】　※パソコン上のイメージです。

次の設問で、正しいものには○を、誤っているものには×を選択しなさい。

専門店は、取扱商品において特定の分野が90％以上を占めるセルフサービス店を指す。
- [ ] ○
- [ ] ×

| 解答状況 | あとで見直す | 前の問題へ | 次の問題へ |

【択一式穴埋め問題の例】　※パソコン上のイメージです。

次の設問の【　　】のなかにあてはまるものとして、最も適当なものを選びなさい。

【　　】とはレギュラーチェーンの別の名称である。

- [ ] コーペラティブチェーン
- [ ] コーポレートチェーン
- [ ] ボランタリーチェーン
- [ ] フランチャイズチェーン

| 解答状況 | あとで見直す | 前の問題へ | 次の問題へ |

第1編　小売業の類型

第1章 流通における小売業の基本

第1節 小売業とは何か

　小売業とは卸売業から商品を仕入れ、消費者に販売する事業者です。まず最初に小売業の定義と流通上の役割、小売業の業務について理解しておきましょう。

1 小売業の定義

　小売業とは、消費者に商品を提供する事業者である。商業統計調査では、小売業をもう少し広く定義している。

1 おもに消費者に販売する小売業

　私たちが商品を手に入れるには、製造業（メーカー）→卸売業→小売業→消費者へと商品を移転していくしくみ（**流通機構**）が必要です。小売業は主として流通機構の最終段階にある消費者（最終消費者）に直接商品を販売する事業者をいいます。

■図1-1-1　流通経路

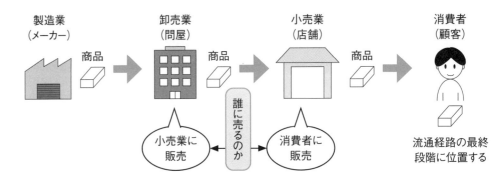

　しかし、消費者以外に小売業が商品を販売する場合もあります。たとえば、オフィスで使う事務用品を企業がまとめて文房具店から購入する場合などのように、小売業が企業に対して商品を販売することもあります。

　経済産業省による**経済センサス（商業統計調査）**では、年間販売額の半分以上が消費者に対するものであれば、小売業と広く定義しています。

> **商業統計調査による小売業の定義**
>
> ①個人または家庭用消費者のために商品を販売する事業所
> ②**産業用使用者**に少量または少額の商品を販売する事業所
> ③商品を販売し、かつ、同種商品の修理を行う事業所
> ④製造小売事業所（自店で製造した商品をその場所で個人または家庭用消費者に販売する事業所）
> ⑤ガソリンスタンド
> ⑥主として無店舗販売を行う事業所で、主として個人または家庭用消費者に販売する事業所
> ⑦別経営の事業所＊　＊官公庁、会社、工場、団体、遊園地などの売店等で他の事業者によって経営されている場合はそれぞれ独立した事業所として小売業に分類する。

2 販売対象は消費者

　卸売業の販売対象者は事業者であるのに対して、小売業の販売対象者は、流通の最終段階に位置する消費者である。

　主として、卸売業は消費者以外への販売を行い、小売業は消費者に対して商品やサービスを販売します。つまり、買い手の違い（買い手の区分）によって卸売業と小売業をおおむね区別

重要

○**最終消費者**

　流通機構の最終段階に位置する消費者。

重要

○**流通機構**

　生産者から流通経路の最終段階に位置する最終消費者まで商品が流れていく流通経路全体のしくみ。日本の流通機構は、日本的商慣行といわれるような閉鎖的、排他的な独特のシステムをもっていたが、外資系企業の参入など、グローバル化の波におされて、開放的なシステムになりつつある。

重要

○**商業統計調査**

　卸売業や小売業といった商業を営む事業所について、産業別、従業者規模別、地域別等に従業者数、商品販売額等を把握し、わが国の商業の実態を明らかにするために行われる調査。

　商業統計調査は、2014（平成26）年の調査を最後に廃止された。

重要

○**産業用使用者**

　製造業（メーカー）や卸売業、飲食店、病院、学校、官公庁など、業務用として商品を購入する事業者。

することができるのです。

３ 販売代理と購買代理

小売業はメーカーと消費者の橋渡し役であり、メーカーの販売代理と消費者の購買代理を行うことで流通の一端を担う。

1 販売代理

製造業（メーカー）や卸売業者から商品を仕入れて消費者に販売することを販売代理といいます。販売代理の機能を通じて、小売業はメーカーの生産した商品を消費者に直接販売しているのです。

販売代理による流通システムは、メーカーが標準的・画一的な商品を大量生産して流通業がその商品を大量流通させ、消費者が大量消費する時代には適したしくみです。

2 購買代理

小売業は販売代理と同時に購買代理の機能も果たしています。現代のようにモノがあふれる時代になると、消費者はより個性化した商品を求めるようになり、メーカーがつくる商品も多様化せざるを得ません。

消費者のニーズに合った商品を消費者に代わってメーカーから仕入れるという購買代理の機能が、小売業にはより強く求められるようになっています。

3 情報の入手と提供

小売業は流通の最終段階に位置し、消費者に直結している唯一の流通業です。そのため、POS データなどによって、「いつ、誰が、どの商品を、いくつ購入したか」「どの商品とどの商品を一緒に購入したか」といった詳細な商品情報や顧客情報を入手することができます。POS データの解析によって、小売店は精度の高いマーチャンダイジングができるようになっています。また、POS データをメーカーや卸売業にフィードバックすることによって、消費者ニーズに合った商品を開発し、流通させることも可能になります。POS データの活用は、小売業の購買代理機能の強化につながっています。

 補足
○卸売
　商品を仕入れて産業用使用者やほかの事業者などに再販売すること。商品を販売する相手（買い手）が消費者ではない点が小売と異なる。

重要
○POS データ
　商品に貼付されているバーコード（→ p.78）をスキャンすることで、「いつ、誰が、何を、いくつ買ったのか」という詳細な商品情報や顧客情報を収集することができる。

重要
○マーチャンダイジング
　商品化政策または商品計画のこと。品ぞろえから販売までの一連の業務を指す。その商品をどのくらい仕入れ、どのくらいの価格で販売するかなどを計画すること。（→ p.49）

一緒に覚える

小売業が扱う商品　～有形財と無形財～

○形がある商品 —— 有形財
　小売業は、形がある商品を消費者に提供することによって対価を得ます。この形がある商品を有形財といいます。そしてこの有形財を消費者に提供するとその商品は消費財という名称になり、事業者に提供すると産業財や生産財という名称になります。

○形がない商品 —— 無形財
　小売業は、販売した商品（有形財）に付随して、商品の配送や修理などのサービスも提供します。
　この形のないサービスを無形財といい、近年の小売業ではこの無形財を扱うことが多くなっています。

○サービスの特徴

無形性	目で見る、触れるなどの五感で確かめることができない。
不可分性 （生産と消費の同時性）	コンサートで演奏するアーティストと音楽を鑑賞する観客など、サービスの提供と消費が常に一体化している。
異質性 （変動性）	人が提供するため、すべての従業員が均一なサービスを提供することは難しく、また、1 人の従業員のサービスも状況によって変化する。
非貯蔵性	一度サービスの提供を受けると、その場でサービス自体は消滅し、それを返品することができない。

日本の小売業の特徴と

1　日本の小売業の特徴

　日本の小売業は、欧米諸国と比較すると「零細性」「過多性」「多段階性」という特徴があるといわれています。これは、日本の小売業の構造的特徴です。

■表1-1-1　日本の小売業の構造的特徴

零細性	「商業統計調査」によると、就業者4人以下の零細小売店が店舗全体の62.6%を占めている。しかし、商品販売額ではわずか12.2%となっている（2014年）。 日本の小売業は、パパママストア（夫婦のみ、または1〜2名のパートタイマーを使う程度の経営規模の零細小売店）が多く、個々の小売店の商品販売額は極めて低い。
過多性	日本の小売業は、国土面積1㎢あたり3.0店、または人口1,000人あたりの店舗数が8.9店。欧米諸国と比較すると、店舗密度が高い。
多段階性	日本の流通構造は、メーカーから消費者までの段階に多くの流通業者が介在している（流通の多段階性）。流通の多段階性をはかる尺度にW／R比率* がある。 $$W／R比率 = \frac{卸売業の販売額（売上高）}{小売業の販売額（売上高）}$$ ＊W／R比率 とは、一国の卸売業の売上高全体を小売業の売上高全体で割った数値。

2　日本のW／R比率が高くなる理由

　W／R比率が高いほど、卸売業の売上高が多いことを示しています。

　日本のW／R比率が高い理由の1つは、流通の多段階性にあります。日本の流通構造は、一次卸・二次卸……と複数の卸売業が介在することで多段階になり、結果として卸売業の売上高がふくらみ、W／R比率が高くなるのです。一般的に、小売業が零細過多であると、大量生産・大量流通しているメーカーと取引をすることができず、卸売業を通して仕入れる場合が多くなります。しかし、チェーンストアなどの大規模小売店は、自店で大量販売をすることが可能なため、メーカーと直接取引をする傾向があります。

　2つめは、海外への輸出が多いことです。日本のメーカーの商品が日本の商社を経由して海外に輸出された場合、日本国内の卸売業の売上高は計上されますが、小売業の売上高は反映されません。そのため、卸売業の売上高が多くなるのです。

流通機構の役割

3 流通機構の役割

　かつて、私たちの生活は自給自足が基本であり、生産者と消費者はほぼ一致していました。しかし、時代が進んで経済が発展したことにより、生産と消費はそれぞれ別の場所で別の人が行うようになっています。現代のように生産者と消費者が異なっていても生産者から消費者まで商品がスムーズに流れるのは、生産と消費の間に**流通機構**が介在しているからです。流通機構は、生産と消費の間にあるさまざまな**ギャップ**（懸隔）の橋渡しをしています。

■図1-1-2　流通における生産と消費のギャップ

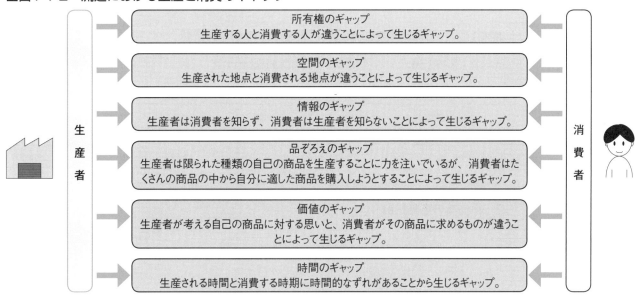

4 ギャップの橋渡しをする4つの流通機能

　生産者と消費者の間にあるギャップを橋渡しする流通機能には、次の4つがあります。

❶取引機能（仕入機能と販売機能）

　取引機能とは、**所有権のギャップ**と**価値のギャップ**の橋渡しを行う機能です。商品の所有権は生産者がもっています。流通機構がその商品を仕入れて消費者に販売すると、商品の所有権は消費者に移転します。対価として生産者は商品の代金を受け取ることができます。このように仕入と販売を行い、所有権の移転や商品と代金の交換をする機能が取引機能です。

❷輸送機能

　輸送機能とは、**空間のギャップ**の橋渡しを行う機能です。生産地から消費地まで商品を輸送することで場所的な隔たりを解消する機能をいいます。

❸情報伝達機能

　情報伝達機能とは、生産者と消費者の**認識のギャップ**（情報のギャップ・知覚的ギャップ）の橋渡しを行う機能です。具体的には、プロモーション活動と市場情報の収集がおもな内容になります。積極的なプロモーション活動が販売促進につながり、消費者ニーズを収集することが、むだのない商品開発につながります。

❹保管機能

　保管機能とは、**時間のギャップ**の橋渡しを行う機能です。特に、生産する時期が限られている生鮮食料品などは、保管機能を遂行することで消費者が時期を気にせずに消費することができます。

中小小売業は日本の小売業の98%を占めています。これらの中小小売業の現状について理解しておきましょう。

1 中小小売業の現状

　中小小売業とは、資本規模5,000万円以下、または従業員規模50人以下の小売業をいう。中小小売業の事業所数、年間商品販売額ともに年々減少傾向が続いている。

1　中小小売業の規模

　「中小企業基本法」では、中小企業者を業種別に資本の額と従業員数によって次の表の通りに定義しています。これによると、中小小売業とは、「資本金または出資金が5,000万円以下、または、従業員数が50人以下の会社及び個人」となります。

■表1-2-1　「中小企業基本法」による中小企業者の定義

業　種	資本金または出資金	従業員数
製造業・その他の業種	3億円以下	300人以下
卸売業	1億円以下	100人以下
小売業	5,000万円以下	50人以下
サービス業	5,000万円以下	100人以下

2　小売業の事業所数

　小売業の事業所数について2014（平成26）年の「商業統計調査」によれば、全国の小売業の事業所数は約102万か所となっています。

　約102万の小売業の事業所のうち、商業統計調査において、年間商品販売額等があり、産業細分類格付けに必要な事項の数値が得られた事業所は、約76万でした。この約76万の事業所のうち、従業者数4人以下の小規模事業所は約62.6%、5人から49人の中規模事業所は約35.6%であり、全体の98.2%を中小規模の事業所が占めています。さらに、**パパママストア**といわれる従業者数2人以下の事業所が全体の40%以上を占めることからも、日本の小売業は零細事業所が多いことがわかります。

　ちなみに、従業者数50人以上の大規模事業所の事業所数は、全体のわずか1.7%です。

■図1-2-1　小売業の従業者規模別事業所数

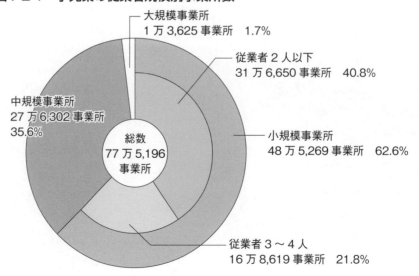

中小小売業が全体の98.2%を占める。　（経済産業省「平成26年 商業統計調査確報」）

? 補足

○従業者数と就業者数

　「従業者数」は、従業員に臨時の雇用者や出向者、派遣の受け入れ人数等を加えたもの。これに経営者を加えたものが「就業者数」。

! 重要

○パパママストア

　夫婦のみ、または1〜2名のパートタイマーを使う程度の経営規模の零細小売店。

3　小売業の年間販売額

　小売業の年間販売額について2014（平成26）年の「商業統計調査」を見ると、全国の小売業の年間販売額は約122兆円1,767億円となっています。

　これは2007年に比べると約9％の減少です。小売業の年間商品販売額は、1997年まで増加し続けていましたが、1999年以降は、景気低迷による消費の伸び悩みや低価格化から減少傾向が続いています。

4　チェーン組織への加盟

　中小小売業は、ヒト・モノ・カネ・情報といった経営資源が脆弱です。そのため、経営基盤を強化する目的で、フランチャイズチェーン（FC）やボランタリーチェーン（VC）などのチェーン組織に加盟する小売業も出てきています。

データでチェック　小売業の変化　～零細小売店の減少と大型の小売店の増加～

○店舗数は減少し、年間販売額は増加

　2014（平成26）年の「商業統計調査」によると、2014（平成26）年の小売業の事業所数は102万5千店となっており、1982（昭和57）年の172万店をピークに一貫して減少しています。

　一方、小売業の年間販売額は、1982（昭和57）年に約94兆円であったものが、2014（平成26）年には約122兆円に増大しています。同調査では就業者数と売場面積も増加傾向を示しており、店舗の大型化が進んでいると考えられます。

■図1-2-2　小売業の事業所数と年間販売額

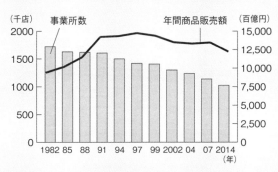

（経済産業省「平成26年 商業統計調査」）

○コンビニエンスストアを含む業種が最も多い

　2014（平成26）年の「商業統計調査」によると、業種別の事業所数では、コンビニエンスストアが含まれる「その他の飲食料品小売業」が最も多く、全体の13.3％を占めています。次いで、ホームセンターを含む「他に分類されない小売業」（10.3％）、ドラッグストアを含む「医薬品・化粧品小売業」（9.1％）となっています。

　品ぞろえが豊富なコンビニエンスストアなどが増加した一方、「食肉小売業」や「鮮魚小売業」などは減少傾向にあります。

○零細小売店が減少

　就業者規模別に事業所数の構成比を見ると、4人以下の零細小売店は、84.2％（1982年）から62.6％（2014年）に減少しています。一方、50人以上の就業者を抱える大型の小売店は0.4％（1982年）から1.7％（2014年）と増加傾向にあります。しかし、小売業の事業所数全体に占める割合はわずかであり、日本の小売業の零細性自体に変化を起こすにはいたっていません。

■図1-2-3　就業者規模別の事業所数の構成比

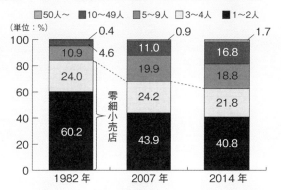

（経済産業省「平成26年 商業統計調査」）

■図1-2-4　小売業の業種別事業所数

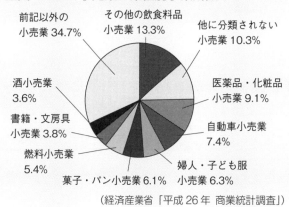

（経済産業省「平成26年 商業統計調査」）

第2章 組織形態別小売業の基本

第1節 組織小売業の種類と特徴

組織小売業とは多店舗展開しているチェーンストア形態の小売業をいいます。ここでは、組織小売業の分類とそれぞれの特徴について学んでいきます。

1 組織小売業の定義と特徴

組織小売業は、複数の店舗が共通の看板を掲げ、店舗運営などのシステム化を通じて共同で事業を行うことでスケールメリットを発揮し、ローコストオペレーションを実現する。

1 組織小売業の定義と特徴

組織小売業とは多店舗展開している小売業をいい、おもに**チェーンストア**形態を採用している小売業を指します。組織小売業では、本部が管理業務を担当し、店舗が販売を実践するというように役割分担をすることによって、多店舗展開をしながら**ローコストオペレーション**を実現し、**スケールメリット**をいかすことで**バイングパワー**を発揮して仕入を行い、低価格の販売を行っています。多店舗展開をする場合、提供するサービス等について店舗間の格差が出ないようにしなければなりません。そこで、多店舗展開をする組織小売業では、マニュアルを導入するなどの方法をとって店舗の標準化を行います。

このように、組織小売業とは、本部主導で**チェーンオペレーション**を行い、スケールメリットを追求することでローコストオペレーションを達成し、消費者に低価格で商品を提供することを実現していきます。店舗形態の類似性が保たれていることも特徴の1つです。

2 組織小売業の分類

組織小売業は、資本形態・店舗形態などの種類によって、ボランタリーチェーン・フランチャイズチェーン・レギュラーチェーンの3つに分類することができます。

■図2-1-1 チェーン3形態のしくみ

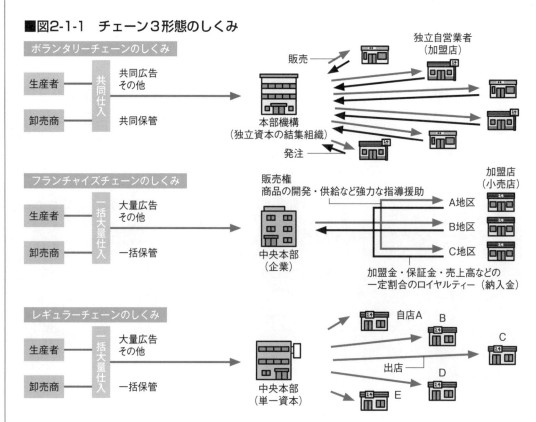

（『ビジネス基礎 新訂版』東京法令出版 一部修正、加筆）

○チェーンストア

組織的に運営され、多店舗展開している小売業をいう。チェーンストアでは、本部が商品に関する管理業務を集中的に行い、各地域に分散している店舗は販売に集中する形態をとる。

○ローコストオペレーション

店舗運営に関わる経費を最大限引き下げ、それによって得た利益を商品価格の引き下げなどのかたちで顧客に還元すること。

○スケールメリット

規模の利益（規模の経済）ともいう。大量に仕入れることで、仕入単価を抑えてコストを安くするなど、規模を大きくすることで得られる利益や効果のこと。

○バイングパワー

大量仕入、大量流通、大量販売といった大量の商品を取り扱うことができる力を意味する。

○チェーンオペレーション

単一資本の企業が、同一形態の店舗を多数出店し、本部の強力なコントロールのもとで、それらの店舗を同じように運営していくこと。

2 資本形態で分類した組織小売業の種類と特徴

資本形態による分類とは、多店舗化した店舗を誰が所有して実際に店舗を運営しているかという分類である。

1 ボランタリーチェーン（VC）

ボランタリーチェーン（VC）とは、小規模の小売業が独立性を維持し、共同で事業を行うものをいいます。組織化するおもな目的は、加盟店が共同仕入などを行うことによってスケールメリットを発揮し、大手チェーンストアに対抗することです。ボランタリーチェーンには、卸売業が小売業者を組織化して自らチェーン本部の機能を果たす「卸売主宰 VC」と、複数の小売業者が組織化して本部機能を設置する「小売主宰 VC」があります。なお、「小売主宰 VC」をコーペラティブチェーンともいいます。

2 フランチャイズチェーン（FC）

フランチャイズチェーン（FC）は、コンビニエンスストアやファストフード店などの業界に多くみられます。フランチャイズは、「特別許可」や「販売特権」という意味を指し、ある企業が資本関係のない他の事業者に対して店舗のブランド名やノウハウなどを提供し、対価を受け取る契約関係をいいます。フランチャイズチェーンでは、特権を与える本部をフランチャイザー、本部から特権を与えられる加盟店をフランチャイジーといい、本部は自社の店舗名などのブランドや店舗運営のノウハウを加盟店に提供する代わりに**ロイヤルティ**とよばれる経営指導料を受け取ります。

■表2-1-1 フランチャイザー（本部）とフランチャイジー（加盟店）のメリット

本部のメリット	加盟店のメリット
・少ない投資でも急速に規模を拡大できる 　単一の資本で多店舗化するためには多額の資金を必要とするが、フランチャイズチェーンでは、店舗運営のノウハウを提供することで店舗を増やしていくことができ、出店費用を抑えられる。 ・ロイヤルティによる確実な収入が見込める 　商品仕入の代金だけでなく、ノウハウ提供や直接的な指導の対価としてロイヤルティを受け取ることができる。 ・多くの加盟店から情報収集できる 　多店舗化が進むことでさまざまな情報を収集・分析できる。	・消費者に信頼されるトレードマーク（商標）を使うことができる 　すでに認知度が高い商標を使用することで、消費者に安心感を抱かせることができる。 ・本部がもつノウハウを利用することができる 　品ぞろえやサービスに関するノウハウは、本部がすでに確立しているものを利用するため、失敗のリスクが軽減する。また、店舗運営については本部から指示があるので、加盟店は販売に集中することができる。 ・経営上のリスクが少ない 　本部から指導を受けることができ、経営を安定させることができる。

データでチェック　フランチャイズチェーン（CV）の規模

○小売業界におけるフランチャイズチェーンの位置づけ

2021年度の日本国内のフランチャイズチェーン数は1,286チェーンであり、このうち、小売業は313チェーンとなっています。また、小売業313チェーンのうち、16チェーンはコンビニエンスストア（CVS）です。店舗数は、総数25万288店舗のうち、小売業は10万5,750店舗（うちCVSは5万7,544店舗）となっており、売上高では、総額25兆8,809億円のうち、小売業は19兆2,531億円（うちCVSは11兆1,095億円）でした。

売上高の金額の大きさから、フランチャイズチェーンの小売業が小売業界において重要な位置を占めていることがわかります。

■図2-1-2 フランチャイズチェーンの売上高

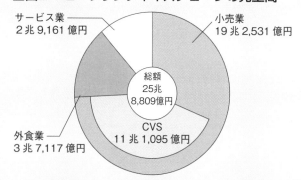

サービス業 2兆9,161億円
小売業 19兆2,531億円
総額 25兆8,809億円
外食業 3兆7,117億円
CVS 11兆1,095億円

（一般社団法人日本フランチャイズチェーン協会「2021年度 JFAフランチャイズチェーン統計調査」）

3　レギュラーチェーン（RC）

　レギュラーチェーンとは、1つの企業（同一資本）が本部となって多数の店舗経営を行うもので、コーポレートチェーン（CC）ともいいます。レギュラーチェーンの目的は、多店舗展開することによって大量仕入・大量販売を行い、低価格を実現することです。

　レギュラーチェーンは、スーパーマーケットや総合品ぞろえスーパーだけでなく、家電量販店や、アパレル、ドラッグストアなど、さまざまな業態に進出をしています。

　レギュラーチェーンでは本部と各店舗は同一資本であり、出店費用を本部が負担するため、多店舗展開するには多額の自己資金が必要とされ、景気悪化時にはリスクが大きくなります。一方、同一資本であるからこそ、本部が経営に関するすべてを取り仕切り、各店舗を強力にコントロールすることが容易になるという利点もあります。

各チェーンの目的・組織構成・運営・特徴をまとめてチェック

	ボランタリーチェーン	フランチャイズチェーン	レギュラーチェーン
目的	ローコストオペレーションを実施する大手チェーンストアに対抗すること。	・**フランチャイザー（本部）** 出店の低コスト化とロイヤルティによる安定収入。 ・**フランチャイジー（加盟店）** 商標の使用と店舗運営のノウハウの提供による経営の安定。	多店舗展開することで大量仕入・大量販売を行い、低価格で商品を提供すること。
組織構成	・**卸売主宰VC** 卸売業が中小小売業を組織化。卸売業が本部。 ・**小売主宰VC** 複数の中小小売業が参加して組織化。本部は加盟店が新たに設営。	独立した事業者どうしが契約する。 ・**フランチャイザー** 本部。店舗運営を指導し、ロイヤルティを受け取る。 ・**フランチャイジー** 加盟店。店舗運営の指導を受け、ロイヤルティを払う。	1つの企業（同一資本）が多数の店舗を経営する。
運営・特徴	・**相互に助成する体制** 加盟店どうしがつながりをもち、互いに助け合う。 ・**運営に加盟店が関与** ボランタリーチェーンの運営について、本部だけでなく個々の加盟店も主体的に関与する。 ・**本部の利益を還元** 本部が得た利益について、加盟店は還元を受ける権利をもつ。	本部は加盟店に店舗運営のノウハウや商標を提供し、加盟店は本部にロイヤルティを払う。 ・**加盟店につながりがない** 本部と個々の加盟店が1対1で契約を結ぶため、加盟店どうしのつながりはない。 ・**利益は独立** 本部と加盟店の利益は独立しており、本部の利益が加盟店に還元されない。 ・**本部が大規模** 出店のコストが低いため多店舗化しやすく、本部は大規模になる。	経営に関する事項は本部が決定し、各店舗はおもに販売のみを行う。 各店舗は、本部が管理する標準化されたチェーンオペレーションによって経営。

チェーンストアは、多店舗化した店舗を本部が統一的に管理・運営するものです。チェーンストアのしくみを理解して、チェーンストアのねらいや種類・課題について理解しておきましょう。

1 チェーンストアの意味

国際チェーンストア協会の定義によると、チェーンストアとは単一資本で11店舗以上の店舗を直営で運営する小売業、または飲食業をいう。大量仕入によって仕入コストが削減できるが、地域密着性をいかすことができない。

1 チェーンストアの目的

各店舗を管理・運営する本部と、販売を担う店舗によって構成されるのが、チェーンストアです。本部が多くの店舗を一括管理することで大量仕入・大量流通・大量販売といった**マス・マーチャンダイジング**機能を発揮し、効率的な店舗運営を行っています。

大量の商品を取り扱うことで得られた利益によって多店舗化を加速し、規模の利益であるスケールメリットを追求することが、チェーンストアの目的の1つです。

■図2-2-1 チェーンストアのしくみ

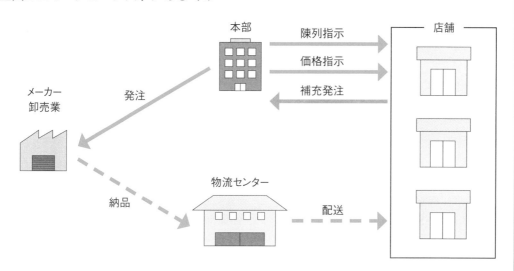

2 チェーンストアのねらい

チェーンストアは、**バイングパワー**の発揮による大量仕入・大量販売と徹底したローコストオペレーションの実現によって、消費者に対して低価格で商品を販売することを可能にしました。それぞれのチェーンストアが多店舗化を積極的に進めることで、当該市場での自店のシェア（占有率）を高めていくことができます。

自店のシェアを高める方法

①大規模な売場面積をもち、広範囲に多数出店する。
②小規模な売場面積の店舗を一定のエリア内で集中的に出店する。
③商品カテゴリーごとの品ぞろえの専門化と低価格化を実現した店舗を出店する。

チェーンストアは単に店舗数を増やすのではなく、メーカーの大量生産した商品の流通と消費者の安価で安心な商品を購入したいというニーズの橋渡し役を担っています。

（）重要
○マス・マーチャンダイジング

チェーンストアなどが、大量の商品を仕入れることで原価を引き下げ、低価格化を実現し、自店のチェーンストアに向けて大量流通、大量販売していくこと。

（？）補足
○ニーズの橋渡し役

チェーンストアは、消費者のニーズを起点として、「生産と生活」を結びつけるインターフェイス（結合）機能を担っている。

3　チェーンストアの種類

チェーンストアは、大きく次の4つに分類することができます。

❶資本形態による分類

どのように出資をして組織形態をつくったかという分類です。1つの企業が出資してチェーン店化をはかるレギュラーチェーンや、それぞれの企業が共同で出資して組織化をはかるボランタリーチェーン、資本はそれぞれ独立しているが契約により組織化をはかるフランチャイズチェーンがあります。

❷商圏規模による分類

全国展開のナショナルチェーン、広域的なエリアで展開するリージョナルチェーン、地元密着のローカルチェーンといった分類です。

❸店舗形態による分類

薬局、青果店、精肉店といった「何を売るか」という業種による分類ではなく、「どのように売るか」という業態による分類です。具体的には、日常生活に必要な生活必需品を品ぞろえする総合品ぞろえスーパーや毎日の食材を提供するスーパーマーケットがあります。

❹商品分野による分類

「何を売るか」といった業種による分類です。しかし、最近は特定のカテゴリーの商品を品ぞろえするのではなく、年代層やライフスタイルを重視した品ぞろえの店が増えています。

4　チェーンストアの特徴

チェーンストアの大きな特徴がマス・マーチャンダイジングです。大量の商品を仕入れて原価を引き下げ、低価格を実現し、大量販売をしていきます。

チェーンストアの特徴

①本部が主導して店舗運営を行う。
②セルフサービス主体で、標準化された売場と画一的な店舗運営を行う。
③マニュアルを活用することで、店舗運営の標準化と効率化を行う。
④仕入の決定権は本部にあり、店舗は商品の補充発注を行う。
⑤一括集中仕入を行うことで、バイングパワーを発揮する。
⑥自社で物流センターをもつことで卸売機構を確立する。
⑦多店舗化した店舗を効率的に運営するために情報システムを構築する。

5　チェーンストアの課題

チェーンストアは、マス・マーチャンダイジングと多店舗化といったスケールメリットをいかして運営されています。しかし、画一的な店舗運営が求められるため、地域の細かいニーズに応えることや、優秀な人材を確保することが困難であるといった問題も抱えています。これからのチェーン店は、スケールメリットをいかせる部分と、地域に密着したオペレーションの実現といった両面を実現していくことが求められています。

■表2-2-1　チェーンストアの経営上のメリットとデメリット

メリット	デメリット
・大量仕入による仕入コストの低減	・出店トラブルの増加
・店舗運営の標準化による運営コストの低下	・優秀な人材の確保が困難
・企業規模拡大化の資金繰りの容易性	・店舗間の格差の開き
・PB商品の導入可能	・本部対店舗の組織環境が悪化
・店舗数の増加に伴う知名度アップ	・地域密着性の困難
・広告宣伝費の削減	・画一化される店舗運営
	・1店舗のリスクが全店に波及

⚪重要
○卸売機構
　自社内で店別、カテゴリー別に商品を仕分ける機能をもつ物流センター。

第3節　販売形態の種類と特徴

　日本の小売業はもともと店舗を通じての販売が主流でした。しかし近年、テレビやインターネットなどの媒体を通して販売する無店舗販売など販売方法が多様化しています。ここでは販売形態の種類と特徴について学んでおきましょう。

1　店舗販売

　店舗販売とは、ある特定の場所に店舗を構えて商品を販売する形態をいう。

1　店舗販売の特徴

　小売業の販売形態は、大きく分けると店舗販売と無店舗販売の2つに分けることができます。

■図2-3-1　販売形態の種類

　小売業の販売形態のうち、店舗販売は実際の店舗にディスプレイされた商品を販売するものです。小売業の販売形態としては店舗販売が主流であり、年間販売額の割合は店舗販売が8割以上をしめています。このことから、「小売業は立地産業」ともいわれています。

> **無店舗販売との違い**
> ①店舗が存在する。
> ②商品が店内にディスプレイされている。
> ③顧客は、一定の商圏内の消費者である。
> ④顧客が店舗に来店し、店内で購入の意思を決定し、購買する販売形式である。
> ⑤基本的には販売員による対面販売である。

2　店舗販売の業種別の特徴

　店舗販売と無店舗販売の割合を見ると、取扱商品によって違いが見られます。百貨店やスーパーマーケットといった「各種商品小売業」や「織物・衣服・身の回り品小売業」「飲食料品小売業」は店舗販売が主流となっています。

2　無店舗販売

　店舗をもたない無店舗販売は、「訪問販売」「移動販売」「通信販売」「自動販売機による販売」「その他」に分類することができる。

1　無店舗販売の種類

　店舗をもたない無店舗販売には、次のものがあります。

❶訪問販売：販売員が直接家庭や職場を訪問して商品を販売する。
❷移動販売：トラックやライトバンに商品を載せ、移動しながら販売する。
❸通信販売：カタログ情報誌など紙を媒体としたものと、テレビショッピングやインターネットを使用したものがある。
❹自動販売機による販売：飲料系は店舗販売以外にも自動販売機による販売が多く行われている。
❺その他：弁当やピザなどの仕出し販売、牛乳や新聞などの月極め販売が「その他」に該当する。

📖統計

○商品販売形態別の事業所数と商品販売額

　2014（平成26）年の「商業統計調査」による商品販売形態別の延べ事業所数を見ると、店頭販売は71万5,334か所、訪問販売は9万3,473か所、通信・カタログ販売は1万9,732か所、インターネット販売は3万7,833か所、自動販売機は5万1,537か所、その他8万1,315か所となっている。

　また、商品販売形態別の年間商品販売額を見ると下のグラフのようになる。

　このように、事業所数・年間商品販売額ともに店頭販売が小売業の多数を占めている。

■図2-3-2
商品販売形態別の年間商品販売額の割合

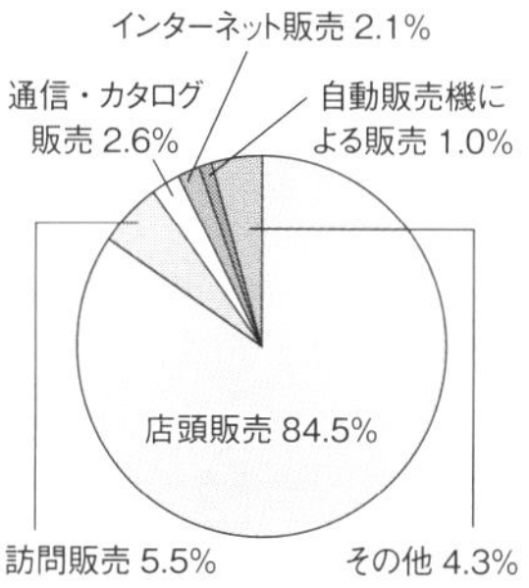

インターネット販売 2.1%
通信・カタログ販売 2.6%
自動販売機による販売 1.0%
店頭販売 84.5%
訪問販売 5.5%
その他 4.3%

（経済産業省「平成26年 商業統計調査」）

③ 小売業が兼業するネット販売

ネット販売とは、インターネットを利用して商品を販売する形態をいう。最近では、小売業が自店の Web サイトを通して商品を販売する方法もさかんに行われている。

1 店舗販売と併用されるネット販売

近年、店舗販売を行っている小売業が、インターネットなどを利用して商品を販売するケースが多くなっています。ネット販売は顧客が店舗に出向く必要がないため、単身者や共稼ぎ世帯、高齢者など、頻繁に店舗で買物をすることが難しい顧客に対するサービスとして浸透しつつある販売形式です。

百貨店は店舗販売を行う一方で訪問販売やネット販売も行っています。特にネット販売は、売上高が低迷している店舗販売に対して一定の売上高を上げています。このほか、インターネットで注文を受けつけて商品を宅配するネットスーパーのサービスが急速に広がっています。ネットスーパーは、商品の保管場所によって、店舗型と倉庫型に分かれています。

■表2-3-1 店舗型ネットスーパーと倉庫型ネットスーパー

	形　式	特　徴
店舗型	インターネットで注文を受けた商品を、従来の店舗で仕分け・梱包・配送する。	既存の店舗を利用するため、参入しやすい。（作業は店舗のバックヤードで行う）
倉庫型	店舗とは運営を切り離し、倉庫で商品を仕分け・梱包・配送する。	効率的な仕分け・梱包・配送ができ、誤納率も低くなるが、専用倉庫を設置するために多額な投資が必要。

④ その他の販売方法

代表的なものに移動販売・訪問販売・通信販売がある。

1 その他の販売方法と特徴

その他の販売方法として代表的なものに、移動販売・訪問販売・通信販売があります。これらの特徴や取り扱う商品は次の通りです。このうち、訪問販売や通信販売などの無店舗販売には「特定商取引に関する法律（特定商取引法）」による規制があります。

■表2-3-2 移動販売・訪問販売・通信販売の特徴

	形式・特徴	取り扱う商品の例
移動販売	・トラックやライトバンに商品を積んで、移動しながら販売する。 ・現物商品を品ぞろえし、その場で現金による売買を行う。 ・食料品を取り扱う場合が多い。 ・移動する地域によって取り扱う商品が異なる。	焼きいも 住宅地周辺：生鮮品 駅前：クレープ・たこ焼き 職場周辺：弁当
訪問販売	・販売員が家庭や職場を訪問して商品を販売する。 ・販売員が顧客を訪問するので、どの地域の顧客にも販売でき、商圏を自由に設定できる。 ・事前に訪問先を調査することで、見込み客を訪問する効率的な販売を行うことができる。 ・直接会って商品説明するものや、デモンストレーションが有効な商品が適している。	化粧品・健康食品・清掃用具・下着・建物清掃・学習教材・台所用品・寝具
通信販売	・新聞・雑誌・カタログなどを活用した印刷媒体方式と、テレビ・ラジオ・インターネットを活用した電子媒体方式がある。 ・商圏を自由に設定することができる。	健康食品・サプリメント・レトルト食品・冷凍食品・DVD・婦人服

重要

○バックヤード

小売店の後方施設で、店舗事務所や倉庫がそれにあたる。バックルームという場合もある。

重要

○特定商取引に関する法律（特定商取引法）

訪問販売や通信販売などの無店舗販売に関する法的規制。この法律の目的は、訪問販売・通信販売などについて、購入者の利益を保護することである。具体的には、消費者トラブルが生じやすい取引類型を対象に、事業者が守るべきルールと**クーリングオフ**について定めている。

（→ p.175）

重要

○クーリングオフ

無条件解約権。特定の取引に限って、一定期間内であれば、消費者は購入した商品を無条件に解約することができる権利。

電子商取引の市場は、2010年以降、著しく成長しています。電子商取引の分類や市場の動向について、押さえておきましょう。

1 インターネットの普及

情報処理とICTの発展により日常生活のなかで「情報」が大きな意味を持つようになってきた。新聞などのマスメディア同様にインターネットは代表的な情報源の1つとなっている。

1 インターネットの利用率

ICT（Information and Communication Technology：情報通信技術）が飛躍的に発展したことによって、インターネットの利用率も急速に上昇し、個人での利用率は80％を超えるほどになっています。

■図2-4-1　端末別に過去1年間にインターネットを利用した人の割合（2021年）

スマートフォン
68.5%

パソコン
48.1%

タブレット端末機
25.1%

携帯電話・PHS
10.4%

（総務省「令和4年版　情報通信白書」）

2 ネットショッピングの普及

ネットショッピングも普及してきています。総務省「家計消費状況調査結果」によると、ネットショッピングを利用する世帯（2人以上の世帯）の割合は、2014年に25.1％に達し、4世帯に1世帯がネットショッピングを利用しています。また、ネットショッピング利用世帯での1世帯当たりの月間平均支出額は2014年では25,846円であり、これを単純に計算すると、年間支出額は310,152円となっています。

総務省「平成27年度版　情報通信白書」によると、ネットショッピングの個人利用率は全年代で7割を超えるまでになっています。また、20代や30代といった若年層よりも60代といった高齢者層の利用が上回っています。

■図2-4-2　年代別ネットショッピングの利用率

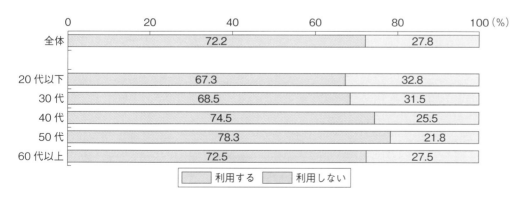

（総務省「平成27年度　情報通信白書」）

?補足
○端末別の利用割合

どのような端末を使ってインターネットを利用しているかをみると、「スマートフォン」が最も多く、次いで「パソコン」となっている。

?補足
○ネットショッピングの利用状況

2021年の「家計消費状況調査」では、ネットショッピングを利用した世帯（2人以上の世帯）の割合は、52.7％となっている。

また、ネットショッピング利用世帯での1世帯当たりの月間平均支出額は35,470円となっている。

?補足
○決済手段

「令和2年版　情報通信白書」によると、2019年のネットショッピングの決済手段は、「クレジットカード払い」（79.7％）が最も多く、「コンビニエンスストアでの支払い」（40.5％）、「代金引換」（25.2％）、「銀行・郵便局の窓口・ATMでの振込・振替」（24.6％）と続く。

3 ネットショッピングを利用する理由・しない理由

　ネットショッピングを利用する理由は年代によって多少の差があり、年代が上がるにつれて「買いたいものが検索機能などですぐに検索でき、時間の節約になるから」「自宅に持ち帰るのが大変な重いものが手軽に買えるから」「実店舗に出向かなくても買物ができるから」といった理由が増えます。このことから、シニア層は時間の節約や労力の軽減を目的としてネットショッピングを利用している場合が多いことがわかります。

　一方、若年層では「実店舗より安く買えるから」「実店舗よりも品ぞろえが豊富だから」という理由が多くなっています。

■表2-4-1　ネットショッピングを利用する理由、しない理由

ネットショッピングを利用する理由	ネットショッピングを利用しない理由
・実店舗に出向かなくても買物ができるから。 ・24時間いつでも買物ができるから。 ・価格が安く、品ぞろえが豊富だから（若年者） ・買いたいものが検索機能などですぐに検索でき、時間の節約になるから。 ・自宅に持ち帰るのが大変な重い物が手軽に買えるから。 ・ショッピングサイトに掲載されたレビューを参照して購入できるから。	・決済手段のセキュリティに不安があるから。 ・ネットショッピング事業者の信頼性が低いから。 ・実物を見たりさわったりして購入したいから。 ・ネットショッピングを利用しなくても困らないから。 ・今すぐ欲しい商品の購入は実店舗の方が便利だから。 ・なじみの店舗の方が買いやすいから。 ・クレジットカードを持っていないから。

2 拡大する電子商取引市場とキャッシュレス対応の進展

　電子商取引には、「B to B」「B to C」「C to C」の3つがある。

1 電子商取引の種類

　電子商取引の拡大や急増する訪日外国人への対応のため、クレジットカードや電子マネーなどをはじめ、キャッシュレスに対応した支払い手段が進展してきています。電子商取引は、「売り手」と「買い手」の組合せによって3つの取引に分類できます。

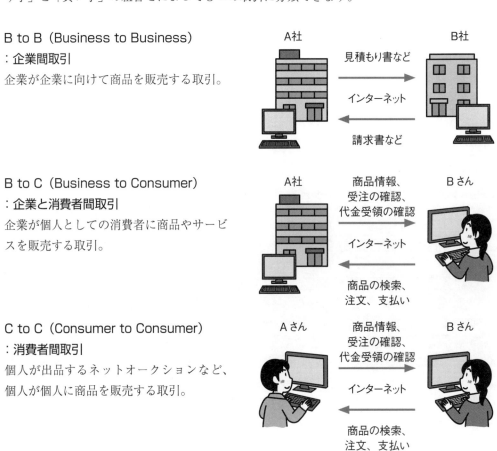

B to B（Business to Business）
：企業間取引
企業が企業に向けて商品を販売する取引。

B to C（Business to Consumer）
：企業と消費者間取引
企業が個人としての消費者に商品やサービスを販売する取引。

C to C（Consumer to Consumer）
：消費者間取引
個人が出品するネットオークションなど、個人が個人に商品を販売する取引。

2 電子商取引の市場規模

　日本国内の消費者向け電子商取引の市場規模は年々拡大し、2010年が7兆7,880億円だったのに対して、2017年は16兆5,000億円となり、2倍に増えたことが分かります。

　また、物販系分野のEC化率（電子商取引市場規模の割合）は、2017年では5.79%で、2010年の2.84%から2倍に増えています。

○ EC化率

　リアル店舗をふくむすべての商取引金額に対する電子商取引市場の割合のこと。EC化率が高ければ高いほど、電子商取引が広がっていることになる。

■図2-4-3　日本の消費者向け電子商取引市場規模の推移

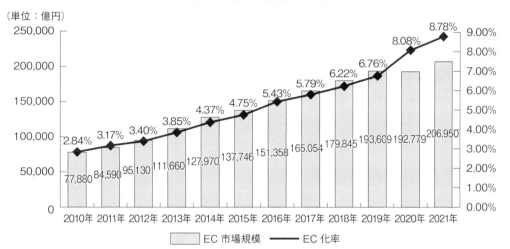

（経済産業省「令和3年度　電子商取引に関する市場調査」）

　電子商取引の分野は、「物販系」のほか、ネット予約やチケット販売、金融サービスなどの「サービス系」と電子書籍や音楽などの配信サービスといった「デジタル系」に大別できます。

　物販系の内訳ごとに市場規模をみていくと「雑貨、家具、インテリア」、「事務用品、文房具」の伸び率が高くなっています。

■表2-4-2　物販系分野の消費者向け電子商取引の市場規模（2021年）

分類	市場規模（億円） 下段：昨年比	EC化率
食品、飲料、酒類	25,119 （14.10%）	3.77%
生活家電、AV機器、 PC・周辺機器等	24,584 （4.66%）	38.18%
書籍、映像、音楽ソフト	17,518 （7.88%）	46.26%
化粧品、医薬品	8,552 （9.82%）	7.52%
生活雑貨、家具、インテリア	22,752 （6.71%）	28.25%
衣類、服装雑貨等	24,279 （9.35%）	21.15%
自動車、自動二輪車、パーツ等	3,016 （8.33%）	3.86%
その他	6,964 （8.42%）	1.96%
合計	132,865 （8.61%）	8.78%

　EC化率が最も高いのは、「書籍、映像、音楽ソフト」（46.26%）である。次いで、「生活家電、AV機器、PC・周辺機器等」（38.18%）、「生活雑貨、家具、インテリア」（28.25%）と続いている。
　市場規模の伸び率をみると、昨年に比べて最も伸びているのは「食品、飲料、酒類」（昨年比14.10%）である。

（経済産業省「令和3年度　電子商取引に関する市場調査」）

3 加速するキャッシュレス市場

経済産業省の定義によると、キャッシュレスは「物理的な現金（紙幣・硬貨）を使用しなくても活動できる状態」をいいます。2021年の日本の**キャッシュレス決済**比率は32.5%となっています。

3 変化する消費者の買物スタイル

ICT環境の普及とインターネット通販市場の急速な進展により、リアルショップ（実店舗）やネットショップを利用してどこからでも、買い物ができるようになっている。小売業はさまざまな取り組みをして消費者への対応をはかっている。

1 リアルショップとネットショップ

■表2-4-3　リアルショップとネットショップの比較

リアルショップのメリット	ネットショップのメリット
・商品を直接手に取って確認できる。 ・販売員による接客を受けながら買い物できる。 ・買ったその場で商品が手に入る。	・いつでも、どこでも購入できる。 ・口コミやレビューを見ることができる。 ・詳細な商品情報を知ることができる。 ・豊富な品ぞろえの中から選ぶことができる。

2 ショールーミングとウェブルーミング

ショールーミング（Showrooming）とは、ショールームのかわりに実店舗で品物を見てさわって確かめ、購入は家に帰ってからオンラインショップを通して行うものです。消費者は実際の商品を自分の目で見てチェックできるという点で、ネットショッピングのデメリットを克服しています。

一方でウェブルーミング（Webrooming）はショールーミングとは真逆の行動です。商品をオンラインで最初に検索してから実店舗を訪れて商品を最終確認して購入する行動パターンをいいます。

ショールーミング 　　　　　ウェブルーミング

❓補足

○キャッシュレス決済

　キャッシュレス決済には、クレジットカード、電子マネー、デビットカード、QRコード決済が利用される。クレジットカードでの支払いがキャッシュレス決済の大半をしめるが、ここ数年、電子マネーとQRコード決済も利用機会が広がっている。

3　オンラインとオフライン

　O2Oとは、Online to Offline の略称で、**オ
ンラインとオフラインを連携させて顧客の購買
行動を促進させるマーケティング手法**です。代
表的なものにネット上のクーポンによって顧客
を自店に誘導させるものがあります。

⚠️ 重要
○オフライン
　もともとはパソコンやス
マートフォンがネットにつ
ながっていない状態をいい
ます。ここでは、実店舗で
の購買行動という意味で用
いられています。

4　オムニチャネル

　チャネルとは、企業が消費者に製品を届ける流通経路のことをいいます。**オムニチャネルと
は、実店舗、ECサイト、カタログ通販、ソーシャルメディアなどの複数のチャネルを連携さ
せて、いつでも、どこでも同じように利用できる形を作ること**です。顧客にとってより便利で
利用しやすいサービスを実現することをいいます。

　オムニチャネルと似たものにマルチチャネルがあります。マルチチャネルとは、顧客に対し
て複数のチャネルを提供することです。実店舗に加えてカタログやテレビショッピング、EC
サイトなど複数のチャネルを運営することで顧客との接点をより多く作り出そうとするもので
す。ただ、それぞれのチャネルが独立する形で運営されているため、1つの小売業でありなが
ら顧客からは別のサービスであるように見えてしまうところが欠点でした。その欠点をカバー
したものがオムニチャネルになります。

⚠️ 重要
○オムニチャネル
　オムニはラテン語で「す
べての」という意味です。

マルチチャネル	オムニチャネル
── A社 ── カタログギフト　ネットショッピング　実店舗 顧客 　同じ会社が バラバラの サービスを している？	 コンビニが取り扱っている商品情報を SNS で知る ⬇  SNS にリンクのあったショッピングサイトで購入する ⬇  その商品を近くの店舗で受け取る ⬇  複数のチャネルが組み合わさって利用しやすい。

第 1 節　小売業態の基本知識

　最近の小売業では「何を売るのか」という業種店から「どのように売るのか」という業態店への移行が求められるようになっています。ここでは、なぜ業態店への移行が求められているのかについて学んでおきましょう。

1　業種と業態の違い

　業種は「何を売るのかという商品別の小売業」、業態は「自店がターゲットとする顧客ニーズを満たす品ぞろえとサービスを提供する小売業」という違いがある。

1　業種と業態

　小売業は、消費者ニーズに合わせて常に変化していくことが求められています。業種から業態へという販売方法の変化も、消費者ニーズの変化に合わせて生まれたものです。

　業種店とは、「何を売るのか」という、商品を基準とした分類方法です。肉屋、魚屋といったように、自店の取り扱う商品名のうしろに「○○屋」という言葉をつけることができる小売店が業種店になります。しかし、業種店は、年々淘汰されてきています。それに変わる小売業が業態店です。

　一般的に業態店は、スーパーマーケットやコンビニエンスストア、ドラッグストアなどに分類します。たしかに、これらの小売業は同じような生活必需品を品ぞろえしながらも違うタイプの小売業として分類することができるでしょう。しかし、この分類方法は、一定の店舗形態に品ぞろえを無理やりあてはめているだけともいえます。このような分類方法を「店舗形態（Store Formats）」による分類といっています。

　それでは、本来の意味での業態店とは、どのようなものでしょうか。それは、「誰に売るのか」という主要顧客層を明確にし、顧客の生活シーンや顧客ニーズに合わせた品ぞろえをしている小売業です。

　つまり、特定のニーズをもった顧客に対して、どのような売り方をするのかという「店舗運営の形態（Type of Operation）」を基準にした分類の小売業を業態店というのです。

2　業種店から業態店へ移行する小売業

　業態店は、顧客の視点に立った小売業です。現代の小売業経営では、次の内容を満たすことが基本とされています。

小売業経営の基本
①**標的（ターゲット）**：誰の ②**目的（ねらい）**：どのような生活シーンに対して ③**商品・サービス・顧客ニーズ**：何を ④**編集**：どのように組み合わせて ⑤**マーケティングマネジメント**：それらをどのような方法や組み合わせをもって提案していくか

　単一の品種を専門的かつ総合的に品ぞろえする業種店では、①の標的（ターゲット）を限定していません。標的を限定していないため、顧客の生活シーンや、顧客ニーズも満たしていないことがわかります。一方、業態店とは、①の標的から⑤のマーケティングマネジメントまでを明確化した小売業です。つまり、「誰に、何を、どのように」提供するのかを明確にした小売業が業態店といえます。

時代の環境変化に合わせてさまざまな店舗形態別小売業が誕生してきました。ここでは、それぞれの店舗形態について特徴や課題を理解しておきましょう。

1 店舗形態の種類と定義

顧客は購買目的や購買シーン、ライフスタイルなどによって購買する店舗を使い分けることがある。

1 代表的な店舗形態の定義

現代は、さまざまな店舗形態の小売業が消費者に商品を提供しています。代表的な店舗形態の種類と定義は次の通りです。

■表3-2-1　店舗形態の種類と定義

店舗形態	定　義
専門店	商品の9割が特定分野の商品であり、非セルフサービス販売方式（対面販売）を行う小売業。業種としての専業店と、業態としての専門店がある。
百貨店	単一資本による経営で、衣料品を中心に、衣・食・住の多種多様な商品を部門別に取り扱う大規模小売業。従業者が常時50人以上おり、かつ、売場面積の半分以上において非セルフサービス販売方式（対面販売）を行う。
総合品ぞろえスーパー（GMS）	衣・食・住の生活必需品を取り扱うもの。商品のうち食品の構成比が50％を占め、その他に衣料・家具・日用雑貨などを取り扱う。ワンストップショッピングで顧客に商品を提供する。非セルフサービス販売方式は売場面積の半分以下となっている。
スーパーマーケット（SM）	商品のうち、衣・食・住のいずれかの商品が70％以上を占め、セルフサービス販売方式で販売する小売業。総合品ぞろえスーパーとは、商品の構成比で区別する。
ホームセンター（HC）	木材や建築資材などを扱う日曜大工の店。日本では、園芸用品やペット用品など幅広い品ぞろえをしている場合が多い。
ドラッグストア（DgS）	医薬品や化粧品を取り扱い、セルフサービス販売方式で販売する小売業。
コンビニエンスストア（CVS）	飲食料品を取り扱い、営業時間が14時間以上である小売業。飲食料品以外にも、暮らしに欠かせない日用品を幅広く品ぞろえしている。

重要

○ワンストップショッピング

　顧客のライフスタイルや買物の目的、状況などに合わせて、顧客が必要とするいくつかの商品を1つの店や商業集積でまとめて買物できること。

一緒に覚える

対面販売とセルフサービス販売方式

　対面販売は、販売員が顧客と直接的に応対する販売方式です。固定客化をはかりやすいというメリットがあります。
　セルフサービス販売方式は、販売員に気兼ねすることなく、顧客が自由に商品を選択できる販売方式です。顧客の衝動買いを誘発できるというメリットもあります。

2 専門店

取扱商品において、衣・食・住のどれか1つの分野が90％以上を占める非セルフサービス店。

1 商品の専門性を追求する専業店と、顧客ニーズの専門性を追求する専門店

　専門店は、広義と狭義に分けてとらえることができます。広義の専門店は、「魚屋」「八百屋」といった業種別の小売業がすべて含まれます。一方、狭義の専門店は、同じように特定の商品を取り扱いながら、「顧客のニーズにどのように応えるか」というところにこだわりをもって店舗運営をしている店舗です。つまり、広義の専門店を専業店（業種店）、狭義の専門店を専門店（業態店）ととらえることができるのです。

■表3-2-2　専業（業種店）と専門（業態店）の違い

	専業店（業種店）	専門店（業態店）
戦　略	商品の専門性を追求	顧客ニーズの専門性を追求
品ぞろえ	多品目の品ぞろえ	顧客ニーズに合った品ぞろえ
目　標	客数の拡大	固定客の維持
経営のポイント	商品管理が主体	顧客管理が主体

　業種店は、特定分野の商品を数多く品ぞろえすることで、商品の専門性を追求します。売れ筋商品を大量に仕入れて多くの来店客を呼び込み、たくさんの商品の中から顧客にとって最適な商品を選んでもらう販売方法です。業種店としての専業店は、「何が、どれだけ売れたか」に注目し、たくさんの商品を売ることを目標にしています。

　一方、業態店は、顧客ニーズに注目して顧客が何を求めて商品を購入するのかということを追求します。そのためには、ターゲットとなる顧客を絞り、その顧客のライフスタイルに合わせたストアコンセプトを設定して、品ぞろえを行わなければなりません。業態店としての専門店は「誰が、何を、どのような目的で買ったか」に注目し、顧客が固定客化してくれることを目標にしています。

3 百貨店

　単一資本の経営によって多種多様な商品を部門別に管理し、高いサービスで販売する大規模小売業。非セルフサービス販売方式は売場面積の半分以上。

1 衣料品から食品まであらゆる商品を取り扱う

　百貨店は、衣料品を中心に服飾雑貨やギフト用品などを取り扱っています。「百貨」という名称からもわかるように、以前はあらゆる商品を取り扱うことをめざし、家具や家電なども主

■図3-2-1　百貨店の商品別売上高（2021年1月〜2021年12月）

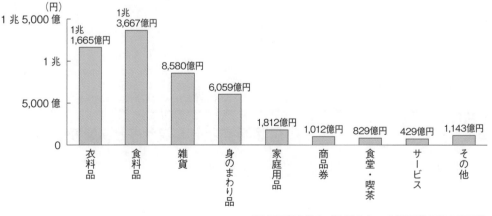

（日本百貨店協会「令和3年　全国百貨店売上概況」）

力商品としていました。しかし、家電量販店などの大型専門店の出現により、それらの商品を取り扱っている百貨店は減少しています。一方で、「デパ地下」といわれる食品部門に力を入れている百貨店が多くなっています。

2 メーカーや問屋に販売を委託

　日本の百貨店の特徴として委託販売があげられます。委託販売とは、メーカーや問屋に百貨店の売場を貸して商品を販売する販売形態です。この場合、商品の所有権はメーカーや問屋にあるため、百貨店が在庫のリスクを負わないというメリットがあります。一方で、メーカーや問屋が在庫リスクを負うことから、買取仕入と比べて仕入原価が割高となります。また、委託販売と並行して、メーカーや問屋から派遣された販売員が商品を販売する派遣社員制度が採用されている点も特徴です。

　現在の百貨店は、メーカーや問屋が品ぞろえし、メーカーや問屋から派遣された販売員が商品の販売をしています。つまり、百貨店は売場を貸すだけの立場となっているのです。このように、委託販売や派遣社員制度に頼らざるを得ない状況となった理由の1つに資金面の問題があります。百貨店は、衣料品や服飾雑貨といった高価格商品を幅広く品ぞろえをしなければなりません。それを自店で行うことは、百貨店にとって資金面の大きな負担なのです。

3 低迷する法人外商

　百貨店の担当者が顧客のところに出向いて商品を販売する「外商部門」があることも百貨店の特徴の1つです。外商には企業を対象とした「法人外商」と、個人を対象とした「個人外商」があります。特に法人外商は取引額が大きく、売上に占める割合は大きいものでした。しかし、最近の景気低迷を受けて売上が大きく減少し、百貨店の低迷に拍車をかけています。

4 自主マーチャンダイジングに取り組む百貨店も

　自らの責任で仕入を行う、いわゆる買取仕入を自主マーチャンダイジングといいます。百貨店の従来からの委託販売や派遣社員制度に依存した販売形態では売場をコントロールすることができないため、顧客ニーズの把握が困難になっていました。そこで、自店に来店してくれる顧客ニーズをくみ取り、その顧客ニーズに合った商品を取りそろえる自主マーチャンダイジングを行う百貨店も出現しています。しかし、取り扱う商品全体から見ると非常に少ない割合であり、まだまだメーカーや問屋に依存した販売形態が主流となっています。

4 総合品ぞろえスーパー（GMS：General Merchandise Store）

　重層式の建物に、衣・食・住の生活必需品をフルラインで品ぞろえし、ワンストップショッピングできる業態。非セルフサービス販売方式は売場面積の半分以下。

1 食品以外の商品が約半数

　日本の総合品ぞろえスーパーのもとになったものは、アメリカで発展したGMS（General Merchandise Store）です。アメリカのGMSで扱っている商品は、家庭で消費・使用される非食品の中で車を除いたものとなっています。一方、日本の総合品ぞろえスーパーは、食品も取り扱っている点が特徴です。

　総合品ぞろえスーパーと後述するスーパーマーケットは食品の取り扱いの比率によって区別します。総合品ぞろえスーパーの取扱商品は食品の構成比が50％程度であり、その他の商品は衣料・家具・日用雑貨などとなっています。このように、日本の総合品ぞろえスーパーは、日常生活に必要な商品を総合的に品ぞろえし、ワンストップショッピングで顧客に商品を提供します。

2　郊外に出店し大規模・安価で商品を提供

　日本の総合品ぞろえスーパーは、関西の薬品店だったダイエーが 1950 年代後半に取扱品目を拡大してチェーン展開したものが始まりです。

　当初の総合品ぞろえスーパーは、駅前などの一等地に出店をしていました。しかし、どの家庭でも自家用車をもつようになったこと、品ぞろえの充実をはかるために売場面積を拡大化する必要があったことなどから、郊外に巨大な店舗を構えるようになりました。これ以降、大規模な店舗に生活に必要なあらゆる商品を取りそろえ、安価で提供する店舗形態が確立します。

　現在は、総合品ぞろえスーパー自身が開発業者となり、巨大なショッピングセンターを建設しています。このようなショッピングセンターでは総合品ぞろえスーパー自らが核店舗となり、そこに魅力的な専門店を誘致してテナントとして入店してもらうことで顧客誘引力がある商業集積を進めています。

3　他の業態店の台頭により業績が低迷

　消費者ニーズの多様化や大型専門店の台頭、100 円ショップの出現などにより、総合品ぞろえスーパーの魅力は減少し、業績が低迷しています。

　今後は、POS システムやポイントカードの導入によって詳細な消費者ニーズを把握し、顧客 1 人ひとりに合わせた店舗運営を行っていくことが求められています。

5　スーパーマーケット（SM：Super Market）

　生鮮食料品を含めて食品の取扱構成比が 70％を超え、セルフサービス販売方式で販売する食料品スーパー。

1　生鮮食料品の販売が中心

　経済産業省の「商業統計調査」では、スーパーマーケットを「専門スーパー」に分類していますが、一般的には、生鮮食料品を中心に毎日の食生活に必要な食材をセルフサービス販売方式で提供し、一括集中レジで精算する小売店をスーパーマーケットとよんでいます。

商業統計調査による定義
①店舗面積 250㎡以上 ②セルフサービス販売方式 ③取扱商品において衣・食・住のいずれかが 70％を超える

2　異業種からの参入が多い

　食料品のセルフサービス店は、1953（昭和 28）年に東京都港区青山で開業した紀ノ国屋が最初といわれています。その後、セルフサービス店は急速に発展していきました。また、紀ノ国屋のように食料品を扱う小売業がセルフサービス販売方式を採用してスーパーマーケットに転換していったのとは別に、セルフサービス販売方式を採用した異業種店が食料品も取り扱うようになってスーパーマーケットへと転換していった例も多くあります。たとえば、薬品店だったダイエーや呉服商だったイオン、洋品店だったイトーヨーカ堂などです。

3　さまざまなタイプの店舗が出現

　スーパーマーケットは、チェーン展開による大量仕入（**セントラルバイング**）・大量販売・低価格販売というイメージがあります。しかし、本来、スーパーマーケットに分類する条件としてチェーン展開の有無は問われません。独立店舗であっても上記の定義にあてはまればスーパーマーケットに位置づけられます。近年のスーパーマーケットは、低価格を武器にしているものから高級食材を売りにするものまで、さまざまなタイプが出現しています。これからのスーパーマーケットは、自店の顧客ニーズに合った店舗展開をしていくことが求められます。

重要
○セントラルバイング
　チェーンストア本部が複数の店舗で販売する商品を大量に一括仕入すること。仕入原価の低減や仕入作業の効率化といったメリットがある。

6 ホームセンター（HC：Home Center）

日曜大工の専門店としてスタートし、現在は家庭日用品のほか、園芸用品、ペット用品、インテリアなど趣味をサポートする店舗として品ぞろえを広げている。

1 日曜大工の専門店

ホームセンターのストアコンセプトは、"Do It Yourself"（自分でモノをつくる、補修する）です。このことからもわかるように、ホームセンターは日曜大工の専門店といえます。現在のホームセンターは、消費者の趣味をサポートする商品を品ぞろえするようになっています。

2 園芸用品からカー用品まで幅広い品ぞろえ

現在の日本のホームセンターでは園芸関係の商品やカー用品・ペット用品など、ノンフーズ系の幅広い品ぞろえをしています。たとえば、園芸用品は今まで花屋や農協などから別々に購入していたものをホームセンターでワンストップショッピングできるようになり、顧客ニーズにマッチした品ぞろえとなっています。

3 拡大する店舗規模

当初のホームセンターは、**大規模小売店舗法（大店法）**の規制もあり、500㎡未満の出店が大部分を占めていました。その後、取扱品目の増大に伴って店舗規模が拡大し、近年ではホームセンターに食料品部門を併設した約1万㎡規模のスーパーセンターも出現しています。

店舗規模の拡大に伴い、現在のホームセンターの中にはプロの需要家にも対応できる品ぞろえに挑戦している店舗も見られます。具体的には、建築業者が現場近くのホームセンターで建築資材を購入したり、近隣の農家が農協ではなく近隣のホームセンターで農業資材を購入したりするケースです。プロの需要家に販売するうえで課題であった掛売の可否についても、会員制のビジネスカードを導入するなどして対応しています。

7 ドラッグストア（DgS：Drugstore）

医薬品の販売を中心に、健康や美容に関連する商品をセルフサービス販売方式で販売する専門店。現在は、トイレタリー商品やグローサリーなど、取扱商品が拡大している。

1 医薬品・化粧品を中心に販売

ドラッグストアは、H & BC（Health & Beauty Care）カテゴリーを主体に販売する専門業態です。経済産業省の「商業統計調査」による業態分類では次のように定義しています。

商業統計調査による定義
①セルフサービス販売方式
②産業分類の「医薬品・化粧品小売業」に属する
③一般用医薬品を扱う

2 顧客の健康管理を支える

メインターゲットを女性にしている点は、従来の薬局と異なるドラッグストアの特徴の1つです。ドラッグストアはH & BCのコンセプトのもと、医薬品以外に化粧品・衛生用品・健康食品なども取り扱っています。これらの商品は「美と健康を提供する」ものであり、女性客のニーズに応える品ぞろえとなっています。また、ドラッグストアは「自分の健康は自分で守る」という**セルフメディケーション**の推進役という役割も担っています。これは、医療機関に頼らず、できるだけ自分で健康管理を行うことを意味しています。また、医療機関にかからないことで、医療費を抑制する効果が期待されています。

○大規模小売店舗法（大店法）

それまであった百貨店法では、スーパーマーケットの出店等を規制することができなくなったため、1973（昭和48）年に制定された法律。今日では、大規模小売店舗立地法（大店立地法）が制定されたため廃止されている。

○セルフメディケーション

「自分の健康に責任をもち、軽度な身体の不調は自分で手当てすること」とWHO（世界保健機関）は定義している。

3　登録販売者が販売できる第2・3類医薬品

　医薬品医療機器等法では、一般用医薬品は第1類から第3類までに分類されています。また、一般用医薬品にあたる第2類と第3類は、2014年に新設された登録販売者が販売できるようになりました。登録販売者は単なる医薬品の販売者という意味ではなく、情報提供の専門家という位置づけです。登録販売者になるためには、ドラッグストアや薬局などで1年間一般用医薬品の販売業務を経験したあと、都道府県が実施する登録販売者試験に合格しなければなりません。登録販売者の試験に合格すれば、受験地にかかわりなく、全国どこでも第2類と第3類の販売をすることができます。

■表3-2-3　医薬品の分類

	第1類医薬品	第2類医薬品	第3類医薬品
医薬品のリスク	特に高い	比較的高い	低い
薬剤師	販売可能	販売可能	販売可能
登録販売者	―	販売可能	販売可能
情報提供	義務・説明文書	努力義務	義務なし
相談応需	義務	義務	義務

4　薬剤師の確保が課題

　年間販売額は増加傾向にあり、他業種に比べて好調といえるドラッグストアですが、さまざまな課題もあります。

　1つめは、薬剤師の不足です。今後、ドラッグストアの店舗増加に伴って薬剤師の確保が困難になることが予想されています。

　2つめは、競合する他の業態店の出現です。規制緩和の影響から、一部の医薬品についてはあらゆる小売業で販売できるようになり、他業態との競合に迫られています。特に、私たちにとって最も身近なコンビニエンスストアでの医薬品の販売は、ドラッグストアにとって強敵になりうると考えられます。

　3つめは、商品の低価格化競争に巻き込まれることです。店舗大型化に伴い、ドラッグストアでは医療品や化粧品に加えて食品や日用雑貨といった商品も取り扱うようになります。そうすると、スーパーマーケットが競合店となり、安売り合戦になる可能性があるのです。

　これからのドラッグストアは、来店客が何を求めて来店しているのかを見きわめて、自らの価値の根源を見つめ直していくことが求められています。

8　コンビニエンスストア（CVS：Convenience Store）

　すぐに食べられる商品などを中心に、暮らしに欠かせないデイリー商品を幅広く品ぞろえしている小売店。

1　はじまりはボランタリーチェーン

　1960年代後半から、食品問屋が中心となって、卸主宰ボランタリーによるチェーン化を模索していたものが、コンビニエンスストアの始まりです。1970年代には、総合品ぞろえスーパーもコンビニエンスストア業界に参入しました。現在業界最大手のセブンイレブンは、1973（昭和48）年に設立され、翌年、フランチャイズ方式による1号店を東京都江東区豊洲に出店しました。

2 営業時間は14時間以上

1978（昭和53）年に行った日本経済新聞社の「第1回コンビニエンスストア調査」では、その当時のコンビニエンスストアの実態を、「年中無休は少ない」「営業時間は12時間程度」「ボランタリーチェーン方式による運営が多い」「生鮮食料品が3分の1程度を占める」としています。このように、当初のコンビニエンスストアの定義はあいまいでした。「コンビニエンス」が「利便性」という意味であることからもわかるように、「コンビニエンスストア」は「便利なお店」として、今日のミニスーパー的な店舗が大勢を占めていました。現在は、経済産業省の「商業統計調査」の業態分類において、コンビニエンスストアを次のように定義しています。

> **商業統計調査による定義**
>
> ①飲食料品を取り扱う　②売場面積 30㎡以上 250㎡未満　③営業時間 14時間以上

3 POSシステムで的確な品ぞろえを実現

コンビニエンスストアでは、売上高の65％近くを**日配食品**と加工食品が占めています。

■図3-2-2　コンビニエンスストアの売上構成比

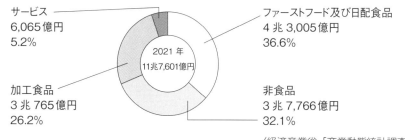

（経済産業省「商業動態統計調査」）

コンビニエンスストアで取り扱う商品は日もちしないものが多く、廃棄ロスのリスクなどが発生するため、取り扱いがきわめて難しいものが多いといえます。これらの商品をコンビニエンスストアの代表となる商品に成長させることができた要因は、的確な販売予測を可能にしたPOSシステムの導入と、店舗を集中的に出店して物流を効率化するシステムの構築です。

コンビニエンスストアで取り扱う商品は、約3,000品目（アイテム）といわれています。これらの商品をPOSシステムによって**単品管理**することで、的確な品ぞろえを実現しています。

3 サービスを商品として重視

コンビニエンスストアには、食品や雑貨を売ることよりも、顧客が求める「便利さ」を売ることが求められています。そのためには、売場面積が小規模な店舗で、顧客が求める商品をいかに的確に品ぞろえするかがポイントです。

このような流れの中で、近年ではモノだけでなくサービスを商品として重視するようになっています。以前から行っている宅配便の取次やファックス・コピーに始まり、公共料金の収納代行、税金の支払いなども大多数のコンビニエンスストアで行うことができます。場所と時間に制約がある公共機関の窓口を代行することは、「便利さ」を売りにするコンビニエンスストアにとって、まさに求められる機能といえるでしょう。また、深夜まで営業している店舗が存在していることは、防犯などの地域の安全性の確保にも一定の役割を果たしています。

重要

○日配食品

牛乳、乳製品、チルド飲料など、加工食品の中で、低温維持管理を必要とするものや、消費期限の短い商品をいう。デイリーフーズ、デイリー食品、デイリー、日配品ともいう。

重要

○単品管理

バーコードなどを利用し、商品の売れ行きを単品ごとに見きわめる管理方式。これにより売れ筋商品の品切れ把握や、死に筋商品の排除が行いやすくなった。

9 その他の店舗形態

時代の変化に伴って、さまざまな新しい店舗形態が生まれている。

1 ディスカウントストア (DS : Discount Store)

ディスカウントストアとは、衣料品や生活用品、耐久消費財など、さまざまな商品を品ぞろえしながらも、低コストの店舗運営によって、低価格で継続的に販売する店舗形態です。

2 100円ショップ

ディスカウントストアの一形態で、店内の大部分の商品を100円（税別）で販売する店舗形態です。かつては、総合品ぞろえスーパーの売り場で、安物を催事的に売るものでしたが、1990年ごろから、固定した売り場でナショナルブランド（ＮＢ）商品や品質の安定した商品を販売する店舗が台頭してきました。近年は、同業他店との差別化から100円にこだわらない小売業も生まれています。

3 アウトレットストア

アウトレットストアとは、製造業者が直営で自社の商品をディスカウントして販売する店舗です。ブランドの売れ残りや流行遅れになってしまった商品などを低価格で販売するための在庫処分店です。近年、複数のアウトレットストアが集まったアウトレットモールの人気が高まっています。

⚠️ 重要
○ナショナルブランド（ＮＢ）
商品
企画開発から製造までをメーカーが行った商品。

> **一緒に覚える**
>
> ## スーパーセンター（SuC）～低価格販売で世界一の小売業～
>
> ○スーパーマーケットとディスカウントストアを合体
>
> スーパーセンターは、食品を扱うスーパーマーケットと、非食品を扱うディスカウントストアを合体させた売場構成を特徴としています。スーパーセンターは、アメリカのウォルマートが1988（昭和63）年に1号店を開設したことが始まりです。現在では約3,570店舗を展開し、売上高は55兆円にのぼる世界一の小売業となっています。
>
> ○ローコストオペレーションによって低価格の商品を提供
>
> スーパーセンターは、EDLP（エブリディロープライス）を旗印に、低価格販売を実現しています。この低価格販売の源が徹底したローコストオペレーションです。
>
> 日本の小売業の売上高販売管理費率は20％以上が一般的ですが、ウォルマートはそれよりも圧倒的に低い売上高販売管理費率を実現することで低価格販売を行っています。

4　COOP（消費生活協同組合：生協）

　COOPは、「協同組合」を意味し、日本では一般に「消費生活協同組合（生協）」を指します。生協は多数の組合員が構成員となり、組合員の共同出資によって経営される協同組織体です。生協では、流通分野の購買事業のほか、旅行、文化、葬祭などの各種利用事業も行っており、組合員の生活に必要な商品やサービスを供給することで、組合員が経済的な恩恵を受けることを目的としています。また、共同購入という特徴的な販売形態をとっています。

　近年、在宅の機会が減ったことで自宅で商品を受け取ることが難しくなり、従来の無店舗配送のしくみから、店舗を有するしくみにシフトしています。また、特に個人宅配サービスやインターネット販売に力を注いでいる生協も増えてきています。そのため、スーパーマーケットとの差別化が求められています。生協の機関運営は、次の通りです。

❓補足
○生協の歴史
　生協の始まりは、1879（明治12）年に誕生した共立商社といわれている。

■図3-2-3　生協の機関運営

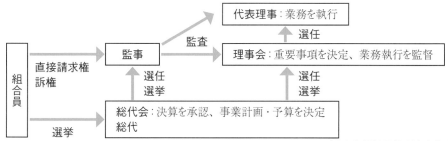

（日本生活協同組合連合会 Web サイト）

■表3-2-4　COOP の組織構成と運営

目的	組合員の組織的な厚生をはかること
組織構成	「消費生活協同組合法」により設立。一般の市民で構成される。 ・地域生協…地域で組織化 ・職域生協…職場や大学で組織化
運営	組合員の共同出資によって運営される。
特徴	・共同購入　組合員どうしが数世帯で班をつくり、生協からまとめ買いするしくみ。 ・地域密着　近所に住む者で組織される地域生協は地域密着度が高い。 ・無店舗　店舗をもたず、商品を配達するしくみ ・組合員同士の交流　共同購入などを通して、組合員どうしが交流。

一緒に覚える

百貨店・ホームセンターの歴史

○日本の百貨店の始まりは呉服屋

　フランスの「ボン・マルシェ」が百貨店の歴史の始まりとされ、日本では江戸時代に日本橋で呉服屋を営んでいた越後屋呉服店が百貨店を創業したといわれています。その後、越後屋呉服店は「株式会社三越」となりました。現在の日本の百貨店は、三越や伊勢丹といった老舗呉服系の百貨店と、阪急や東急といった電鉄系の百貨店に分類できます。

○日曜大工用品中心だったホームセンター

　日本のホームセンターは、1972年（昭和47年）に開店した埼玉県さいたま市（旧与野市）のドイト与野店が始まりといわれています。現在の日本のホームセンターは、幅広い品ぞろえが特徴ですが、当時は欧米のホームセンターと同様に、木材、自然、金物などの日曜大工用品を中心とした品ぞろえでした。

第 4 章 商業集積の基本

第 1 節 商店街の現状と特徴

商店街とは駅前など人が集まりやすい場所に、自然発生的に小売業やサービス業、飲食店などが集まってできたものです。ここでは商店街の現状と特徴について理解しておきましょう。

📊 統計
○商店街の課題

2021（令和3）年度の「商店街実態調査」の「商店街の抱える問題」を見ると、最も多いものは「経営者の高齢化による後継者問題」（72.7％）となっている。この問題に対し、商店街の96％が「対策は講じていない」と回答しており、深刻な課題となっている。

📊 統計
○商店街の景況

「商店街実態調査」の「商店街の最近の景況」に関する調査では、「繁栄している」は1.3％であり、「衰退のおそれがある」(30.7％)と「衰退している」(36.5％)が合わせて70％近くを占めている。

❓ 補足
○立地場所による商店街の分類

商店街は立地場所によって次のように分類できる。
①都市中心部型
　小売業の店舗面積は、1,500㎡以上であること。
②住宅地型
　住宅地に近接し、住民を顧客とする。
③門前型
　神社仏閣に近接する。
④観光地型
　観光施設に近接し、観光客を顧客とする。
⑤ロードサイド型
　幹線道路沿いに形成されている。

---

1 商店街の概要

商店街とは、自然発生的に形成された商業集積である。主に中小小売店で構成されており、住宅地や街の中心部に位置している。

1 商店街の役割

商店街は、地域住民の生活に深く関わっており、次のような役割を果たしています。

❶ **小売機能の集積地**
小売業にとっては商品を販売していく経営の場になります。
❷ **消費者の購買と生活の場**
商店街は地域住民にとって買物の場であり、豊かな生活を作っていくための場になります。
❸ **都市機能の一部**
商店街は地域住民の生活を支えるという都市機能の一部を担っています。

2 商店街の抱える問題点

商店街は計画的に形成されたものではないため、次のような問題を抱えています。

❶ **ワンストップショッピング機能の欠如**
消費者が必要なものを商店街で全てそろえることは困難となっています。
❷ **買物環境の未整備**
駐車場の未整備など、現代の買物事情に合わせた買物環境を整えきれていないといった問題があります。
❸ **権利義務の多様性**
個々の商店の権利調整が難しく、再開発などの近代化が難しい現状があります。

2 商店街の分類と機能

商店街は「近隣型」「地域型」「広域型」「超広域型」に分類することができます。

■表4-1-1　商業集積タイプ別の商店街の性質

商業集積タイプ	説　明
近隣型商店街	最寄品中心、日常性の買物をする商店街
地域型商店街	最寄品及び買回品が混在、近隣型商店街よりも広域から来街する商店街
広域型商店街	最寄品よりも買回品中心、百貨店、量販店等を含む大型店がある商店街
超広域型商店街	有名専門店や高級専門店が中心、百貨店や量販店を含む大型店がある商店街

3 商店街の実状

大型商業施設の進出、ネットショッピングの普及、経営者の高齢化、後継者不足などにより商店街の衰退傾向がみられる。

ショッピングセンター（SC）の現状と特徴

ショッピングセンターとは計画的に開発された商業集積です。ショッピングセンターの類型と日本固有の形態について理解しておきましょう。

1 ショッピングセンター

ショッピングセンターとは、駐車スペースがある広い敷地内の1つまたは複数の建物の中に、キーテナントとそのほかのテナント（専門店）が収容された商業空間であり、それぞれの店舗が互いに競合・補完の関係にあるものをいう。

1 コミュニティ機能を備えた商業施設

ショッピングセンターとは、デベロッパーによって「1つの単位として計画、開発、所有、管理運営される商業・サービス施設の集合体で、駐車場を備えるもの」をいいます。ショッピングセンターはいくつかの条件を備える必要があります。また、地域の住民などが集いの場として利用するコミュニティ機能も求められています。

2 ショッピングセンターの類型と特徴

ショッピングセンターは商圏の広がりによって、次の4つに分類することができます。

■表4-2-1　ショッピングセンターの類型と特徴

分　　類	説　　明
ネイバーフッド型ショッピングセンター	スーパーマーケットやドラッグストア、ディスカウントストアなどがキーテナントとなる小規模なショッピングセンター。
コミュニティ型ショッピングセンター	総合品ぞろえスーパーがキーテナントとなる中規模なショッピングセンター。
リージョナル型ショッピングセンター	百貨店や総合品ぞろえスーパーなどのキーテナントと専門店が一体となって集積する大規模なショッピングセンター。
スーパーリージョナル型ショッピングセンター	複数の百貨店や総合品ぞろえスーパーなどのキーテナントと専門店が集積する超大型のショッピングセンター。

3 日本固有のショッピングセンター（SC）の形態

日本固有のショッピングセンターは、都心のターミナル地区の再開発に伴って発生しました。具体的には、駅ビル型ショッピングセンターや地下街型ショッピングセンター、ファッションビル型ショッピングセンターなどがあります。

①駅ビル型ショッピングセンター

鉄道の駅舎に併設されたショッピングセンターで、駅ビル内に店舗や飲食店がテナントとして入居しています。代表的なものにJR東日本が運営母体のルミネがあります。

②地下街型ショッピングセンター

都市の中心部にあるターミナル駅の地下にあるショッピングセンターです。ターミナルを利用する歩行者をターゲットとしています。東京駅など大都市のターミナル駅には大規模な地下街型ショッピングセンターがあります。

③ファッションビル型ショッピングセンター

ファッション分野に特化したショッピングセンターです。代表的なファッションビル型ショッピングセンターとして渋谷109やPARCOがあります。

4 特別なタイプのショッピングセンター（SC）の形態

特別なタイプのショッピングセンターに、アウトレットストアが集積した「アウトレットモール」や市場の持つにぎわいを打ち出した「エンターテインメントセンター」がある。

重要
○キーテナント

核店舗のこと。ショッピングセンターなどの大型商業施設で顧客を吸引するための核となる店舗をいう。百貨店やディスカウントストアなどの大型店がキーテナントになる場合が多い。

重要
○デベロッパー

ショッピングセンターを計画、開発し、建物を所有、管理、運営する事業者をいう。

補足
○ショッピングセンターの基準

①小売業の店舗面積は、1,500㎡以上であること。

②キーテナントを除くテナントが10店舗以上含まれること。

③キーテナントがある場合、その面積がショッピングセンターの面積の80%程度を超えないこと。

※ただし、他のテナントのうち、小売業の店舗面積が1,500㎡以上である場合は、この限りでない。

④テナント会（商店会）等があり、広告宣伝、共同催事等の共同活動を行っていること。

第1問 次のア〜オは、小売業の定義と機能について述べている。正しいものには1を、誤っているものには2を、解答欄に記入しなさい。

ア 経済産業省の商業統計調査では、年間販売額の70％以上を消費者に販売する事業者を小売業としている。

イ 主として個人または家庭用消費者に無店舗販売を行う事業所も小売業に含まれる。

ウ 商品を仕入れて産業用使用者に販売したり、仕入れた商品をほかの事業者に再販売したりする事業者への販売活動は卸売りである。

エ 小売りと卸売りは売り手による区分である。

オ 小売業は、メーカーに代わって消費者への「購買代理」を行っている。

ア	イ	ウ	エ	オ

第2問 次のア〜オは、組織小売業の特徴について述べている。正しいものには1を、誤っているものには2を、解答欄に記入しなさい。

ア コーポレートチェーン、ボランタリーチェーン、フランチャイズチェーン、生協チェーンという分類方法は、資本形態による分類である。

イ カジュアルウェア・スーパーや家電スーパーはゼネラルマーチャンダイズ組織に分類される。

ウ フランチャイズチェーンの加盟店は、本部から持続的投資に対する利益還元を受ける権利がある。

エ COOPの根拠法は会社法で事業主体としての販売対象は、原則として自らの意思で出資した一般市民からなる組合員である。

オ フランチャイズビジネスでは特権を与える本部をフランチャイジーとよび、特権を与えられる加盟店をフランチャイザーとよぶ。

ア	イ	ウ	エ	オ

第3問 次のア〜オは、インターネット社会について述べている。正しいものには1を、誤っているものには2を解答欄に記入しなさい。

ア 端末別に過去1年間にインターネットを利用した人の割合は、スマートフォンが最も多く、タブレット端末機、パソコン、携帯電話とつづく。

イ 総務省「家計消費状況調査結果」によると、ネットショッピングを利用する人の割合は、2014年に25.1％に達し、4世帯に1世帯がネットショッピングを利用しているほどになった。

ウ 電子商取引の分野は、「物販系」以外では、ネット予約やチケット販売、金融サービスなどの「サービス系」に大別できる。

エ ショールーミングとは、インターネット上で商品を検索してから、実店舗を訪れ、商品を最終確認して購入する行動パターンである。

オ ウェブルーミングとは、実店舗で商品を確認し、購入は家でオンラインショップで行う行動パターンをいう。

ア	イ	ウ	エ	オ

第4問 次のア〜オは、店舗形態別小売業について述べている。正しいものには1を、誤っているものには2を、解答欄に記入しなさい。

ア 総合品ぞろえスーパーや百貨店、コンビニエンスストアといった分類は、業種による分類である。

イ 日本の百貨店の取引方法の1つである委託販売は、商品の所有権がメーカーや問屋にあり、百貨店は在庫を抱えるリスクがないことに特徴がある。

ウ 総合品ぞろえスーパーの特徴であるワンストップショッピングとは、日常生活に必要なあらゆる商品を総合的に品ぞろえすることで顧客に利便性を提供することである。

エ スーパーマーケットの特徴であるマス・マーチャンダイジングとは、複数の店舗で販売する商品を本部が一括集中して仕入れることである。

オ ドラッグストアの特徴であるH＆BCとは、医療機関に頼らず、できるだけ自分の手で健康管理を行うことをいう。

ア	イ	ウ	エ	オ

第5問 次のア〜オは、商店街の現状について述べている。正しいものには1を、誤っているものには2を、解答欄に記入しなさい。

ア 商店街とは、駅前などの人が集まりやすい場所に、計画的に小売業やサービス業、飲食店などが集まってでき

たものである。

イ　令和3年度の商店街実態調査の「商店街の抱える問題」をみると、「店舗等の老朽化」が最も多く、次いで「商圏人口の減少」なっている。

ウ　商業集積のタイプ別の商店街で地域型商店街とは、品ぞろえは最寄品と買回品が混在している商店街で、広域から来街する商店街である。

エ　令和3年度の商店街の景況に関する調査では、「繁栄している」は約10％で、「衰退している」が約50％と依然厳しい状況が続いている。

オ　商店街の抱える問題点として、ワンストップショッピング機能の欠如や、買物環境の未整備、権利義務の多様性といった問題がある。

ア	イ	ウ	エ	オ

第6問　次の文章は、流通機能と小売業の役割について述べている。文中の〔　　　〕の部分に、下記に示すア～オのそれぞれの語群から最も適当なものを選んで、解答欄にその番号を記入しなさい。

流通機能とは、生産と〔ア〕の間にあるギャップを橋渡しするための諸活動をいう。具体的には、所有権のギャップと価値のギャップを橋渡しする〔イ〕機能、生産地と消費地のギャップを橋渡しする〔ウ〕機能、売り手と買い手の認識のギャップを橋渡しする〔エ〕機能、生産する時期と消費する時期のギャップを橋渡しする〔オ〕機能という4つの機能がある。

【語　群】

ア　1. 卸　　売　　2. 小　　売　　3. 消　　費　　4. 個　　人
イ　1. 輸　　送　　2. 保　　管　　3. 取　　引　　4. 情報伝達
ウ　1. 輸　　送　　2. 保　　管　　3. 取　　引　　4. 情報伝達
エ　1. 輸　　送　　2. 保　　管　　3. 取　　引　　4. 情報伝達
オ　1. 輸　　送　　2. 保　　管　　3. 取　　引　　4. 情報伝達

ア	イ	ウ
エ	オ	

第7問　次の文章は、チェーンストアの基本的役割について述べている。文中の〔　　　〕の部分に、下記に示すア～オのそれぞれの語群から最も適当なものを選んで、解答欄にその番号を記入しなさい。

チェーンストアとは、国際チェーンストア協会の定義によると、「〔ア〕資本で〔イ〕以上の店舗を直接、経営管理する小売業または〔ウ〕の形態」となっている。また、チェーンストアの特徴としては、〔エ〕主導型で、〔オ〕販売方式を主体とし、標準化された売場づくりと画一的な店舗運営を基本としている。

【語　群】

ア　1. 異　な　る　　2. 単　　一　　3. 複　　数　　4. 共　　同
イ　1. 　2店舗　　2. 　11店舗　　3. 　100店舗　　4. 　200店舗
ウ　1. サービス業　　2. 　卸売業　　3. 　飲食業　　4. 　製造業
エ　1. 店　　舗　　2. 卸　　売　　3. メーカー　　4. 本　　部
オ　1. セルフサービス　　2. セルフセレクション　　3. 対　　面　　4. 側　　面

ア	イ	ウ
エ	オ	

第8問　次の文章は、ネットショッピングについて述べている。文中の〔　　　〕の部分に、下記に示すア～オのそれぞれの語群から最も適当なものを選んで、解答欄にその番号を記入しなさい。

B to Bとは、企業が〔ア〕に向けて商品を販売する取引をいい、B to Cとは、企業が〔イ〕に商品やサービスを販売する取引をいう。また、C to Cは〔ウ〕が出品するネットオークションが該当する。また、O2Oとは、オンラインと〔エ〕を連携させて顧客の購買行動を促進させるマーケティング手法で、ネット上の〔オ〕によって顧客を自店に誘導させるものである。

【語　群】

ア　1. 企　　業　　2. 個　　人　　3. 取引先　　4. 政　　府
イ　1. 政　　府　　2. 取引先　　3. 企　　業　　4. 個　　人
ウ　1. 取引先　　2. 政　　府　　3. 個　　人　　4. 企　　業
エ　1. アウトライン　　2. オンライン　　3. オフライン　　4. オーダークーポン
オ　1. 口コミ　　2. SNS　　3. バーコード　　4. クーポン券

ア	イ	ウ
エ	オ	

第9問 次の文章は、専門店について述べている。文中の〔　　　〕の部分に、下記に示すア～オのそれぞれの語群から最も適当なものを選んで、解答欄にその番号を記入しなさい。

　　広義の専門店とは、取扱商品において特定の分野が〔ア〕以上を占める〔イ〕販売方式の小売業を指す。つまり、洋品店や鮮魚店などのように、いわゆる〔ウ〕別の店舗が対象となる。一方、狭義の専門店とは、「〔エ〕の欲求にどのように応えるか」というニーズへのこだわりにある。その意味において〔オ〕店ととらえることができる。

【語　群】

ア 1. 　　60％	2. 　　70％	3. 　　80％	4. 　　90％
イ 1. セルフサービス	2. セルフセレクション	3. 非セルフサービス	4. 非セルフセレクション
ウ 1. 業　　種	2. 業　　態	3. 形　　態	4. 目　　的
エ 1. メーカー	2. 卸　売　業	3. 顧　　客	4. 個　　人
オ 1. 専　　業	2. 業　　種	3. 目　　的	4. 業　　態

ア	イ	ウ	エ	オ

第10問 次の文章は、コンビニエンスストアについて述べている。文中の〔　　　〕の部分に、下記に示すア～オのそれぞれの語群から最も適当なものを選んで、解答欄にその番号を記入しなさい。

　　商業統計調査によるとコンビニエンスストアとは、飲食料品を扱い、売場面積が〔ア〕以上 250㎡未満、営業時間は〔イ〕以上と定義されている。コンビニエンスストアは、小規模な店舗面積で、〔ウ〕システムをはじめとする情報機器を駆使することで商品の売れ筋を把握し、効率的な受発注を行っている。これにより、店舗ごとに〔エ〕の最適な品ぞろえを実現している。近年では、商品アイテム数を増やすよりも、〔オ〕を充実させる傾向が強くなっている。

【語　群】

ア 1. 　30㎡	2. 　50㎡	3. 　100㎡	4. 　150㎡
イ 1. 12時間	2. 14時間	3. 16時間	4. 18時間
ウ 1. EOS	2. EDI	3. POP	4. POS
エ 1. 少品種多品目	2. 少品種少品目	3. 多品種少品目	4. 多品種多品目
オ 1. ファストフード	2. サービス	3. POP	4. 接　　客

ア	イ	ウ	エ	オ

第11問 次の文章は、ショッピングセンターについて述べている。文中の〔　　　〕の部分に、下記に示すア～オのそれぞれの語群から最も適当なものを選んで、解答欄にその番号を記入しなさい。

　　ショッピングセンターとは、〔ア〕によって〔イ〕に造成された商業集積をいう。一般的には、キーテナントとしての〔ウ〕と複数のテナント（専門店）を一体化し、1つの単位として開発、管理運営するものである。ショッピングセンターの基準として、小売業の店舗面積は〔エ〕以上であること、〔ウ〕を除いて〔オ〕以上のテナントが含まれていることなどがある。

【語　群】

ア 1. マーチャンダイザー	2. デベロッパー	3. コントローラー	4. スポンサー
イ 1. 計　画　的	2. 売上比例的	3. 自然発生的	4. 業　種　別
ウ 1. 専　門　店	2. 公共施設	3. 大型小売店	4. カテゴリーキラー
エ 1. 　300㎡	2. 1,000㎡	3. 1,500㎡	4. 10,000㎡
オ 1. 5店舗	2. 10店舗	3. 15店舗	4. 20店舗

ア	イ	ウ	エ	オ

第2編　マーチャンダイジング

第1章 商品の基本

第1節 商品とは何か

　私たちのまわりはたくさんの商品であふれています。商品には形がある物財（モノ）以外に形がないサービスも含まれます。この節では、商品の種類と特徴を学び、商品コンセプトを理解していきましょう。

1 商品の種類

　市場で扱われている商品には、形のある物財（モノ）としての商品だけでなく、形のないサービスや情報・権利・技術・システムなども含まれる。

1 形のある商品と形のない商品

　商品とは、洋服や食品といった形のある物財（モノ）だけではありません。小売業が扱う商品には、物財のほかに、クリーニング店や美容院などが提供する「サービス」や、新聞や天気予報などの「情報」、**著作権**やキャラクターの使用権といった「権利」、インターネットシステムなどの「システム」、**特許**や**実用新案**などの「技術」も含まれます。

　商品を取引することで、商品の生産や販売をする者に「利益（収益）」をもたらし、購入者（消費者）には「効用（満足）」あるいは「便益（有用性）」を与えることができます。

■図1-1-1　商品の種類と取引

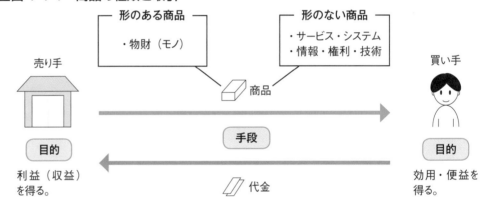

2 商品の品質3要素

　消費者が商品に満足するための要素には、一次品質・二次品質・三次品質がある。

1 商品の質的な要素

　消費者が商品に対して満足を得るためには、商品が消費者が求める品質を保っていなければなりません。商品の品質は、次の3つの要素で成り立っています。

■表1-1-1　商品の品質3要素

一次品質	商品そのものの機能や性能	例）包丁の「切る」機能 「切り口がきれい」という性能
二次品質	商品に対する個人的な趣味や嗜好	例）洋服のデザイン
三次品質	商品の流行性やブランド性といった商品の社会的な評価	例）バッグのブランド

一般的に一次品質のみよりも二次品質を付加しているほうが高価格になり、さらに三次品質が付加されているほうが高価格になる。

■図1-1-2　品質3要素の関係

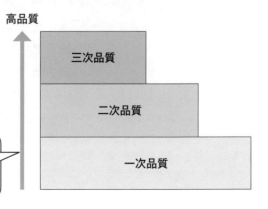

買い手の求めている品質に適した商品を提供することが、買い手の満足度の向上につながります。したがって、売り手は、買い手である消費者がどの段階の品質を求めているのか見きわめることが大切です。それぞれの品質について、詳しく見ていきましょう。

❶一次品質
一次品質とは、その商品がもつ機能そのものをいいます。たとえば、包丁であれば「切る」、ボールペンであれば「書く」が一次品質にあたります。商品を購入するとき、消費者は商品の一次品質が発揮されることを求めて購入しています。一次品質を十分に発揮することができない商品は、故障品または不良品となります。

❷二次品質
二次品質とは、その商品が自分の好みや感性にどれだけフィットしているかということです。当然、好みや感性は消費者ごとに違います。消費者は、一次品質が満たされている商品のうち、より自分の個人的な趣味や嗜好といった感性面にフィットしているものを選びます。

❸三次品質
三次品質とは、流行性やブランド性など、世の中の人がどれだけその商品の価値を認めているかという、商品の社会的評価です。一次品質・二次品質が満たされている商品であっても、今現在流行しているかといった商品の社会的評価によって、消費者の満足度が変わる場合があります。

3 商品コンセプト

小売業は、消費者にその商品のいちばんの特徴である商品コンセプトを明確に提示し、理解されるように努力することが大切である。

1 商品コンセプトを的確に消費者に伝える
商品コンセプトとは商品のもつ概念や主張のことで、消費者が求めるニーズや悩みに、その商品がどのように応えるのかをあらわしたものといえます。商品コンセプトを明確に示すことで、消費者は自分のニーズに合った商品を選びやすくなります。

小売業には、たくさんの商品の中からそれぞれの消費者のニーズに最も適した商品を提供することが求められています。そのためには、販売員が品質の3要素を理解したうえで消費者のニーズを探り出し、売場の商品がもつ3要素と消費者のニーズをすり合わせて接客販売を行わなければなりません。そうすることで、消費者にとって満足度が高い商品を提供していくことができるのです。

⚠️ 重要
○商品コンセプト
　商品のもつ概念や主張。この商品を使うことでどのようなメリットがあるのかをひとことで言いあらわしたもの。

冷蔵庫の例。商品ごとに「省エネNo.1」「ひとり暮らしにぴったりサイズ」「野菜をシャキッと保存」などのメリットを示すことで、消費者は自分のニーズに合った商品を選びやすくなる。

商品を分類すると、「何が」「どのような目的で」「どのくらい売れたか」という分析が容易になり、効果的な売場構成を行うことができます。ここでは分類について制度分類と慣用分類について理解しておきましょう。

1 制度分類

国内・国際的に統一された、基準となる分類を制度分類という。

1 制度分類

政府や民間の研究機関は、現在の経済の状態や変化を知るために、「どのような産業で」「どのような財が」「どれだけ生産し販売されたのか」といった点について、さまざまな統計をとっています。このときに使用される分類の基準が制度分類です。制度分類は、国内または国際的な基準によって統一的に決められた分類をいいます。

制度分類には、おもに「日本標準商品分類」「日本標準産業分類」「日本標準職業分類」の3つがあります。

■表1-2-1　おもな制度分類

日本標準商品分類	日本の市場で取引される商品の分類
日本標準産業分類	日本の経済活動を産業レベルで分類
日本標準職業分類	日本の職業に関する分類

2 慣用分類

消費者の購買習慣から商品を分類したものを慣用分類という。

1 慣用分類

マーケティング学者のコープランドは、消費者がどのような買い方をするのかという購買習慣から商品を3つに分類しました。これが、慣用分類です。

重要

○日本標準商品分類

商品の生産や輸出入などに関する統計について、相互比較可能性を確保するために、各国や統計調査機関の間で採用されることを目的とした商品の分類体系。

重要

○日本標準産業分類

すべての経済活動を、大分類・中分類・小分類・細分類の4段階に分類したもので、統計調査の結果を産業別に表示する場合の統計基準。

重要

○日本標準職業分類

個人が従事している仕事の類似性に着目して職業を区分し、それを体系的に分類したものであり、公的統計を職業別に表示する場合の統計基準。

■表1-2-2　慣用分類

	最寄品（コンビニエンスグッズ）	買回品（ショッピンググッズ）	専門品（スペシャルティグッズ）
特徴	・消費者が商品説明を必要としていないため、セルフサービス販売が多い ・使用頻度や消耗頻度が高く、どの小売業でも価格の差がない	・個人の趣味や嗜好が購入の決め手になる ・いくつかの店舗を回り、商品の品質や価格を比較して購入する	・商品に関する情報を積極的に収集したうえで購入する
該当商品	食料品・生活必需品など	家電など	宝飾品・ブランド品など
購買頻度	高い	低い	きわめて低い
価格	低い	比較的高い	きわめて高い
購買コスト	時間や労力をかけない	時間と労力をかける	時間や労力を惜しまない
購買パターン	住居などの近隣で購買	繁華街などで比較しながら購買	必要な場所へ出向き、専門的なアドバイスを得て購買

この節では、消費者にとって使いやすく魅力的な商品の要素について理解しておきましょう。

1 機能と性能

機能とは商品そのものの価値をいい、性能とは機能の程度をいう。

1 商品の機能と性能

機能や性能は商品の一次品質にあたるものであり、商品を構成する最も基本的な要素です。

❶機能

機能とは、商品がもつ本来の価値をいいます。たとえば、包丁の機能は「切る」です。機能を発揮することで、商品は商品としての価値を得ることができ、消費者に満足を与えることができます。

❷性能

性能とは、機能が発揮される程度をあらわします。たとえば、包丁の性能は、「よく切れる」の「よく」の部分です。商品は性能をより発揮することで、消費者に高い満足を与えることができます。

> **重要**
> ○購買コスト（→ p.46）
> 商品やサービスを購入するときにかかるコストをいう。ここでのコストには、金銭的なものだけでなく、肉体的・精神的な疲労も含まれている。

2 デザイン（意匠）

デザイン性が加わることで商品の市場価値を向上させることができる。

1 デザイン

デザイン性は商品の二次品質にあたります。機能や性能（一次品質）にデザイン性（二次品質）を付加することで、商品の市場性を高めることができます。

現代は市場に類似する商品があふれているため、一次品質だけで他社商品と差別化することは難しくなりました。二次品質であるデザイン性を高めて商品の情緒的価値を向上させることが、他社商品との差別化につながります。

商品のデザイン活動

「機能性」「美しさ」「経済性」というまったく異なる3つの要素を融合し、「丈夫で美しく、買いやすい価格」の商品をつくり出すこと。

> **重要**
> ○デザイン（意匠）
> 商品の物理的な機能を実現し、商品をより魅力的に見せるための形状や色彩、模様などの工夫をいう。

2 意匠登録制度

意匠とは、商品の外観に関するデザインをいい、「物品の形状、模様もしくは色彩、または、これらの結合であって、視覚を通じて美感を起こさせるもの」をいいます。

すぐれたデザインは他社商品との差別化をはかることができますが、模倣されて類似のデザインの商品が出回るようになれば、付加価値はなくなってしまいます。そこで、すぐれたデザインを保護する制度として、**意匠法**による意匠登録制度があります。

意匠登録

・意匠登録を受けた場合

意匠及びそれと類似する意匠を独占的、排他的に商品に利用する権利を得ることができる。

・意匠登録を受けるための4つの条件

①工業上利用できるもの　②新規性があるもの
③創作が容易でないもの　④公序良俗を害さないもの

> **重要**
> ○意匠法
> 意匠とはデザインのことである。意匠法は、意匠の保護及び利用をはかることにより、意匠の創作を奨励し、産業の発達に貢献していくことを目的とした法律である。

3　グッドデザイン賞

　総合的なデザインの推奨制度として、公益財団法人日本デザイン振興会が主催する「グッドデザイン賞」があります。グッドデザイン賞は、よいデザインを選び、顕彰することを通じて生活者の暮らしや産業、そして社会全体をより豊かなものにすることを目的としています。

　対象は、自動車や家電などの工業製品から各種サービスなど、有形無形を問わず、あらゆる領域におよんでいます。グッドデザイン賞を受賞したデザインには、「Gマーク」をつけることが認められています。

③ ブランド（商標）

　ブランドは、ほかの商品と区別し、効果的に認知・記憶させる機能をもっている。

1　ブランド

　ブランドは、ほかの商品と区別するための有効な手段としての機能をもち、その構成要素には、ブランドネーム、ブランドマーク（ロゴ）、シンボルなどがあります。これらの要素を組み合わせることによって、ほかの商品との差別化をはかっていきます。構成要素のうち、ブランドネームとブランドマーク（ロゴ）は特に重要です。

> **・ブランドネーム**
> 　ブランドネームは、市場に対して商品を認知、記憶させ、自社商品の選択を優位に導く有効な手段となります。ブランドネームが有効となるには、①単純で覚えやすい、②読みやすい、③親しみやすい、④商品を連想できる、⑤独自性があるという5つの条件が必要です。
>
> **・ブランドマーク（ロゴ）**
> 　ブランドマークは、商品の本体や包装、広告など、商品に関係するあらゆるものにつけて消費者の目に触れる機会を増やし、視覚的な部分から商品の認知度を高めるものです。ブランドマークも単純で覚えやすく、親しみやすいことや、そのマークを見ることで商品を連想できることが重要な条件となります。

> **ブランドネームが有効になる条件**
> ①単純で覚えやすい
> ②読みやすい
> ③親しみやすい
> ④商品を連想できる
> ⑤独自性がある

一緒に覚える

ブランディング

　商品のデザインやシンボルマーク、商標、キャッチフレーズなどの要素が組み合わさってブランドを形成します。そして、そのブランドを消費者に認知させ、市場において自社商品を明確にするのがブランディングになります。つまり、「○○といえばあの商品」と市場に浸透させるのがブランディングの活動になります。ブランディングは、CMやキャンペーン、ポスター、プレスリリースなどを通して行っていきます。ブランディングを行っていくことで、売り手側にとって見ると商品の付加価値が高まり、利益率が高まります。例えば、スターバックスは他のコーヒーショップよりも割高な価格となっていますが、「都会的」や「オシャレ」といったブランディングが確立されているため、多くの顧客から支持されています。

第2章 マーチャンダイジングの基本

第1節 マーチャンダイジングの基本的考え方

　マーチャンダイジングとは、小売業が行う「仕入」「在庫」「販売」といった商品に関わる一連の業務をいいます。この節ではチェーンストアのマーチャンダイジング・サイクルを例に全体像を学びましょう。

1 マーチャンダイジングとは

マーチャンダイジングは、品ぞろえから販売までの一連の業務をいう。

1　マーチャンダイジング

　マーチャンダイジング（Merchandising）とは商品化政策または商品計画を意味し、小売業が品ぞろえをして顧客に商品を販売する一連の業務を指します。

　小売業において、品ぞろえ業務と販売業務は繰り返し行われるものであり、この循環する業務をマーチャンダイジング活動といいます。

■図2-1-1　マーチャンダイジングの基本的プロセス

2 マーチャンダイジングの体系

チェーンストアにおいて繰り返される本部の業務と店舗の業務をあわせた循環の輪を、マーチャンダイジング・サイクルという。

1　マーチャンダイジング・サイクル

　チェーンストアにおけるマーチャンダイジング・サイクルとは、チェーンストア本部から各店舗までの商品の流れをサイクル状であらわしたものです。

　具体的には、チェーンストア本部での商品計画の策定に始まり、店舗が本部の標準化政策にのっとって店舗で販売促進活動を行い、それらの業績を本部へフィードバックしていくといった流れになります。

2　マーチャンダイジング・サイクルの構成要素

　マーチャンダイジング・サイクルを構成する要素には、チェーンストア本部が行う業務と各店舗が行う業務があります。

　チェーンストア本部では、経営方針や顧客のニーズなどにもとづいて品ぞろえと売り方を決めます。次に仕入の金額・数量・時期・サプライヤー（仕入先企業）などを検討し、初期仕入を行います。その後、**値入**や**棚割表**・販促企画の立案をして各店舗に伝えます。

　各店舗では、チェーンストア本部が仕入れた商品の荷受・検品を行ったあと、チェーンストア本部による棚割表や販促企画にもとづいて実際に販売業務を行います。そして、売れた商品を補充するための発注を繰り返します。この発注作業を補充発注といいます。補充発注は主として**定番商品**を対象に行います。

　次のページで、マーチャンダイジング・サイクルの構成要素について、詳しく見ていきましょう。

重要

○補充発注

（→ p.54）

重要

○定番商品

　一定期間に継続して売ることができる売場の中心となる商品。

重要

○値入

　値入とは、商品1個のもうけをどのくらいにするかを検討して商品の売価を決めることで、マークアップともいう。

重要

○棚割表

　一定のゴンドラスペースにどの商品（単品）を、どの位置にどのくらいの数量で割り振ると販売効率が最も高まるかを表にしたもの。

③**仕入計画の策定**
商品カテゴリーごと
の仕入金額と数量を
設定

②**販売計画の策定**
商品カテゴリーごと
の販売計画を立案

④**仕入交渉**
仕入先企業との
仕入交渉

①**商品計画の策定**
マーチャンダイジング
の出発点

本部

⑤**仕入**
計画にもとづき本部が
仕入先企業に一括発注

⑥**値入・価格設定**
コストと利益を考慮し、
商品ごとに価格を設定

⑦**棚割・販促企画の立案**
全店同一の商品陳列・販売
促進計画を立案・実施

⑧**店舗への送り込み**
初期仕入をした商品を
店舗に送る

⑨**店舗での荷受・検品**
本部が発注した商品は
店舗が受け取る

⑭**補充発注**
商品の在庫数量や
販売数量を個別に
把握して発注

店舗

・**メンテナンス**
POP広告やプライスカー
ドの添付と管理、及び売
場と商品のクリンリネス
・**物流業務**
サプライヤーや物流業か
ら配送された商品を受け
とる

・**セールスプロモーション**
イベントなどの販売促進
策の実施や、接客などに
おける従業員の教育

⑩**保管（値付）**
商品をバックヤード
に保管

⑬**商品管理（在庫管理・**
商品管理）
商品カテゴリーごとに
売れ行き等を管理

付帯業務

⑪**補充（前出し）**
売場に商品を出す

⑫**ディスプレイ**
（売価変更）
棚割表にもとづいて
商品を並べる

■表2-1-1 マーチャンダイジング・サイクルの構成要素

本部の業務	①商品計画の策定	マーチャンダイジングの出発点 　どのような顧客に対してどのような商品構成にするかという、商品カテゴリーごとの商品構成表を編成。商品計画は本部が商品の流れに関する全体構成を企画する、いわばマーチャンダイジングの出発点となる。
	②販売計画の策定	商品カテゴリーごとの販売計画を立案 　小売店が品ぞろえする商品について、どの店舗で、いつ、どのように販売するかという商品カテゴリーごとの販売計画を立案する。
	③仕入計画の策定	商品カテゴリーごとの仕入金額と数量を設定 　商品計画と販売計画にもとづく商品カテゴリーごとの仕入品目の金額及び数量などを設定する。
	④仕入交渉	仕入先企業との仕入交渉 　本部の商品担当者(バイヤー)が、サプライヤーとの間で具体的な仕入交渉を行う。
	⑤仕入	計画にもとづき本部が仕入先企業に一括発注 　商品計画・販売計画・仕入計画にもとづき、取引契約を交わしたサプライヤーに対して各店舗が必要とする商品を取りまとめて一括発注する。仕入には、初期発注(➡ p.92)による初期仕入と随時発注による随時仕入(➡ p.60)がある。
	⑥値入・価格設定	コストと利益を考慮し、商品ごとに価格を設定 　仕入れた商品に対して個々の商品の販売価格を決定する。それぞれの単品ごとに、どのくらいのコストをかけて、どのくらいの利益を見込むかという値入(マークアップ)業務を行う。
	⑦棚割・販促企画の立案	全店同一の商品陳列・販売促進計画を立案・実施 　商品を単品ごとにゴンドラ(棚)スペースに配分する(棚割)。棚割を示した表が棚割表。チェーンストアでは、棚割表にもとづき、すべての店舗が同一商品を同一場所で販売する。販売促進の企画もチェーンストアの本部で画一化・定期化して全店舗で実施することで低コストで効率的な販促企画を行うことができる。
	⑧店舗への送り込み	初期仕入をした商品を店舗に送る 　本部が初期発注により初期仕入をした商品を各店舗へ納入する段階。初期仕入は、各店舗の意思ではなく、本部からの一方的な仕入政策によるものとなる。
店舗の業務	⑨店舗での荷受・検品	本部が発注した商品は店舗が受け取る 　本部が初期発注した商品が店舗に納品される。店舗側の担当者が立ち会って商品を受け取る。この荷受・検品を商品の検収作業(➡ p.89)という。
	⑩保管(値付)	商品をバックヤードに保管 　店舗で荷受・検品した商品をバックヤードに保管する。定番商品の中でも消耗頻度の高い商品は大量に販売するため、ケース単位(ロット)での入荷が基本。
	⑪補充(前出し)	売場に商品を出す 　バックヤードに保管された商品を、すみやかに売場に補充する。コンビニエンスストアの弁当類は、原則バックヤードへ保管せずに、即時に売場に補充する。
	⑫ディスプレイ(売価変更)	棚割表にもとづいて商品を並べる 　棚割表にもとづき、店舗の担当者がディスプレイする。この棚割表は、本部が商品の特性や回転率などを考慮に入れてディスプレイ・パターンを決めたものである。売場では棚割表に従い、顧客が見やすく、手に取りやすいようにディスプレイする。 　売価変更は、店舗側の事情により、やむを得ず行う売価変更をいう。売場での販売促進策として、臨機応変に売価変更を行うことが必要となる。
	⑬商品管理(在庫管理・商品管理)	商品カテゴリーごとに売れ行き等を管理 　在庫量が適切か、売れ筋商品や死に筋商品はどれかといったチェックを行い、商品カテゴリーごとに商品を管理していく。近年、POSシステムの導入により、商品管理の精度は飛躍的に高度化し、本部の仕入管理や売場管理に各店舗の商品情報を継続的にフィードバックできるようになった。
	⑭補充発注	商品の在庫数量や販売数量を個別に把握して発注 　定番商品を対象に、売場で売れた単品を商品担当者が補充するための発注業務を行う。定番商品は販売数量も一定のため、曜日ごとや一定時間帯ごとに補充のための発注を行う。

ここでは、私たちに身近な小売業となっているコンビニエンスストアを例にして、マーチャンダイジングの全体の流れと要素を学びます。

1 商品計画の策定

コンビニエンスストア（CVS）では、「便利さ」を提供する商品計画が重要となる。

1 コンビニエンスストアの商品計画

コンビニエンスストアは、基本的に年中無休の24時間営業で、店舗は消費者に身近な立地となっています。商品には、日常必需品のほかに公共料金の支払いといったサービスもあり、消費者に総合的な「便利さ」を提供しています。

このようなコンビニエンスストアの性質から、商品計画は日常必需品が優先されます。また、コンビニエンスストアを利用する消費者は、頻繁に同じ店舗を利用する傾向があるため、定期的に商品の入れ替えを行い、消費者を飽きさせない工夫も必要となります。

2 コンビニエンスストアの商品構成

コンビニエンスストアは、約100㎡の売場に、購買頻度が高くて消費サイクルが短い日常生活に密着した生活必需品を約3,000品目（アイテム）品ぞろえしています。その商品構成は、**商品カテゴリー構成**と**品目（アイテム）構成**の2段階構成となっています。

日本のコンビニエンスストアは、ほとんどがフランチャイズチェーンです。そのため、商品カテゴリー構成と品目構成は、各店舗ではなく本部が編成します。店舗では、本部が編成した商品カテゴリー構成と品目構成をもとに、それぞれの売場に合ったより詳細な品目（アイテム）構成を行います。

3 POSデータを活用した品目（アイテム）構成の見直し

コンビニエンスストアは面積が約100㎡程度の比較的せまい店舗が多いため、在庫は最小限であることが求められます。しかし、「便利さ」を提供するためには約3,000もの商品を品ぞろえする必要もあるため、品目（アイテム）構成は消費者のニーズを的確にとらえたむだのないものにすることが重要です。また、同じ店舗を頻繁に利用する顧客を想定して商品の約3分の2を1年間で新商品に入れ替えるなど、顧客を飽きさせない品ぞろえも求められます。

したがって、コンビニエンスストアでは消費者ニーズに合った品目（アイテム）構成の見直しを行います。このときに欠かせないものが**POSシステム**です。POSシステムから得られる、商品カテゴリー別の**売れ筋商品・死に筋商品**のデータを使い、消費者ニーズをとらえた、的確でむだのない品目（アイテム）構成の見直しを行います。

> **❶売れ筋商品の管理**
> 一定期間内において、販売数量や売上金額が多かった商品を順にリストアップし、品薄状態や欠品が発生しないようにします。また、自店のPOSデータでは把握できない他店の売れ筋や市場での人気商品などについては、本部から各店舗にこれらのデータを伝達し、各店舗が把握できるようにしています。
>
> **❷死に筋商品の管理**
> 一定期間内において、販売数量や売上金額が少なかった商品から順にリストアップしていき、リストをもとに売れない商品を排除します。ただし、コンビニエンスストアは顧客に対して「便利さ」を提供している店舗なので、ただ単に売れないからといって生活に不可欠な商品を排除することは避けなければなりません。

重要
○商品カテゴリー構成
飲料、シャンプー、雑誌などの品種を商品カテゴリーといい、その選別や組み合わせを商品カテゴリー構成という。

重要
○品目（アイテム）構成
各商品カテゴリー内の個々の商品を品目（アイテム）といい、その選別や組み合わせを品目構成という。

参照
○POSシステム
 → p.76

重要
○売れ筋商品
人気があり売上個数を伸ばしている商品。

重要
○死に筋商品
人気がなく売れていない商品。

2 仕入計画の策定

コンビニエンスストアの仕入計画は、売れ筋の品目を少量ずつ仕入れることが基本となる。

1 コンビニエンスストアの仕入計画

コンビニエンスストアの商品構成は、消費者のニーズに応える「便利さ」を実現するため、多品種になります。弁当や飲料といった食料品から文房具・衣料品・雑誌など多岐にわたる品種ごとに売れ筋上位になりそうな品目を絞り込み、少量を品ぞろえしているのが、コンビニエンスストアの商品構成です。たとえば、ボールペンなら、あらゆるメーカーのものではなく1つのメーカーのもののみ、少量を店舗に置きます。このような、多品種少品目少量の品ぞろえを維持するための仕入計画を策定することが、コンビニエンスストアに求められます。コンビニエンスストアの仕入計画の特徴は次の通りです。

コンビニエンスストアの仕入計画の特徴

①在庫単位は小口（小ロット）

コンビニエンスストアの1品目（アイテム）あたりの在庫量はきわめて少なく、在庫は小口となる。

②発注単位は小ロット（単品バラ）

在庫数が少量のため、1品目（アイテム）1回あたりの発注数量も小ロットとなる。

③発注サイクル・発注リードタイムの短縮

コンビニエンスストアでは小ロット在庫の維持と単品バラ発注を行うため、多頻度発注となる。つまり、発注サイクルは短い。また、多頻度小口配送によって発注リードタイムも短縮されている。

上記のような特徴を実現するには、コンビニエンスストアの仕入先企業であるサプライヤーが多品種少品目少量在庫型の仕入に対応できなくてはなりません。そのため、コンビニエンスストアチェーンの本部は、サプライヤーとの間で多品種少品目の在庫を維持することができる仕入計画を構築し、各店舗が多品種少品目少量の品ぞろえを維持できるようにサポートしています。

3 荷受・検品

荷受した商品は、できる限り迅速に売場に補充・ディスプレイし、顧客が購買できるようにする。

1 荷受・検品

荷受とは、小売店が販売すべき商品を仕入先から受け取る作業をいいます。荷受業務の基本が検品です。検品とは、発注した商品が正しい数量だけ納品されているのか、損傷や不良品がないかをチェックする業務になります。検品を怠って不良品に気づかずに販売してしまうと、顧客に迷惑をかけるだけでなく、小売業としての信用も失いかねません。

最近では、コンビニエンスストア業界を中心に、精度の高い店別・カテゴリー別の一括統合納品システムが確立されるようになり、店頭での**ノー検品**システムの体制もとれるようになっています。

検品端末機による荷受作業

コンビニエンスストアは、多品種少品目少量を多頻度発注して品ぞろえを維持しています。そのため、荷受作業も頻繁に行わなければなりません。

そこで、コンビニエンスストア業界では、スキャナーターミナル（ST：Scanner Terminal）とよばれる検品端末機を使用して、欠品や在庫登録を行っています。スキャナーターミナルを活用することで、欠品や在庫登録が自動化され、作業の省力化と精度の向上がはかられています。

重要
○発注サイクル
発注から次の発注までの時間・期間をいう。コンビニエンスストアなどは発注サイクルの短縮化（多頻度発注）が進んでいる。（→ p.91）

重要
○発注リードタイム
商品を発注してから店舗に商品が到着するまでの時間・期間をいう。近年、発注リードタイムを短縮することにより、多頻度小口配送が実現している。（→ p.91）

重要
○荷受
販売すべき商品を仕入先から受け取ることをいう。

重要
○ノー検品
小売業の店舗などで商品の荷受の際に検品を行わないことをいう。物流のITによるシステム化が進むことによって、ノー検品システムが導入された。その分、人件費などの検品にかかるコストを削減することができる。

○ POS ターミナル

→ p.77

○ ストアコントローラ

→ p.76

2 在庫登録

　検品終了後の商品は、POS ターミナルと連動した**ストアコントローラ**に商品の在庫登録（スキャン入力）を行います。これによって、商品が売れると販売情報が POS ターミナルからストアコントローラに送信され、そのつど、在庫情報も更新されます。つまり、販売と同時にストアコントローラに登録されている在庫情報が減少するしくみになっているのです。

　このようなシステムを構築することで、品目ごとの在庫量を正確に把握することができ、的確な在庫管理や再発注を行っていくことができます。

4 商品管理（在庫管理・商品管理）

　小売業では、通常、在庫管理と商品管理をまとめて商品管理とよんでいる。また、商品管理の範囲は、売上管理や仕入管理、在庫管理、会計管理といった広い分野と関連している。

1 在庫管理の目的

　コンビニエンスストアの在庫管理の目的は、精度の高い補充発注によって品切れや過剰在庫の発生を防ぐことです。小売業では検品や在庫管理を的確に行うことで品切れや過剰在庫が発生しないようにしなければなりません。品切れは顧客の信用を失うだけでなく販売機会ロスを引き起こし、過剰在庫は商品廃棄ロスという利益損失の原因となります。

2 商品管理

　商品管理とは、在庫管理を含め、売上や仕入などの多岐にわたる商品の情報を把握することをいいます。売れ筋商品や死に筋商品を把握した正確な商品管理データは、品目構成の見直しに活用されます。また、コンビニエンスストアの本部は各店舗から収集した販売データをもとにして一元管理し、各店舗が補充発注する際の仮説を立てる手助けとなる情報を各店舗に提供します。この情報によって、各店舗はむだのない補充発注が可能になるのです。

5 補充発注

　コンビニエンスストアの補充発注では、仮説を立てて発注し、販売成果を仮説と比較・評価し、再び仮説を立てて再発注することが重要である。

1 仮説・検証サイクル

　コンビニエンスストアでは、商品カテゴリーごとに1日の回数や時間帯を決めて発注する定期発注システムを採用しています。しかし、定期発注システムを採用しているからといって機械的に発注を繰り返すことはできません。たとえば、まだ発注時間には早い商品の在庫が少なくなり、定期発注では品切れを起こす可能性がある場合は、発注時間を早める必要があります。

　つまり、定期発注システムにそって発注しつつ、それぞれの商品の売れ行きを見きわめて仮説を立てて発注し、販売した結果を検証して再び仮説を立てて再発注するという作業が必要になるのです。このように、「計画（Plan）→実行（Do）→計画（Check）→改善（Action）」を繰り返すことによって、補充発注の精度を向上させていきます。

■図2-2-1

仮説・検証サイクル

発注前

計画（Plan）

改善（Action）

実行（Do）

発注の精度の向上

計画（Check）

販売後

携帯端末機による補充発注作業

　コンビニエンスストア業界では、電子発注台帳（EOB：Electric Order Book）とよばれる携帯端末装置を使用して補充発注を行っています。EOB には、補充発注の機能に加えて、発注数量の仮説設定に必要な販売実績や発注実績、天気予報などのデータを表示する機能も組み込まれています。補充発注の担当者は、売場でさまざまな情報を確認しながら、その場で仮説を立てて補充発注作業を行っていくことができます。このように、EOB を活用することで、迅速かつ的確な発注を行うことができるようになりました。

第3章 商品計画の基本

第1節 商品計画の基本知識

商品計画は顧客のニーズに合った品ぞろえを計画することであり、マーチャンダイジングの出発点となります。ここでは、店舗のターゲットとなる顧客のニーズに合った商品構成を行う基本と手順について学びます。

1 顧客ニーズへの対応

小売業の商品計画とは、ターゲットとする顧客のニーズに合った品ぞろえを計画することである。

1 商品計画策定の意義

商品計画はマーチャンダイジングの出発点です。小売業の商品計画は一般的に「品ぞろえ計画」ともいいますが、これはただ単に店頭に品ぞろえをすることではありません。自店のターゲットとなる顧客（**ターゲット顧客**）のニーズに合った品ぞろえを実現し、彼らが最大の顧客満足を得られるように、計画的に商品構成を構築していくことを目的としています。

2 差別化政策と品ぞろえ

顧客のニーズは多様であり、すべてのニーズを満足させることはできません。そのため、小売業の商品計画では、**商圏**内の顧客の中からターゲットの絞り込みを行い、そのターゲットに最大の満足を与える品ぞろえをめざします。顧客を絞り込むことで品ぞろえの特徴が明確化し、他店との違いが生まれるのです。顧客を絞り込むことを「差別化政策」といい、商品構成の方針を「品ぞろえコンセプト」といいます。品ぞろえコンセプトは商品計画の起点となる重要な要素です。

■図3-1-1 差別化政策

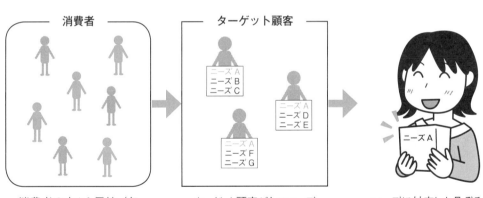

消費者の中から属性（年齢・性別・ライフスタイルなど）を考慮してターゲット顧客を絞り込む。

ターゲット顧客がもつニーズを把握し、どのニーズに対応するかを決める。

ニーズに対応した品ぞろえをすることによって顧客の満足度が高まる。

2 商品構成の基本と手順

品ぞろえの幅を広げることを「商品構成の総合化」、せばめることを「商品構成の専門化」という。

1 商品構成の階層化

顧客の絞り込みと品ぞろえコンセプトが明確になったあとに商品構成を検討していきます。商品構成の検討では、顧客がさまざまな商品を組み合わせて**比較選択購買**や**関連購買**ができるようにしていくことが必要です。商品構成の基本は、一定の分類基準にもとづいて細分化しながら商品カテゴリーごとに**品目構成**を行っていくことにあります。これによって、商品間の連続性や関連性が保たれ、比較選択購買や関連購買が行われやすくなります。

⚠ 重要

○ターゲット顧客

自店の過半数を占める顧客層、つまり最も主要となる顧客層を指す。小売業の各店舗では標的（ターゲット）とする顧客層を決め、それに合わせて品ぞろえを検討していく。

⚠ 重要

○商圏

顧客が日常的に来店する時間的、地理的な広がりをいう。最寄品を取り扱っている小売業の商圏はせまく、買回品や専門品を扱っている小売業の商圏は広い。

(→ p.136)

⚠ 重要

○比較選択購買

顧客が商品を購入する際に、いくつかの店舗を回って商品を比較する場合や、1つの店舗の中でいくつかの商品を比較する場合を比較選択購買という。

⚠ 重要

○関連購買

ある商品を購入する際に、その購入した商品に合わせて、ほかの商品も一緒に購入すること。

➡ 参照

○品目構成

➡ p.52

■図3-1-2　商品構成の階層と手順

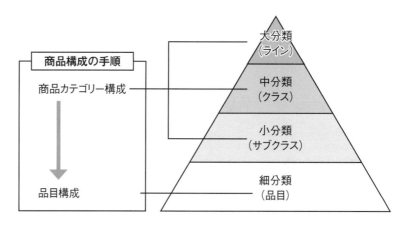

2　品ぞろえの総合化と専門化

　商品構成は、品種の構成である品ぞろえの幅（width）と品目の構成である品ぞろえの奥行（depth）で表現することができます。また、品ぞろえの幅を広げることを商品構成の総合化、絞り込むことを商品構成の専門化といいます。百貨店のように幅広い品種を取りそろえている場合は総合化であり、専門店のようにある特定の品目だけを限定して深く品ぞろえしている場合は専門化となります。品ぞろえの幅と奥行には次の4つの基本類型があります。

> ### 品ぞろえの4つの基本類型
>
> **B**：Broad　（広い）◀━━▶ **N**：Narrow（せまい）
> **S**：Shallow（浅い）◀━━▶ **D**：Deep（深い）
> ① **B & S 型**：広くて浅い品ぞろえ
> ② **B & D 型**：広くて深い品ぞろえ
> ③ **N & S 型**：せまくて浅い品ぞろえ
> ④ **N & D 型**：せまくて深い品ぞろえ

■図3-1-3　商品構成の基本類型

左上にいくほど広くて浅い品ぞろえになり、右下にいくほどせまくて深い品ぞろえになる。図中の「M」は「Moderate（中位）」の略。

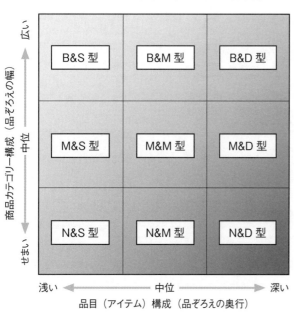

■図3-1-4　商品構成の総合化と専門化

品ぞろえの幅が広くなるほど総合化される。商品構成が総合化された小売業には、あらゆる品種を取り扱う百貨店などがある。

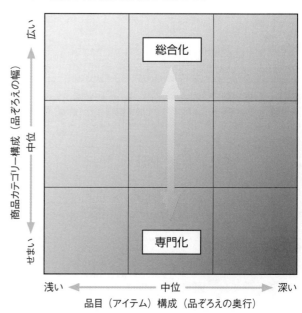

品ぞろえの幅がせまくなるほど専門化される。商品構成が専門化された小売業には、特定の商品カテゴリーのみを取り扱う専門店がある。

第4章 販売計画及び仕入計画などの基本

第1節 販売計画策定の基本知識

販売計画は小売業の経営方針などにもとづき、経営資源を効果的に組み合わせて販売目標を達成するための具体的な方策を明らかにするものです。ここでは、販売計画の位置づけと内容について学びましょう。

1 販売計画

販売計画とは、小売業の経営方針にもとづいて、経営資源を活用して売上高を伸ばし、利益を増やすための具体的な方策を明らかにするものである。

1 販売計画

販売計画は、小売業の企業理念や経営計画にもとづいて、販売目標と予算達成のための具体的な方策を明らかにするものです。つまり、「何を、いつ、どのような方法・手段で、誰に、どれだけ売るか」を計画したものであり、販売活動や仕入活動の行動基準となる、店舗の営業活動の出発点にあたる計画になります。

販売計画には、全社レベルの計画から店舗レベルや部門レベルなど、さまざまなレベルの計画があります。また、年間の計画・四半期・月次・日次といった期間別の計画も立てていきます。

2 販売計画の具体的内容

販売計画には主体となる「売上計画」のほかに、「商品展開計画」「部門別計画」「売場配置計画」「販売促進計画」「キャンペーンなどの実施計画」などがある。

1 販売計画の立案

売上の計画や販売促進に関する計画など、販売活動に関わる計画はすべて販売計画となりますが、なかでも主体となるものが売上目標とその費用を定めた売上計画です。販売計画は、売上計画を軸に立案されます。

■図4-1-1　販売計画の種類と体系

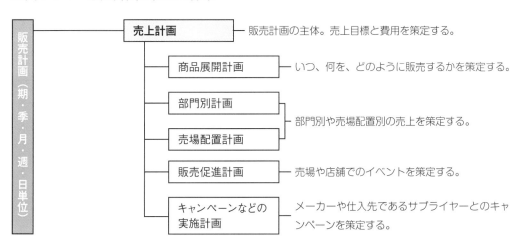

販売計画とPDCAサイクル

販売計画に基づき販売活動を実施したあとは、その結果と販売計画とを比較して、検証、評価し、販売計画を調整することが必要です。これを小売業ではPDCAサイクルと呼びます。

重要

○経営資源

企業が経営を行っていくうえで必要な資源をいう。一般的には、ヒト（人材）、モノ（商品や設備）、カネ（資金）、情報（ノウハウなども含む）といわれている。

重要

○経営戦略

企業経営を行っていくうえでの長期的な計画をいう。企業は長期的な計画（経営戦略）をもとに日々の経営（経営管理）を行っていく。

参照

○PDCAサイクル
 p.54（仮説・検証サイクル）

第2節 仕入計画策定の基本知識

仕入活動は、「何を、どれだけ、どのように品ぞろえするのか」といったマーチャンダイジングの出発点となる重要な活動です。ここでは仕入計画について学びます。

1 仕入計画

仕入計画は販売計画にもとづいて立案される計画で、仕入方針とその実行計画を定めている。

1 仕入計画

仕入計画とは、商品カテゴリーごとのサプライヤーや仕入方法、仕入時期、仕入数量などについて、その仕入方針と実行計画を定めたものであり、年間、四半期、月別などの区切りごとに策定します。仕入計画は販売計画にもとづいて立案されるため、適切な仕入計画を立案するには、適切な販売計画が必要です。

2 仕入活動

仕入活動は、原則として商品を仕入れたり補充発注したりすることをいいます。これは販売活動と連動した業務であり、「今月はこの方法でこれだけ売りたい」という販売活動をもとに、「今月はこのような商品をこれだけ仕入れる」という仕入活動が実施されます。

また、仕入と補充発注の作業を含めた品ぞろえ計画の立案を仕入活動とする場合もあります。

3 仕入予算

仕入予算とは、販売計画にもとづいて立案された仕入計画を金額ベース（仕入枠）で管理するものです。そのため、仕入予算の策定は、欠品や過剰在庫を招かないように的確な販売計画の立案が前提となります。実現可能で的確な販売目標とそれにもとづく販売計画の立案により、効果的な仕入予算が策定され、仕入活動が実施されます。

❓補足
○仕入活動の定義
①狭義
　仕入業務と補充発注作業
②広義
　品ぞろえ計画の立案を基本業務として、狭義の仕入及び補充発注を含めた業務

⚠重要
○欠品
　定番商品などがその売場で品切れになっている状態。

一緒に覚える
仕入に関する情報　～仕入を決定するための情報源～

仕入に関する意思決定を迅速かつ的確に行うための情報源には、内部情報と外部情報があります。
○**内部情報**
　仕入に関する内部情報とは社内情報ともいわれるもので、店舗における販売動向と在庫情報が基本となります。仕入は販売と連動した活動であるため、販売動向の正確な把握はとても重要です。店舗における販売動向と在庫情報は、POSデータによって収集することができます。
○**外部情報**
　仕入に関する外部情報とは社外情報ともいわれるもので、以下のものが該当します。
①**業界情報**
　同業種や同業態が取り扱う商品や業績の把握は、自店の仕入活動を決める基本となります。業界団体や調査機関のPOSデータ、業界紙などの記事も有用な情報です。

②**産地情報**
　特に生鮮食料品などはそれぞれの産地に関する詳細なデータが有用な情報となります。
③**競争店・成長店情報**
　競争店や成長店を定期的に調査することで、仕入に関する有用な情報を得ることができます。重点商品、品ぞろえの幅、売価、販売方法などに着目し情報収集します。
④**顧客調査**
　顧客ニーズを直接収集する方法には、モニター調査やグループインタビュー、来店客調査があります。特に、グループインタビューは一定のテーマについてグループで話し合うため、本音を聞き出す有力な方法の1つです。
⑤**インターネット**
　官公庁や民間の調査機関のWebサイトを通じて収集できる、人口統計や産業統計などのデータです。

第3節　仕入業務の基本知識

　小売業では自店の経営に有用な仕入先を見きわめて、効率的な仕入活動を行うことが重要です。ここでは、仕入の内容と適切な仕入方法について学びましょう。

1　仕入先企業の選定と取引条件

　小売業にとっては、仕入先企業を選別して仕入の重点度を設定することが重要である。

1　仕入先企業の選定

　欠品を防いで安定的に商品を供給するには、適切な**仕入先企業**と取引をすることが必要不可欠です。取引をする仕入先企業は数が多ければいいというわけではなく、経営に有用な仕入先企業を見きわめて絞り込み、「主力」「準主力」「その他」というように重点度別に選別することが求められます。

　仕入先企業の重点度を設定する際には次の条件を考慮し、より条件を満たしている仕入先企業を「主力」とします。

> **仕入先企業の選別条件**
>
> ①商品の安定供給
> ②契約通りの確実な履行
> ③経営上の指導・助言
> ④的確な市場情報の提供
> ⑤販促ツールなどのサービスの提供

2　仕入（バイング：buying）

　商品担当者（バイヤー）が行う買いつけの作業を「仕入（バイング）」という。顧客の購買需要にもとづく仕入が基本である。

1　仕入（バイング）業務の内容

　仕入（バイング）とは、販売を目的として商品を購入することです。具体的には、商品部の商品担当者（バイヤー）が、買いつける商品の品目、数量、時期、仕入先企業を決定します。

　仕入にあたっては、小売業側の都合による一方的な販売計画にもとづくものであってはいけません。顧客ニーズに応えた販売計画を立案し、それにもとづいて仕入を行っていきます。

　現実の仕入業務は、「仕入―在庫―販売」といった一連の流れの中で行われます。

> **商品担当者が行う業務**
>
> ①商品計画や販売計画にもとづき、年間、季節、月ごとの仕入スケジュールを策定する。
> ②上記の仕入スケジュールにもとづいて、月ごとの仕入予算を編成する。
> ③仕入スケジュールや仕入予算にもとづいて、仕入先企業を選定する。
> ④仕入先企業が推奨する商品から、仕入れるべき商品を選別する。
> ⑤価格や数量、支払い方法、納期、納入方法などの取引条件について、仕入先企業と協議する。
> ⑥発注後の仕入先フォローアップと、販売部門、在庫部門、経理部門などに対して社内コミュニケーションを行う。
> ⑦納入商品の荷受、検収、仕分けなどを行う。
> ⑧個々の商品の販売価格の決定と値札やバーコード貼付を販売部門と連携しながら行う。
> ⑨商品の在庫管理を行う。
> ⑩販売部門への商品の補充や販売動向に応じた売価修正などを行う。

重要

○仕入先企業

　サプライヤーともいう。販売する商品を購入する企業。メーカーや卸売業などが該当する。

3 仕入方法

仕入方法は、目的や組織形態によって異なる。

1 仕入方法別のメリットとデメリット

仕入方法には「大量仕入」「随時仕入」「集中仕入（セントラルバイング）」「店舗ごとの独自仕入」などがあります。これらの仕入方法にはメリットとデメリットがあるため、それを考慮したうえで、自店の経営に合った方法を選択していきます。

■表4-3-1　おもな仕入方法と特徴

	方法・特徴
大量仕入	・一度に大量の商品の仕入を行う。
随時仕入	・必要に応じてそのつど商品を発注する。
集中仕入 （セントラルバイング）	・大量仕入の1つ。 ・チェーンストア本部が商品を一括大量仕入し、各店舗に分配する。 ・総合品ぞろえスーパーやコンビニエンスストアなどが採用している。
店舗ごとの独自仕入	・店舗ごとに独自の仕入や販売を行う独立店舗経営の仕入。 ・大手百貨店などは地域の顧客ニーズに対応するため、店舗ごとにバイヤーを配置し、バイヤーが売場の販売も担当している。

■表4-3-2　仕入方法別のメリットとデメリット

	メリット	デメリット
大量仕入	・仕入原価を引き下げられる。 ・一度に大量発注することから、発注作業も少なくなるので仕入コストを低減できる。	・仕入れた商品が売れなければ、大量な商品ロスが発生する。
随時仕入	・少量ずつの発注のため、仕入にかかる資金も少量ですむ。	・手持ち在庫が少ないため、発注を頻繁に行わなければならず、発注業務に時間とコストがかかる。
集中仕入 （セントラルバイング）	・仕入原価を引き下げられる。 ・一度に大量発注することから、発注作業も少なくなるので仕入コストを低減できる。 ・一括大量仕入をすることによって、有利な仕入条件を得られる。	・各店舗の特性に合致した商品の導入が難しい。 ・流行品やファッション商品などは的確な予測が難しく、集中仕入が困難。
店舗ごとの独自仕入	・各店舗の特性に合致した商品を導入できる。 ・流行品やファッション商品などについても、地域ごとの顧客ニーズに細かく対応できる。	・一括大量仕入をすることが困難なため、スケールメリットをいかした仕入を行うことができない。

○商品ロス
➡ p.71

○スケールメリット
➡ p.16

商品計画にもとづいて品目が決定されると、棚割が計画されディスプレイという形で売場に品ぞろえがされます。棚割とディスプレイは店舗の売上に大きな影響を与えます。ここでは、棚割の意味と重要性、棚割変更について学びましょう。

1 棚割とディスプレイの基本と重要性

棚割とディスプレイ（陳列）の基本は、顧客にとって目的の商品が探しやすく、見えやすく、選びやすく、手に取りやすくすることである。

1 棚割とディスプレイの意義

商品計画によって各カテゴリー内の品目（アイテム）構成が決定されると棚割が計画され、その棚割にもとづいてディスプレイ（陳列）が行われます。ほかの店舗と同じように商品を仕入れても、棚割とディスプレイの良し悪しによって店舗の売上と利益は大きく変わります。たとえ顧客ニーズに合った商品を仕入れても、売れ筋商品や**育成商品**が来店した顧客の目につかなければ売上に結びつくことはないからです。棚割とディスプレイは、顧客にとって目的の商品が探しやすく、見えやすく、選びやすく、手に取りやすくすることが基本となります。

近年は店舗だけでなく、商品を製造したメーカーも棚割に高い関心を寄せています。メーカーにとってみると、店舗の棚割の良し悪しで自社製品の売れ行きである**インストアシェア**が決定するからです。

2 棚割

棚割とは、ゴンドラ（陳列棚）スペースの中にディスプレイする多種多様な商品を、発見しやすく、比較・選択しやすいように分類することです。つまり、一定のゴンドラスペースの中で、より多くの商品を販売しながら、どれだけ多くの利益を獲得できるように計画するか、その効率を向上させるための店舗マネジメント手段が棚割といえます。

3 棚割変更をするタイミング

棚割は新商品の導入や、死に筋商品の排除、季節の変更などによって変更します。

棚割を変更するとき
①商品カテゴリー構成の変更　　②品目（アイテム）の改廃による品目変更
③品目（アイテム）ごとのフェイス数の調整（**フェイシング**）
④ディスプレイ方法の変更

4 棚割変更の実施

棚割変更は、売場の補充発注や在庫管理を担当する従業員が自己の意思で行うことはできません。たとえば、品切れした商品が発生しても、そのスペースをほかの商品で埋め合わせするなどの行為は厳禁となります。なぜなら、商品の配置を勝手に変えてしまうと、それまでそこにあった商品が移動して別の場所にあることに顧客もほかの従業員も気づかないおそれがあるからです。商品が見つからなければ、顧客はその商品が廃番になったと勘違いして購入をあきらめるかもしれません。また、従業員はその商品の品切れを見過ごすかもしれません。

重要
○育成商品
　主要顧客層に向けた利益の柱となる商品をいう。おもに競争店では扱っていないような高利益率の商品で小売店が独自で育て上げる商品である。

重要
○インストアシェア
　特定の売場（店舗）における、特定メーカーの商品が占める割合をいう。店頭シェアともいう。

重要
○フェイシング
　ゴンドラ（陳列棚）の最前列に商品（単品）をどのように並べるかを決めること。売れ筋の商品には広いスペースをとる。

一緒に覚える

棚割ソフトの活用

棚割変更は、棚割表の変更や、棚ラベルの発行・貼付、廃止商品や新規商品のリスト作成など多岐にわたり、売場における作業負担は大きいものとなっています。そこで近年では、このような課題を解決するために棚割ソフトが開発され、それらを活用する小売業が着実に増えてきています。

生産された商品が消費者のもとに届くまでにはさまざまな隔たり（ギャップ）があります。この隔たり（ギャップ）を橋渡しするのが物流の役割です。ここでは、物流の種類のほか物流の課題、物流センターについて学びましょう。

1 小売業の物流の基本機能

物流とは、生産地と消費地が異なるときに、この隔たり（ギャップ）を結ぶ役割を果たすものである。

1 物流

生産された商品が消費者のもとに届いて消費されるまでには、さまざまな隔たり（ギャップ）があるのが一般的です。たとえば、都市郊外で生産された野菜が都市部の消費者の手に渡るまでには場所の隔たり（ギャップ）があります。そのほかにも、生産される時期と消費される時期の隔たり（ギャップ）、生産者と消費者が異なるという隔たり（ギャップ）もあります。

物流とは、こうしたさまざまな隔たり（ギャップ）を解消し、生産された商品を消費者のもとに届ける橋渡しの役割を果たしています。

小売業の物流には、調達物流・販売物流・社内間移動物流・返品物流の4つがあります。

■表4-5-1 小売業の4つの物流

①調達物流	仕入先企業から小売業の店舗まで商品を納入するための商品仕入に関する物流活動。
	仕入先企業 → 商品 → 店舗
②販売物流	小売業の店舗から顧客の指定した場所まで商品を届けるための物流活動。
	店舗 → 商品 → 顧客
③社内間移動物流	ある店舗で売れ残った商品をほかの店舗に移動したり、店舗から物流センターにダメージ商品などを返品したりするなど、社内間における商品移動の物流活動。
	店舗 → 商品 → 店舗
④返品物流	店舗や物流センターから仕入先企業に商品を返品するための物流活動。
	店舗 → 商品 → 仕入先企業

？補足

○物流業務

仕入先企業や物流業などが小売店の店舗に商品を配送する業務を「配送」または「納品」といい、それらの商品を店舗で受ける業務を「荷受」という。

→参照

○生産と消費の隔たり（ギャップ）

→ p.13

！重要

○ダメージ商品

小売店に納品されるまでの段階や、小売店での在庫や陳列の段階で傷がついた商品。

2 物流の課題

多頻度小口（少量）配送は小売業にとってロスを抑えられる配送方法であると同時に、自然環境の悪化や卸売業者のコスト増といった問題も抱えている。

1 多頻度小口（少量）配送のメリットとデメリット

コンビニエンスストアでは1日に何度も弁当類が配送されることが当たり前になりました。「必要なときに、必要な量だけ、必要な場所に納入する」という**ジャストインタイム物流**による多頻度小口（少量）配送は、ショートタイムショッピングなど消費動向の変化もあり、すでに流通業界に定着しているといえるでしょう。この配送方法は、小売業にとって在庫を抑えつつ欠品率も低くすることができるというメリットがあります。

しかし一方では、トラックから排出されるCO_2の増加といった環境に関する課題を抱えています。また、メーカーや卸売業者にとっては、配送するドライバーの人件費及び燃料代などの物流コストが上昇するというデメリットもあります。

3 物流センターの機能

物流センターには、商品を一定期間にわたって保管しておく貯蔵機能と、商品を運びやすいように加工する機能がある。

1 物流センターの機能

現代の物流センターは、単に商品を貯蔵するための場所から、仕入先企業と各店舗を結ぶ中継基地としての役割や加工センターとしての役割を担う場所にかわりつつあります。また、コンピュータ制御によって自動仕分けを行うなどジャストインタイム物流も可能となっています。

■図4-5-1 保管機能の進化

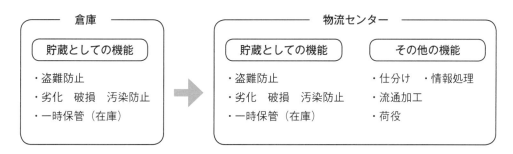

2 物流センターを自社で設置するメリット

大規模チェーンストアでは、自社の物流センターを設置して各店舗に納入する商品を一括集約し、そこから店別・カテゴリー別に商品を仕分けして配送しています。これにより、仕入先企業から各店舗に納入していたトラックの台数を大幅に削減することができるようになりました。

■図4-5-2 チェーンストアの物流管理

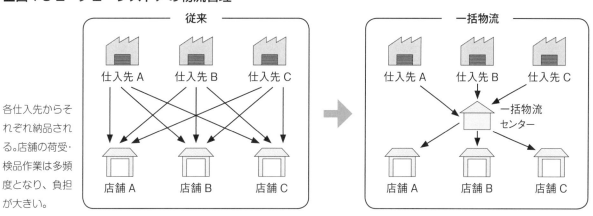

各仕入先からそれぞれ納品される。店舗の荷受・検品作業は多頻度となり、負担が大きい。

各仕入先から納品される商品を物流センターに一括集約。物流センターから店舗ごとに仕分けした商品を配送。店舗の負担が少ない。

> ⚠️ **重要**
> ○ジャストインタイム物流
> 必要な商品を、必要なときに、必要な量だけ配送する物流システム。これにより小売業は在庫を削減することができるが、供給側には物流業務が過大になるというデメリットがある。

> ⚠️ **重要**
> ○ショートタイムショッピング
> 短い時間で必要な買物ができること。

第5章 価格設定の基本

第1節 価格の設定要因と価格政策

小売業での販売価格は、小売業の販売政策や競合店の動き、消費者の動向などさまざまな要素を加えて設定されます。ここでは、価格設定の方法と価格政策、さまざまな価格制度について学んでいきましょう。

1 価格設定の方法

小売業の価格設定は、コスト面に競争や需要といった要素を加味して行われる。

1 価格設定の3つの方法

商品の仕入原価に、コストや利益を加えたものが販売価格です。これを小売業では売価ともいいます。小売業が設定する商品の販売価格は、コストのほかに競争や需要の状況も考慮されます。競争相手が多い（供給が多い）場合は販売価格が低めになり、需要が多い場合は販売価格が高めになります。小売業の価格設定方法は、3つの方法に大別されます。

> **小売業の価格設定方法**
>
> **①コストに応じた価格設定方法（コストプラス法）**
> 仕入原価に販売に必要なコストと一定の利益を加えて販売価格を設定する方法。マークアップ法ともいう。
> **②地域需要に対応した価格設定方法（マーケットプライス法）**
> 「いくらだったら消費者がこの商品を購入してくれるか」という予測をして、販売価格を設定する方法。
> **③競争を意識した価格設定方法**
> 競争に勝つために、競争店の販売価格より安い販売価格を設定する方法。

2 価格政策の種類

価格政策とは小売店がどのような方針で販売価格を設定するかということである。

1 小売業のおもな価格政策

小売店の価格政策には、おもに次の9つの政策があります。

■表5-1-1 おもな価格政策

①正札政策（通常価格）	小売店が定めた価格で販売する。
②端数価格政策	販売価格の末尾を8や9にして安い印象を与える。
③段階価格政策（階層価格政策）	同品種の商品をランク分けして販売価格を設定する。
④慣習価格政策	一般に浸透している価格で販売する。
⑤名声価格政策（プレステージ価格政策）	高級品に高価格を設定する。
⑥割引価格政策	期間を限定し、割引価格で販売する。
⑦均一価格政策	原価に関係なく一定の販売価格を設定する。
⑧特別価格政策	目玉商品の販売価格を年間を通して安く設定する。
⑨見切価格政策	在庫を処分するために、売れ残り商品などを安い販売価格に設定する。

重要
○コストプラス法
仕入原価にもうけ（値入）を加えて売価とする方法。コストプラス法は、商品1個あたりの原価ともうけで売価を決定する方法である。

補足
○競争店調査
（ストアコンパリゾン）
競争店調査は本来、競争店のよい点を探し、自店の経営に役立てるために行うものである。

補足
○値頃感
その価格で買っても損はないと感じる価格。

❶正札政策（通常価格）

どのような顧客に対しても、その小売店が定めた通常価格で販売するものです。誰にでも同一価格で販売するため、顧客からの信用を得やすいというメリットがあります。

❷端数価格政策

1,980円や399円といった、販売価格の末尾（一般的に1の位や10の位）を8や9の数字に設定するものです。こうすることで顧客に心理的な安さを訴えるねらいがあります。

❸段階価格政策（階層価格政策）

品種ごとに、その品質や品格によって高級品（アッパープライス）・中級品（ミドルプライス）・普及品（ローワープライス）というように3段階程度に分けて販売価格を設定するものです。中級品は真ん中の価格（中心価格）となり、売れ筋商品の価格が設定されます。

❹慣習価格政策

PETボトルの飲料やガムなどはおおよその販売価格が一般に浸透しており、多くの顧客が一定の価格を想定しています。この価格を「慣習価格」といいます。これらの商品は、価格の変更よりも商品の容量を増量することで割安感を演出する場合が多く見られます。

❺名声価格政策（プレステージ価格政策）

高価格を設定するものです。高級ブランド品や高級ホテルなどは、高価格を設定することで顧客に高品質のイメージを抱かせるという効果を見込んでいます。

❻割引価格政策

通常の価格から金額を差し引いて販売するものです。バーゲンセールなど、一定の期間を設定して実施されます。

❼均一価格政策

100円均一など、原価の異なる商品に対して同一の低価格を設定するものです。なかには販売価格が原価を下回る商品もありますが、店舗全体として利益が確保できるように販売価格を設定しています。

❽特別価格政策

特定の商品の販売価格を著しく安く設定するものです。年間を通して安い価格で販売します。この対象となる商品は目玉商品ともよばれますが、極端に安い価格での販売を日常的に行うと、**独占禁止法**の**不当廉売**に抵触するおそれがあるので注意が必要です。

❾見切価格政策

シーズン商品の売れ残りや傷がある商品などの在庫を処分するために、一時的に著しく安い価格を設定するものです。

⚠ 重要
○独占禁止法（私的独占の禁止及び公正取引の確保に関する法律）

市場での企業における公正かつ自由な競争を妨げる行為を規制する法律。

⚠ 重要
○不当廉売

廉売とは安い価格で販売することをいう。ある商品を著しく安い価格で販売して公正な競争を阻害することは、独占禁止法の不公正な取引方法として禁じられている。

⚠ 重要
○シーズン商品

夏の水着や冬のコートなど、季節によってその販売量が変化する商品をいう。また、一年中使用する商品を通年商品という。

⚠ 重要
○景品表示法（不当景品類及び不当表示防止法）

チラシやパンフレット、広告などの不当な表示や、過大な景品類の提供を禁止した法律。

3 価格に関する諸問題

小売業を取り巻く価格制度では、以下のような問題がある。

1 小売業を取り巻くおもな価格制度

販売価格を設定するうえで考慮しなければならない価格制度にはさまざまなものがあり、なかには通常は違法とされるものの条件つきで合法となっている制度も存在します。

■表5-1-2 おもな価格制度

①再販売価格維持行為	再販売する際の価格をメーカーなどが指定する制度。一部の商品をのぞき、原則として独占禁止法で違法とされている。
②二重価格表示	希望小売価格と、それより値下げした価格を両方とも表示すること。実売価格と比較対照価格が著しくかけ離れている場合は景品表示法によって違法とされることがある。
③オープン価格	それぞれの小売業が独自に設定した価格。小売業間で販売価格の差が生じやすい。
④単位価格表示	単位あたりの価格を表示すること。精肉などの価格表示に用いられることが多い。

❶再販売価格維持行為

再販売とは、卸売業がメーカーから仕入れた商品を小売業に販売したり、小売業が卸売業から仕入れた商品を消費者に販売したりする行為をいいます。

再販売価格維持行為は、メーカーや卸売業がそれぞれの川下段階にいる事業者（卸売業から見た小売業など）に対して、商品の販売価格を指定する行為です。これは、市場での販売価格の維持を目的として、おもにメーカーが利用していました。

現在、原則的には独占禁止法で禁止されていますが、書籍・雑誌、新聞及びレコード盤・音楽用テープ・音楽用CDの6品目については例外的に認められています。

❷二重価格表示

二重価格表示とは、メーカーの**希望小売価格**や小売業の通常価格と比較して値下げした販売価格を設定し、2つの価格を並べて表示するものです。実売価格（販売価格）と比較対照価格（希望小売価格や小売店の通常価格）が著しく異なる場合は、景品表示法の不当表示に該当する可能性があります。

❸オープン価格

オープン価格とは、卸売業や小売業が自主的に設定した販売価格です。メーカーから希望小売価格が示されないときに、小売業ごとに独自の価格設定を行います。したがって、小売業間で販売価格の差が生じやすく、小売業には競争店に勝つためにコスト削減などの経営努力が求められます。

❹単位価格表示

単位価格表示とは、「100g 500円」のように単位あたりの換算価格を表示する方法で、スーパーマーケットの精肉売場などでよく見られます。同じような品質の商品の場合、単位価格を見ることで、どの商品が割安かを判断することができます。

⚠重要

○希望小売価格

商品を製造するメーカーが、自己の商品に対して設定する販売希望価格をいう。独占禁止法によって、メーカーは小売店に対して小売価格を強制することはできない。

一緒に覚える

プライスゾーン・プライスライン・プライスポイント

顧客が商品を購入する店舗を選ぶ際、または購入する商品を選ぶ際に重要な意味をもつものが、プライスゾーン（価格帯）・プライスライン（価格線）・プライスポイント（値頃点）です。

○プライスゾーン（Price Zone：価格帯）

小売業が設定する販売価格の上限と下限の範囲。これがせまい場合は同じような価格帯の商品が品ぞろえされた店ということになります。

○プライスライン（Price Line：価格線）

商品カテゴリーごとに小売業が設定した、品目（アイテム）1つひとつの販売価格。1つの商品カテゴリーの中にさまざまなプライスラインがあると、顧客が商品を選びにくくなります。

○プライスポイント（Price Point：値頃点）

ある品種の中で、陳列数量が最も多く、最も売れている品目（アイテム）につけた販売価格です。

■図5-1-1　プライスゾーン・プライスライン・プライスポイント

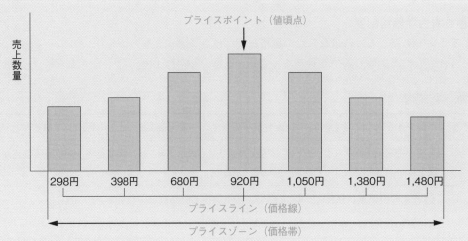

小売業では販売価格を「売価」といいます。売価の設定方法には、中長期的な経営計画にもとづく戦略レベルの売価設定と、競争店対策などの販売促進のために行う戦術レベルの売価設定の2つがあります。

1 売価の意味

売価とは、販売する商品につけられた販売価格のことである。売価の設定は、売上に大きな影響を与える。

1 売価の決定

小売業はメーカーの示唆する希望小売価格を考慮に入れたうえで、地域の需要動向、競争店の売価設定状況、商品のライフサイクルなどを勘案して売価を決定します。

2 戦略としての売価設定

①ハイ・ロープライス政策

ハイ・ロープライスとは、1つの商品の売価を上げたり下げたりするものです。たとえば、休日などの特定日に限り、通常価格を大幅に下回る売価を設定したりします。これは、スーパーマーケットなどが採用している伝統的な売価設定の方法といえます。

②エブリディ・ロープライス（Everyday Low Price：恒常的超低価格）政策

エブリディ・ロープライスはEDLPともよばれ、毎日継続的に競争店を下回る低価格で商品を提供することを指します。エブリディ・ロープライスは、売上高世界一のウォルマートが創業以来行っている売価設定の方法です。

3 戦術としての売価設定

①ロスリーダー・プライス

ロスリーダー・プライスとは、競争店対策などの理由によって、ナショナルブランド（NB）商品を目玉商品として、一定期間に限って仕入原価を下回る売価設定をするものです。この方法をとるねらいは、安さでたくさんの顧客を集客し、ほかの商品も「ついで買い」させることにあります。

②ワンプライス（単一価格）

ワンプライスとは、店内あるいは特定売場内の商品すべてを均一価格で販売するものです。100円均一などがこの方法にあたります。

③一物多価（割引）

一物多価とは、同じ商品を1つ買うよりもまとめて買ったほうが割安になる売価設定をするものです。この方法をとった場合は、まとめ買いのほうが割安であることを表示します。

④値下

最初に設定した売価よりも、意に反してやむを得ず低い売価で販売することです。値下の理由には次のようなものがあります。

値下の理由
①商品に汚れや破損があるため ②商品が古くなったため ③競争店の売価に対抗するため ④売れ残り商品となったため

重要

○ロスリーダー

　仕入原価を下回るような安い価格をつけた商品のこと。

参照

○ナショナルブランド（NB）

→ p.36

売上高から費用を差し引いて生み出される「利益」には、値入高や粗利益などいくつかの種類があります。ここでは、商品単位で見た利益の出し方と店舗全体で見た利益の出し方について学びましょう。

○利益
➡ p.184

○粗利益
➡ p.184

○営業利益
➡ p.184

○当期純利益
➡ p.184

1 利益とは

利益とは、売上高から費用を差し引いたものである。また、利益には、粗利益・営業利益・当期純利益などがある。

1 利益の構造

利益の構造について、粗利益を例に見てみましょう。次の図にあるように、販売価格から仕入値を引いたものがもうけになります。ただし、実際に店舗全体の利益を見るためには、そのほかにコストやロスなどを考慮しなければなりません。

■図5-3-1 利益の構造（１つの商品に関する利益）

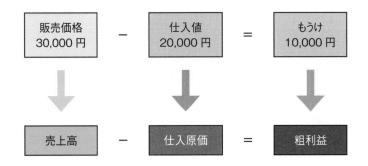

2 売上高・原価・利益

１つひとつの商品の売上を積み重ねたものが、店舗全体の売上となります。売上を見るために必要となるものに、売上高・原価・利益があります。

> ❶売上高
> 　商品１つひとつにつけられた販売価格を売価といいます。この売価に販売した数量を掛けたものが売上高です。
> ❷原価（仕入原価）
> 　仕入先企業から商品を仕入れた際の、その商品の価格を原価（仕入原価）といいます。
> ❸利益
> 　もうけのことを利益といいます。利益にはいくつかの種類がありますが、代表的なものに粗利益があります。

3 店舗全体の利益の見方

店舗全体の利益を計算するうえで留意すべきこととして、値下げやロスがあります。商品を販売する前は、仕入値にもうけを加算して販売価格を決定します。しかし、実際に販売する時点になると、当初の販売価格から値下げをする場合があります。また、万引や破損などの商品ロスが発生することもあります。そうすると、予定通りの売上は達成できません。そのため、店舗全体の利益を計算する場合は、値下げした金額（**値引高**）やロスとなった金額（**ロス高**）を含めた次の式を使用します。

Check!	粗利益高

> 粗利益高 ＝ 売上高 － （仕入原価 ＋ ロス高 ＋ 値引高）

○値引高

　値引高が増加すると粗利益高が減少し、結果、小売店の営業利益が減少することになる。

○ロス高

　小売店内でのロスは、欠品による販売機会ロスや売れ残りによる廃棄ロス、万引によるロスに大別できる。特に、販売機会ロスは把握が難しいロスといえる。

② 値入高と値入率

　仕入時に設定した商品１つのもうけを値入高といい、売価に対するもうけの割合を値入率という。

1　値入高

　商品の売価とは、仕入原価にもうけを加えたものです。このもうけをどのくらいにするのか検討し、商品の売価を決めることを値入といいます。値入高とは、売価を決める際の要素であるもうけ部分です。

■図5-3-2　値入高と売価の関係

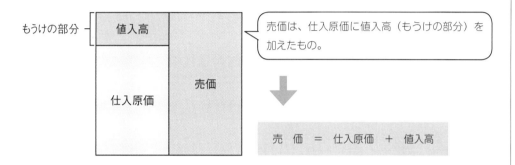

Check!	値入高

値入高　＝　売　価　－　仕入原価

売価から仕入原価を差し引いたものが値入高となる。

2　値入率

　値入率は価格に対するもうけの割合をいい、売価に対するもうけの割合を売価値入率、原価に対するもうけの割合を原価値入率といいます。値入率が高いほど、利益が大きくなります。

■図5-3-3　売価値入率

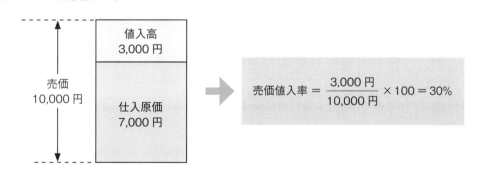

Check!	売価値入率と原価値入率

$$売価値入率（\%）＝\frac{売価－仕入原価}{売価}×100$$

$$原価値入率（\%）＝\frac{売価－仕入原価}{仕入原価}×100$$

？補足

○値入高と粗利益高
　値入高は仕入時に計画した利益。粗利益高は実際に販売したことによる利益。

？補足

○値入高合計と平均値入率
　一定量の商品をまとめて仕入れた場合や部門別での値入高や値入率を求める場合、単品の場合とは区別し、「値入高合計」、「平均値入率」という。

3 粗利益高と粗利益率

粗利益高（売上総利益）とは実際に商品を販売したことによって得られる利益で、それを売上高に対する割合で示したものを粗利益率という。

1 粗利益高

粗利益高（売上総利益）は売上高から仕入原価を差し引いたものになります。値入高との違いは、粗利益高は実際に商品を販売した結果の利益であるところです。商品を販売する過程では、商品ロス（ロス高）や値下げ（値引高）が発生します。その分、粗利益高は低くなってしまいます。

■図5-3-4 値入高と粗利益高の違い

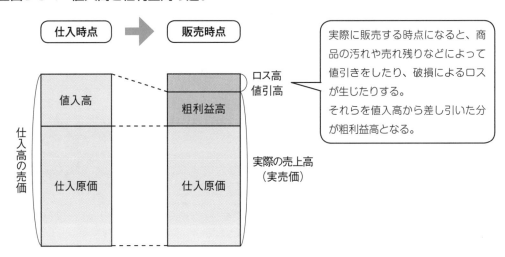

Check!　値入高と粗利益高

値　入　高　＝　売　　価　－　仕入原価

粗利益高　＝　売　上　高　－　（仕入原価　＋　ロス高　＋　値引高）

粗利益高を計算する際は、ロス高と値引高も売上高から差し引く。

2 粗利益率

売上高に対する粗利益の割合を粗利益率（売上高総利益率）といいます。粗利益高と粗利益率は店舗の業績を判断する要素となります。

値入率は商品販売の計画時のもうけの割合で、粗利益率は商品販売の結果としてのもうけの割合です。通常は販売時に商品ロスや値下げが発生するため、予定通りの粗利益高を得ることができません。つまり、販売計画時の値入率より、販売した結果の粗利益率のほうが低くなります。

Check!　粗利益率

$$粗 利 益 率（\%）＝ \frac{粗利益高}{売上高} \times 100$$

粗利益高は、商品ロスや値下げによって値入高よりも低くなる。
したがって、粗利益率も値入率より低くなる。

商品ロスの基本的原因

○商品ロスとは

　商品ロスとは、帳簿上で計算している在庫（帳簿在庫）と実際にカウントした在庫（実地在庫）の差をいいます。在庫は金額と数量で把握しますが、商品ロスは金額で把握する方法がとられています。

■図5-3-5　商品ロス

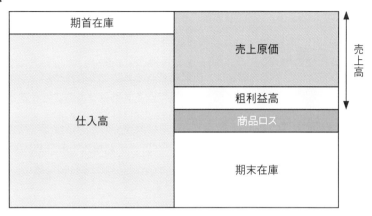

・期末在庫：決算日（営業年度の末日）における在庫商品。
・期首在庫：営業年度のはじめの在庫商品。

　本来、帳簿在庫と実地在庫は一致するはずです。しかし、実際には、帳簿在庫より実地在庫のほうが少ない場合（商品ロスとなる場合）が多くなります。

　そのおもな原因として、次の3つが考えられます。

○商品ロスの発生原因

①値下げロス

　売価を値下げした結果、発生するロスをいいます。生鮮食品などのように、その日のうちに売り切らなければならない商品は、閉店間際に値引き販売を行います。結果、あるべき売上高を確保することができず、その差額分だけの値下げロスが発生することになります。

②商品廃棄ロス

　生鮮食品を中心とした食料品の廃棄や、流行商品の売れ残りの廃棄などが商品廃棄ロスになります。商品廃棄ロスは、廃棄分の仕入原価全額が損失となることから、その分、小売店の利益損失は大きくなります。

③不明ロス

　帳簿在庫と実地在庫の差額が不明ロスで、「品減り」や「棚卸損」ともいわれています。
不明ロスには、万引や盗難といった外的要因と、従業員の不注意による破損や不正行為、棚卸ミス、レジの打ち間違いなどの内的要因があります。

第6章 在庫管理の基本

第1節 在庫管理の基本知識

在庫管理はマーチャンダイジング・サイクルの重要な要素の1つです。仕入管理や販売管理と一体となって行っていくことが求められます。ここでは適正在庫の意義と在庫管理の方法について学びましょう。

第2編

補足
○在庫管理の4つの業務
①将来の需要を正確に予測する。
②適正な時期に適正な数量を発注する。
③適正な価格または原価で在庫を確保する。
④適正在庫を維持する。

補足
○適正在庫
その店舗にとって必要なだけの量。適正在庫の量は、いくら売るかという販売計画をもとに決める。

1 在庫とは

小売業にとって在庫とは、店頭に並べられている商品やバックヤードで保管されている商品すべてであり、いずれ近いうちに売上になる見込みがあることを基本とする。

1 在庫管理の目的と業務

在庫管理は、マーチャンダイジング・サイクルの中で、仕入業務と販売業務をつなぐ管理業務です。在庫管理の目的は、在庫に投資した資金を有効に適用して、小売店の利益の源泉になるように管理していくことといえます。

2 過剰在庫と過少在庫

過剰在庫になるということは、活用されていない資産が増加することを意味します。その分、資金の流動性が低下し、小売業の収益性を悪化させることになります。一方、過少在庫になると商品の在庫量が少ないために品切れが発生しやすくなり、販売機会のロスを引き起こします。その結果、小売業の収益性を悪化させることになります。

■表6-1-1　過剰在庫と過少在庫の問題点

過剰在庫の問題点	過少在庫の問題点
①売れ残り商品の保管期間が長くなり品質が劣化する。	①品切れが発生しやすくなり販売機会ロスにつながる。
②流行遅れなどによって商品の価値が低下する。	②品切れが頻繁に起こると取引先や顧客からの信用が低下する。
③廃棄処分となった場合にロスが発生する。	③品切れに対応するために緊急に発注すると、単価の高い商品を購入しなければならない場合が発生する。
④保管場所のスペースが必要になる。	④品切れによるトラブル処理が増加する。
⑤保管のための在庫コストが上昇する。	⑤品切れなどのトラブルに対応することにより本来業務以外に使う時間とコストが発生する。
⑥新商品への切り替えのタイミングを逸しやすくなり、競争他社との競争力が低下する。	

補足
○在庫管理の体系
①総枠管理：いつ、どのくらいの数量の仕入が必要かを総枠で決定すること。
②単品管理：過不足の発生を防ぐための発注方法を決定すること。
③重点管理：重点的に管理すべき在庫等を効率的・合理的に管理すること。
④入出庫管理：在庫の入出庫の動きを把握し、在庫をスムーズにコントロールすること。

2 在庫管理の方法

在庫管理には、金額による在庫管理と数量による在庫管理の2つがある。

1 2つの在庫管理の方法

在庫管理の方法には、金額による在庫管理と、数量による在庫管理があります。

❶金額による在庫管理（ダラーコントロール）
一定期間において、どこの店舗で、いくら商品が売れたかを把握します。

❷数量による在庫管理（ユニットコントロール）
一定期間において、品種ごとにどのような商品が何個売れたかを把握します。これは金額による在庫管理と補完関係にある在庫管理方法です。

第2節 データによる在庫管理

在庫管理は金額と数量の両面から科学的に把握することが必要です。ここでは基本的な指標として「商品回転率」「商品回転期間」「交差比率」について学びましょう。

1 在庫データの活用

在庫データを活用することで、効率的な仕入管理などを行うことができる。

1 在庫データを活用するメリット

前述したように在庫管理の方法には、金額による在庫管理と数量による在庫管理があります。この2つの方法で得られた在庫データからは、「どこから仕入れた、どの商品が、いつ、どのくらい売れたのか」把握することができ、売れ筋商品と死に筋商品や、売れ行きが伸びている商品と減っている商品などを割り出すことができます。このような在庫データを活用することには、次のようなメリットがあります。

在庫データを活用するメリット

①効率的な仕入管理を行うことができる。
②商品の入れ替えや値下げのタイミングを知ることができる。
③売れ行きに合わせた品ぞろえをすることができる。
④次年度の販売計画・仕入計画を立てる際に、より正確な計画を立案することができる。

2 商品回転率の計算方法

商品回転率とは、一定期間に手持ち商品が何回転したかをあらわすもので、小売業の販売効率を見る代表的な指標の1つである。

1 商品回転率

商品回転率は次の数式で計算することができます。商品回転率が高いほど、投下した**資本**を早く回収でき、資本効率が高いことを示しています。

Check! 商品回転率

$$商品回転率（回）＝ \frac{年間売上高}{商品在庫高}$$

計算例）「年間売上高」が1000万円、「商品在庫高」が200万円だった場合の商品回転率

$$\frac{1000万円}{200万円} ＝ 5回転$$

商品回転率で使用される商品とは在庫としての商品をあらわし、平均商品在庫高を使用します。また、分子となる「年間売上高」は、店頭での販売価格であり、分母の「商品在庫高」は分子にそろえて売価を使用します。

商品回転率の計算をする際に使用する「商品在庫高」は、次の3つの方法で算出します。

Check! 期末の商品在庫高を使用する方式

商品在庫高 ＝ 期末商品棚卸高

Check! 期首と期末の商品在庫高を加算して2で割る方式

$$平均商品在庫高 ＝ \frac{期首商品棚卸高＋期末商品棚卸高}{2}$$

計算例）「期首商品棚卸高」が400万円、「期末商品棚卸高」が300万円だった場合

$$\frac{400万円＋300万円}{2} ＝ 350万円$$

重要

○資本
事業を行っていくうえで必要な資金。

Check!	月末の商品在庫高の平均を求める方式

$$平均商品在庫高 = \frac{12\,か月分の期末商品棚卸高の合計}{12}$$

2 商品回転期間

商品回転期間とは、仕入れた在庫が1回転するのに要する期間です。商品回転期間を算出することによって、仕入れた在庫を売り切るまでに必要な日数を把握することができます。

Check!	商品回転期間（日）

$$商品回転期間（日） = \frac{1年間（365日）}{商品回転率}$$

計算例）商品回転率が12回転だった場合

$$\frac{365\,日}{12\,回転} = \boxed{30.41}\,日$$

約30日（1か月）で商品が1回転している。
つまり、約30日分の在庫を保有している。

3 交差比率

生活必需品などは購入頻度が高いため商品回転率は高くなりますが、販売価格が低いので粗利益率は低くなります。一方、ブランド品などの高額商品は粗利益率は高くなりますが、購入頻度は低いので商品回転率は低くなります。

交差比率は商品回転率に粗利益率も加味したもので、売れ行きが早い商品（商品回転率が高い商品）だけでなく、もうかる商品（粗利益率が高い商品）も含めた指標となります。

したがって、商品の販売効率を判断する際には、商品回転率と交差比率の2つの指標を使います。

Check!	交差比率

$$交差比率（\%） = 粗利益率（\%） \times 商品回転率（回）$$

交差比率は次のように示すことができます。

交差比率（%）= 粗利益率（%）× 商品回転率（回）

$$\frac{粗利益高}{（平均）商品在庫高} = \frac{粗利益高}{売上高} \times \frac{（年間）売上高}{（平均）商品在庫高}$$

4 交差比率の計算と交差比率からわかること

前述の計算式を使い、粗利益率と商品回転率から交差比率を算出した次の表を見て、交差比率からわかることは何か確認します。

ケーススタディ

交差比率による商品の分析

右の表を見ると、商品AとBは粗利益率が高く、商品Cは商品回転率が高いことがわかります。ただし、それぞれの商品について、粗利益率と商品回転率を別々に見ていると商品の総合的な販売効率を判断することが難しくなります。

そこで、交差比率を算出して粗利益率に商品回転率を含めた総合的な販売効率を見てみると、交差比率がいちばん大きい商品Aの販売効率が最もよいことがわかります。

■表6-2-1　商品の交差比率

商品	粗利益率	商品回転率	交差比率
A	40%	15回	6.0
B	40%	5回	2.0
C	20%	18回	3.6
D	20%	6回	1.2

たとえば、商品Aの交差比率は、粗利益率0.4×商品回転率15＝6.0となる。

○稼ぎ筋商品と商品回転率

稼ぎ筋商品とは売れ行きのよい商品のこと。この商品は、自店で扱う商品の中で粗利益率や商品回転率が高く、売上も多い優良商品となる。

第7章 販売管理の基本

第1節 販売管理の基本知識

販売管理とは、販売計画にもとづいた販売活動が適切に行われるように管理・実施していくことです。ここでは、販売管理の内容と流れについて理解しておきましょう。

1 販売管理とは

販売管理の重点目標は、商品カテゴリー別の販売分析と販売計画を重視して、販売活動の管理にあたることである。

1 販売管理

販売管理とは、市場調査・店舗施設管理・商品計画・販売促進といった小売業の販売活動に関連する各種の資料を収集・整理・分析して適正な販売計画を策定することに加え、販売計画をもとに小売業が実施する販売活動の方針や方法について従業員を指揮・統制することも含まれます。

■図7-1-1 販売管理

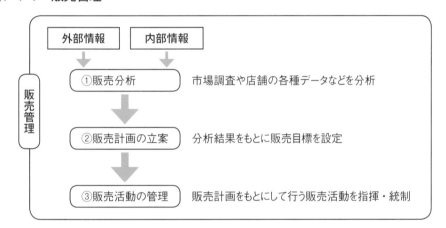

①販売分析

小売業の販売活動を取り巻く外部情報を把握することと、過去の販売実績などの内部情報をもとに、販売計画を策定するための分析を行うことを指します。

②販売計画の立案

販売分析をもとに全体の販売目標を決定することが、販売計画の立案です。立案にあたっては、販売計画の目標が次の事項に適合していなければなりません。

販売計画の目標が適合すべき事項

・実現可能なレベルであること。
・小売業が必要とする適切な利益を確保できること。
・公平に担当部門に割り振ること。
・月別活動目標に反映させること。
・目標を達成するための裏づけがあること。
・定期的にその実績を分析・評価し、適宜、活動を修正すること。

③販売活動の管理

販売計画にもとづき、販売活動を指揮・統制していく段階です。販売活動の管理では、販売計画の達成にとって最も望ましい具体的な方法を決定していきます。また、活動中も状況をチェックしながら販売計画の実現に向けて管理を行っていきます。

重要

○商品計画（マーチャンダイジング、商品化政策）
　小売業の商品計画とは、顧客ニーズに合った商品を品ぞろえすることである。
（→ p.49）

重要

○販売促進
　より積極的な販売活動を行っていくための広告や人的販売活動、パブリシティ、口コミ、景品やサンプル、催事などの諸施策をいう。
（→ p.144）

POS システムを活用すると、商品情報のほか顧客情報などさまざまな販売に関するデータを利用して効率的な販売管理などを行うことができます。ここでは、POS システムの意義としくみについて見ていきましょう。

1 POS システム

POS は Point of Sales の略称で、POS システムは販売時点情報管理システムと訳される。

1 POS システムの定義

POS システムとは、商品 1 つひとつについているバーコードを POS レジのスキャナで読み取り、**ストアコントローラ**とよばれるコンピュータで処理するシステムです。このシステムによって、「どの商品が、いつ、いくつ売れたのか」といった商品の情報や、会計の際にレジに打ち込む顧客の年齢層や性別といった顧客情報など、さまざまな情報を収集することができます。一般財団法人流通システム開発センターでは、次のように POS システムを定義しています。

> **POS システムの定義（一般財団法人流通システム開発センター）**
>
> 光学式自動読取方式のレジスターにより、商品を単品別に収集した販売情報や仕入、配送などの段階で発生する各種の情報をコンピュータに送り、各部門がそれぞれの目的に応じて有効利用できるような情報に処理、加工し、伝送するシステム。

2 POS システムの 4 つの特徴

商品の情報や顧客の情報など、店舗運営に関わるさまざまな情報を収集して分析する POS システムには、次の 4 つの特徴があります。

❶自動読み取りができる

商品情報の自動読み取りは、POS システム最大の特徴です。**PLU（Price Look Up：価格検索）方式**の POS システムでは、事前に商品名や単価をストアコントローラのマスターファイルに登録しておきます。会計の際は、個々の商品に貼付されているバーコードをスキャナで読み取るだけで、商品名や単価が呼び出され、簡単に精算業務を行うことができます。

これによって、すばやく精算業務を行えるようになったほか、レジの打ち間違いを防ぐことができるようになりました。

❷リアルタイムな情報が収集できる

商品のバーコードをスキャンするたびに、その情報がストアコントローラに蓄積されます。そのため、どのような商品が売れているのかといった最新の情報が会計のたびに更新され、常に新しい情報を把握することができます。

❸単品管理ができる

POS システムは、商品 1 つひとつにつけられたバーコードをもとに商品管理を行います。バーコードは単品ごとに貼付されているため、商品管理も単品ごとに行っていくことができます。これにより、単品ごとの売れ筋商品や死に筋商品の把握が可能になりました。

❹情報の集中管理ができる

POS データは単品ごとに貼付されたバーコードによって収集されるため、基本的には単品ごとのデータです。しかし、POS システムではマーチャンダイジング・サイクルの各種データと組み合わせて売上と在庫や仕入のデータを一元的に管理することも可能です。これにより、販売時点で得た POS データを、発注データである **EOS** データと連動させて発注の効率化をはかることができるようになりました。

重要

○ストアコントローラ

店舗のバックヤードに設置してあるコンピュータのこと。

POS ターミナルと連動し、顧客の購買情報を収集する。また、チェーンストア本部ともつながっているため、リアルタイムの売上情報を確認することもできる。

参照

○ PLU（Price Look Up：価格検索）方式

→ p.79

重要

○単品管理

バーコードなどを利用し、商品の売れ行きを単品ごとに見きわめる管理方式。これにより売れ筋商品の品切れ把握や、死に筋商品の排除が行いやすくなった。

参照

○ EOS

→ p.91

[2] POS システムの活用

POS システムによって得られたデータは、売場生産性の向上に活用する。

POS システムで得られたデータは、販売管理や品ぞろえ計画、販売促進、発注・納品管理に活用されます。

POS システムの活用

①**販売管理**：部門別や商品別、また、時間帯別の売上管理
②**品ぞろえ計画**：売れ筋商品や死に筋商品の管理、季節商品や新商品の導入計画
③**販売促進**：売価の決定や販売促進の評価
④**発注・納品管理**：単品管理、販売数量の予測

[3] POS システムのしくみ

POS ターミナルで情報を収集し、ストアコントローラで情報の管理と分析を行う。

■図7-2-1　POS システムのしくみ

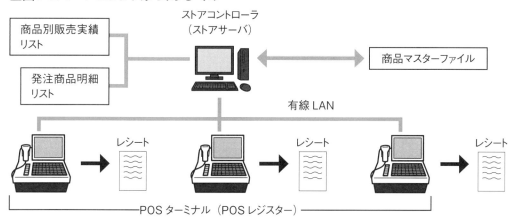

1　POS ターミナルの機能

POS ターミナルは、精算業務を行うレジスター機能と販売時点で情報管理する POS 機能を備えています。

①レジスター機能

買上商品の入力や入金処理、金券処理、レシートの発行等、レジスターとしての機能です。

②POS 機能

POS ターミナルとストアコントローラを連携させて販売データを処理する機能です。具体的には、POS ターミナルからバーコードをスキャナで読み込み、ストアコントローラの中にある商品マスターファイルから該当する商品を検索し、レジスターへの金額表示や売上計算を行います。これらの一連の機能を PLU 方式といいます。また、バーコード上に商品価格を記録し、バーコードを読み取ると同時に売上計算処理を行うものを NonPLU 方式といいます。

2　ストアコントローラ機能

ストアコントローラは、POS ターミナルなどから収集した各種データを蓄積しているコンピュータで、POS データを利用して価格検索を行ったり商品在庫管理や発注管理などのための分析を行ったりします。最近の POS システムは小売店の POS システムがネットワークと接続し、チェーン本部やメーカーなどの商品供給先ともオンラインで接続された総合店舗管理システムとしての機能も果たしています。

🔔 **重要**

○ POS ターミナル

POS システムの一部であり、スキャナーで JAN コード（➡ p.78）を自動読み取りすることで、精算業務と情報管理を行うことができる。

❓ **補足**

○ベンダー

店舗に商品を供給する業者をいう。特にベンダーは商品を納入する卸売業者や物流業者を指し、メーカーはサプライヤーとよばれる。

❓ **補足**

○チェックアウト・クーポン

対象になっている商品を購入したときにレジで発行されるクーポン。

代表的なものにはレシートについている割引クーポンがあり、基本的に発行した店舗でしか利用できないなどの条件がつくことが多い。

❓ **補足**

○ IC カード

集積回路が入ったチップを埋め込んだカード。磁気を使ったカードに比べて記録されているデータのセキュリティが高く、偽造、変造がしにくいという特長がある。

POSシステムではスキャナを使って「バーコード」を自動的に読み取ります。ここではPOSシステムを活用するうえで必要なバーコードに関する基本知識を学んでおきましょう。

1 バーコード

バーコードは、バーシンボルとコードから構成されている。

1 バーコードの構成としくみ

バーコードはバーシンボルとコードから構成されています。長方形のバー（縦線）とスペース（余白）で表示された部分がバーシンボル、下に表示されている数字がコードです。

バーシンボルをスキャナで読み取ることで情報を呼び出すことができます。また、コードを入力することでも同様の情報が呼び出されます。

■表7-3-1　バーコードの構成

	区 分	内 容	見 本
バーコード	バーシンボル	バーとスペースの列 情報媒体	
	コード（番号）	数字 データ主体	4512345678919

(参考：一般財団法人流通システム開発センター「バーコードの基礎」)

2 JANコード

JAN（Japanese Article Number）コードは、海外ではEAN（European Article Number）とよばれ、世界100か国以上で利用されている国際的な商品コードである。

1 JANコードの種類

JANコードには、標準タイプ（13桁）と、短縮タイプ（8桁）があります。どちらのタイプも、左からJAN企業（メーカー）コード、商品アイテムコード、チェックデジットの順に並んでいます。

■表7-3-2　JANコード

JANコード		標準タイプ（13桁）		短縮タイプ（8桁）
企業コード	国コード	2桁（49）*	2桁（45）*	2桁（49）*
	企業コード	5桁	7桁	4桁
商品アイテムコード		5桁	3桁	1桁
チェックデジット		1桁	1桁	1桁

＊いちばん左に表示される2桁の国コードは、日本の場合「49」もしくは「45」。

重要

○JANコード

どの事業者の、どの商品かをあらわす、世界共通の商品識別番号。事業者が、一般財団法人流通システム開発センターから貸与された「GS1事業者コード」を用いて、商品ごとに設定している。

■図7-3-1　JAN コードの種類

標準タイプ（13桁）

9桁 JAN 企業（メーカー）コード

4 512345 678919

JAN 企業（メーカー）
コード（9桁*）

商品アイテムコード（3桁）

チェックデジット（1桁）

7桁 JAN 企業（メーカー）コード

4 987654 321014

JAN 企業（メーカー）
コード（7桁）

商品アイテムコード（5桁）

チェックデジット（1桁）

短縮タイプ（8桁）

4923 4612

JAN 企業（メーカー）
コード（6桁）

商品アイテムコード（1桁）

チェックデジット（1桁）

*品目（アイテム）数が 500 を超える企業には、複数の9桁 JAN 企業（メーカー）コードが付番貸与される。

利用予定品目（アイテム）数	JAN 企業（メーカー）コード数
1〜499	1 コード
500〜1,499	2 コード
1,500〜2,499	3 コード
以下省略	

2　JAN 企業（メーカー）コードの管理と申請

　JAN 企業コードの管理を行っているのは一般財団法人流通システム開発センターです。流通システム開発センターが国際運用規約にもとづき、番号が重複しないように一元管理し、企業に貸与しています。

　企業は最寄りの商工会議所や商工会を通じて JAN 企業コードを申請します。なお、JAN 企業コードは3年ごとの更新手続きが必要です。

3　ソースマーキングとインストアマーキング

　JAN コードは表示する段階によってソースマーキングとインストアマーキングに大別されます。

❶ソースマーキング

　ソースマーキングとは、製造・出荷段階で JAN シンボルを表示するものです。ソースマーキングの国コードは原産国を表示しているのではなく、商品の供給責任者をあらわしています。つまり、商品自体は海外で生産されていても、日本の企業ブランドで販売される商品の場合は日本の国番号である「49」または「45」が表示されます。

❷インストアマーキング

　量り売りする生鮮食料品などは、製造・出荷段階で JAN コードを表示することができません。このような商品は、販売する段階で JAN コードを印刷して貼付します。これをインストアマーキングといいます。インストアマーキングに **PLU 方式** と **NonPLU 方式** があります。

重要
○ PLU 方式

　JAN コードに対応するように、あらかじめストアコントローラのマスターファイルに売価を登録し、商品のバーコードをスキャンすると POS 端末に売価を表示し、処理する方法。

重要
○ NonPLU 方式

　JAN シンボルの中に売価を表示し、JAN シンボルを読み取った際に、その金額を直接 POS 端末に表示、処理する方法。生鮮食品のように、パックされた商品ごとに価格が違う場合に使われている。

第1問 次のア〜オは、商品の分類について述べている。正しいものには1を、誤っているものには2を、解答欄に記入しなさい。

ア　商品とは、小売業がおもに扱う形がある物財（モノ）のみをいう。

イ　統計をとる際に使用される分類のうち、日本標準商品分類や日本標準産業分類、日本標準職業分類などの分類方法を慣用分類という。

ウ　最寄品とは、購買頻度が低く、ある程度時間と労力をかけて購入する商品である。

エ　買回品とは、比較的高価で、商品を手に入れるためにいくつかの店舗を回り、価格や品質、デザインなどを比較して購入する商品である。

オ　魚や野菜など、同一品種による品ぞろえの店舗を業種店、消費者がそれぞれのシーンで必要とする異なる品種の商品をまとめて提案する店舗を業態店という。

ア	イ	ウ	エ	オ

第2問 次のア〜オは、マーチャンダイジング・サイクルについて述べている。正しいものには1を、誤っているものには2を、解答欄に記入しなさい。

ア　マーチャンダイジング・サイクルは大きく本部での業務と店舗での業務に分かれているが、本部での業務活動は販売計画の策定を起点とし、仕入計画、仕入交渉と進んでいく。

イ　店舗が行う補充発注とは、主として定番商品を対象としており、発注する際には発注基準にもとづいて天候や競争店の状況を考慮に入れて行っていく。

ウ　単品ごとに、どのくらいのコストをかけて、どのくらいの利益を見込むかという作業をマークアップという。

エ　マーチャンダイジング・サイクルにおいて、店舗業務の起点は仕入先企業から納品された商品の保管である。

オ　物流業務において、小売店の店舗に商品を配送する業務を配送・納品といい、それらの商品を店舗で受けることを荷受という。

ア	イ	ウ	エ	オ

第3問 次のア〜オは、仕入計画策定について述べている。正しいものには1を、誤っているものには2を解答欄に記入しなさい。

ア　仕入予算とは、商品計画にもとづいて立案された仕入計画を金額ベースで管理するものである。

イ　仕入とは、店舗に所属する商品担当者が、買いつける商品の品目や数量、時期、仕入先企業を決定することである。

ウ　大量仕入のメリットは、発注作業が少なくなるので、仕入コストを低減することができることである。

エ　セントラルバイングのメリットは、各店舗の特性に合わせて商品を仕入れることができることである。

オ　随時仕入のデメリットは、手持ち在庫が少ないため、発注業務に時間とコストがかかることである。

ア	イ	ウ	エ	オ

第4問 次のア〜オは、棚割とディスプレイについて述べている。正しいものには1を、誤っているものには2を、解答欄に記入しなさい。

ア　小売店の特定の売場における特定メーカーの商品の占有率をインストアシェアという。

イ　小売店が、ターゲットと定めた主要顧客層に対して利益の柱と定めた商品を強化商品という。

ウ　品目ごとの単品をゴンドラの最前列に並べる際に縦と横にどのように並べるか決めることをフェイシングという。

エ　棚割表作成のねらいは、小売業にとってディスプレイしやすく、補充しやすく、商品管理しやすいことである。

オ　棚割とは、売場スペースの中で、顧客の求める多種多様な商品を発見しやすく、比較・選択しやすいように計画的に分類・配置することである。

ア	イ	ウ	エ	オ

第5問 次のア～オは、**価格政策**について述べている。正しいものには1を、誤っているものには2を、解答欄に記入しなさい。

ア 価格設定の方法は、コストプラス法とマーケットプライス法の2つに大別できる。

イ 段階価格政策とは、品種ごとに、高級品、普及品というように品質などによって販売価格を2段階に設定し、顧客の商品選択や購入の意思決定をうながす政策である。

ウ 名声価格政策とは、高級品に対して高価格を設定することで高品質であることを顧客に連想させるものである。

エ 特別価格政策とは、特定の商品に対して年間を通して著しく安い価格を設定し、その他の商品の売上を高める方法である。

オ メーカーの希望小売価格や小売店の通常価格に対して値下げした販売価格を並べて表示する方法を二重価格表示というが、独占禁止法によって禁止されている。

ア	イ	ウ	エ	オ

第6問 次のア～オは、**在庫管理**について述べている。正しいものには1を、誤っているものには2を、解答欄に記入しなさい。

ア 販売予測にもとづいて売上目標を決め、それを達成するために、いつ、どれくらいの量の仕入が必要かを決定することを総枠管理という。

イ 入出庫管理では、商品の入庫や出庫の動きを確実に把握し、すべての在庫について同じレベルで管理することが求められる。

ウ ユニットコントロールとは、品種ごとに、どこの店舗で、どのような品目が何個売れたかを把握するもので、ダラーコントロールと補完関係にある。

エ 商品回転率は、一定期間に仕入れた商品が何回転したかを示すもので、通常は平均在庫高を年間の売上高で割って算出する。

オ 一般的に、売れ行きのよい商品ほど在庫期間が短く、また商品回転率が高くなる。

ア	イ	ウ	エ	オ

第7問 次のア～オは、**JANコード**について述べている。正しいものには1を、誤っているものには2を、解答欄に記入しなさい。

ア JANコードには、13桁の標準タイプと7桁の短縮タイプがある。

イ JAN企業コードは、一般財団法人流通システム開発センターが国際運用規約にもとづいて一元管理し、企業に貸与している。

ウ JANコードは、左からJAN企業コード、商品アイテムコード、チェックデジットの順に並んでいる。

エ 製造・出荷段階で商品包装にJANシンボルを直接的に表示することをソースマーキングという。

オ PLU方式とは、JANシンボルの中に売価を表示して、その金額を直接的にPOS端末に表示するしくみである。

ア	イ	ウ	エ	オ

第8問 次の文章は、**商品の本体要素**について述べている。文中の〔　〕の部分に、下記に示すア～オのそれぞれの語群から最も適当なものを選んで、解答欄にその番号を記入しなさい。

　商品は、消費者に満足を与える〔ア〕をもっていなければならない。具体的には、筆記具であれば「書ける」ということになる。そして、このような〔ア〕が発揮される程度を商品の〔イ〕という。具体的には、「よく書ける」ということになる。また、商品が物理的な〔ア〕を実現するために施されるデザインを〔ウ〕という。〔ウ〕は、質的な要素である〔エ〕品質を向上させるものである。このデザインの法的保護として、〔オ〕による登録制度が広く活用されている。

【語　群】

ア 1. 性　能　　2. 効　　果　　3. 機　　能　　4. 交　　換

イ 1. センス　　2. 機　　能　　3. 効　　用　　4. 性　　能

ウ 1. 特　許　　2. 意　　匠　　3. 摸　　倣　　4. 拡　　張

エ 1. 一　次　　2. 二　　次　　3. 三　　次　　4. 四　　次

オ 1. 特　許　法　　2. 実用新案法　　3. 著作権法　　4. 意　匠　法

ア	イ	ウ

エ	オ

第9問 次の文章は、コンビニエンスストアの仕入計画について述べている。文中の〔　　〕の部分に、下記に示すア～オのそれぞれの語群から最も適当なものを選んで、解答欄にその番号を記入しなさい。

　コンビニエンスストアにおける商品構成の特徴は、〔ア〕少品目少量の品ぞろえといえる。店舗では、さまざまな〔イ〕ごとに、〔ウ〕上位になりそうな品目を選び出し、品目ごとに少量ずつ仕入を行っていく。そのため、コンビニエンスストアでは、〔エ〕の在庫単位となる。また、発注サイクルと発注リードタイムの〔オ〕化を行うことで、欠品を極力なくす努力を行っている。

【語　群】

ア 1. 少 品 種	2. 少 品 目	3. 多 品 種	4. 多 部 門
イ 1. 部 門	2. 品 種	3. ラ イ ン	4. 絶 対 単 品
ウ 1. 売 れ 筋	2. 死 に 筋	3. ロ ッ ト	4. カ テ ゴ リ ー
エ 1. 大 口	2. 小 口	3. 縦 わ り	4. メ ー カ ー 主 導
オ 1. 最 大	2. 規 格	3. 標 準	4. 短 縮

ア	イ	ウ	エ	オ

第10問 次の文章は、仕入業務の基本について述べている。文中の〔　　〕の部分に、下記に示すア～オのそれぞれの語群から最も適当なものを選んで、解答欄にその番号を記入しなさい。

　仕入は、〔ア〕ともいい、買いつける商品の品目、数量、時期、仕入先企業の決定など、商品部の〔イ〕による買いつけの一連の行為をいう。仕入にあたっては、〔ウ〕の購買需要を予測した販売計画にもとづく仕入を行う必要がある。仕入方法には、原価の引き下げのメリットが発生する〔エ〕と手持ち在庫量が少なく、資金面で有利な方法といえる〔オ〕がある。

【語　群】

ア 1. マーチャンダイジング	2. バ イ ン グ	3. セ リ ン グ	4. フェイシング
イ 1. バ イ ヤ ー	2. マーチャンダイザー	3. ト レ ー ダ ー	4. コントローラー
ウ 1. 競 合 店	2. サ プ ラ イ ヤ ー	3. 顧 客	4. メ ー カ ー
エ 1. 随 時 仕 入	2. 店舗ごとの独自仕入	3. 大 量 仕 入	4. 当 用 仕 入
オ 1. 補 充 仕 入	2. 大 量 仕 入	3. 初 期 仕 入	4. 随 時 仕 入

ア	イ	ウ	エ	オ

第11問 次の文章は、物流の基本機能について述べている。文中の〔　　〕の部分に、下記に示すア～オのそれぞれの語群から最も適当なものを選んで、解答欄にその番号を記入しなさい。

　小売業の物流には、仕入先企業から小売業の店舗に商品を届けるための〔ア〕物流、店舗から顧客の指定した場所に商品を届けるための〔イ〕物流、社内の店舗間での商品移動である〔ウ〕物流、店舗から仕入先企業に商品を戻す〔エ〕物流がある。ウ物流の具体的な例として、店舗で売れ残った商品をほかの店舗に移したり、返品や傷がついてしまった〔オ〕商品などを物流センターに戻したりするときなどがあげられる。

【語　群】

ア 1. 販 売	2. 社内間移動	3. 返 品	4. 調 達
イ 1. 仕 入	2. 販 売	3. 返 品	4. 配 送
ウ 1. 納 品	2. 返 品	3. 社内間移動	4. 売 上
エ 1. 返 品	2. 納 品	3. 戻 し	4. 返 納
オ 1. B 級	2. 死 に 筋	3. ダ メ ー ジ	4. 衰 退 期

ア	イ	ウ

エ	オ	

第3編　ストアオペレーション

第1章 ストアオペレーションの基本

第1節 ストアオペレーション・サイクル

チェーンストアでは、店舗運営を効率的に行うために、開店準備から閉店までの1日の作業の流れを定めています。この作業が繰り返され毎日の店舗運営が効率的に行われていくことから、これを「ストアオペレーション・サイクル」といいます。

1 ストアオペレーション・サイクル

開店前の準備から、閉店後の業務までの小売店舗における1日の作業循環をストアオペレーション・サイクルという。

1 ストアオペレーション・サイクル

チェーンストアでは、効率的な店舗運営（ストアオペレーション）を行うために、開店前の準備から閉店後までの1日の作業を定めています。この作業が円のように連なって繰り返され、毎日の店舗運営が効率的に行われていくことから、これをストアオペレーション・サイクルといいます。

■図 1-1-1　ストアオペレーション・サイクル

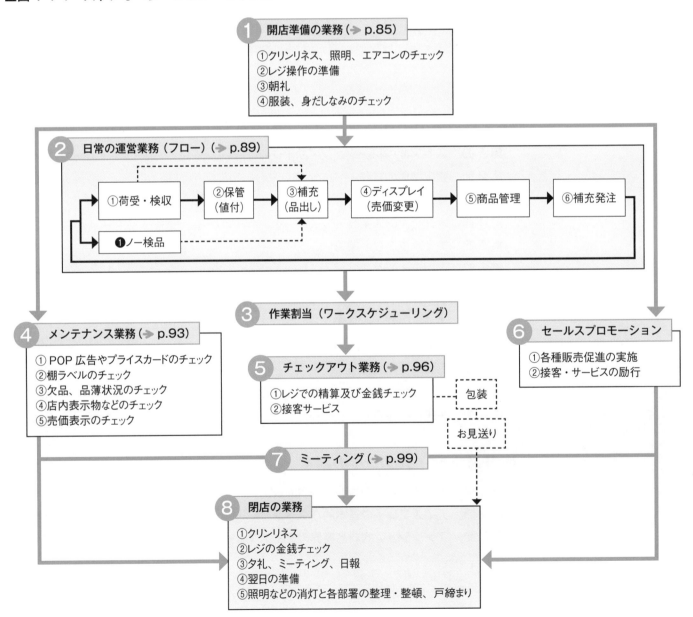

開店前は店内のクリンリネスに始まり、機器や設備のチェック、朝礼、従業員の身だしなみチェックなど顧客を迎え入れるにあたってさまざまな準備が必要となります。ここでは開店準備のさまざまな業務について学びましょう。

1 クリンリネス

クリンリネスとは、「掃除」「清掃」を指す言葉である。クリンリネスの徹底が顧客満足の向上につながる。

1 クリンリネスの基本「3S」

クリンリネスとは「掃除」「清掃」という意味です。店舗内外を清潔に保つことは店舗運営の基本となります。クリンリネスを徹底することによって、顧客は気持ちよく買物をすることができます。

売場のクリンリネスの実践は3Sを基本とします。この3Sとは「整理」「整頓」「清掃」のことで、それぞれの頭文字をとっています。

クリンリネスの 3S

①整理：乱れた商品をきちんと整え、秩序通りに正しくそろえること。
②整頓：商品や資料、備品などを一定の基準のもとに片づけること。
③清掃：店舗内外の売場をきれいに維持すること。

2 清掃する場所

清潔に保つべき場所は売場だけではありません。店舗の入口周辺や駐車場は顧客が店舗に入る前に目にする場所であり、店舗の印象を左右する場所です。また、顧客が立ち入らない**バックヤード**も清潔に保つことで作業効率が上がります。

また、店内で特に汚れが目立つ入口のマットは、顧客に気持ちよく入店してもらうために、常に清潔に保つ必要があります。売場床の清掃は、毎日数回の清掃と業者によるポリッシャーといわれる専用の清掃機械を使った定期的な磨きこみを行います。

? 補足
○クリンリネスの3Sの実行ルール
・売場や店舗内外の清掃箇所を区分して、人員と時間を決めて実施する。
・従業員がほこりや汚れを見つけたときは、速やかにその場で清掃する。
・清掃中に顧客が近づいてきたら、一旦作業の手を止めて挨拶する。

→ 参照
○バックヤード
→ p.22

ポリッシャー

■表1-2-1　おもな清掃場所

店外	看板、ガラス窓
	外壁、店頭（ピロティ）
	空調口
	駐車場、駐輪場
店内	売場床
	ディスプレイ什器
	レジ周り
	照明器具、蛍光灯
バックヤード	事務所
	店員の休憩場所
	倉庫、荷受・検品場所
トイレ	便器、タンク、床、壁

駐車場

店舗に入る前に顧客が目にする部分は店舗の第一印象が決まる場所。

売場床
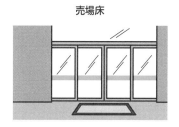
特に入口の床やマットは目につきやすい。

バックヤード
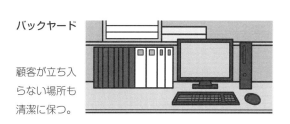
顧客が立ち入らない場所も清潔に保つ。

2 レジ操作の準備

セルフサービス販売方式の小売店におけるレジスター部門は顧客と従業員が唯一コミュニケーションできる貴重な場所である。

1 開店前の準備

参照
○レジ業務
→ p.96

開店前の**レジ業務**に関わる準備には、レジまわりの清掃やポリ袋などの備品の補充、レジの点検、つり銭の準備、連絡事項の確認に加え、従業員の身だしなみのチェックも含まれます。

■表1-2-2　レジ業務に関わる開店前の準備作業

①チェックアウト施設の周辺の整備	・レジスター、包装台、出入口、床の清掃 ・買物カゴの整理・整頓
②チェックアウト施設の周辺の備品の点検と補充	・ポリ袋、レジ袋、エコバッグ、伝票など
③レジスターの点検	・日付、レシート、プリンターの状況など
④つり銭の準備	・準備金など
⑤連絡事項の確認	・各種
⑥身だしなみのチェック	・爪、名札、髪、化粧、ひげ、服装など

2 レジ業務の内容

レジ業務は、買上金額の登録、代金の受け渡し、接客が基本の3要素であり、それに割引・値引処理、ポイントカード処理などが加わります。レジ業務では、これらの対応を迅速、正確かつ丁寧に行うことが求められます。

セルフサービス販売方式の小売店において、レジスター部門は顧客が買物の最後に立ち寄る場所であり、顧客と従業員が唯一コミュニケーションできる場所です。レジスター部門のチェッカー（精算業務担当者）による接客の良し悪しは、顧客の店舗に対するイメージを左右することになります。そのため、従業員はレジ業務が重要な役割であると意識することが大切です。貴重なコミュニケーションの場であることを意識しつつ、笑顔での接客と、迅速・正確かつ丁寧な精算業務を心がけます。

■図1-2-1　レジ業務の基本3要素

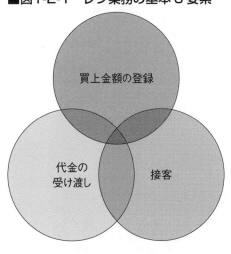

■図1-2-2　レシートの情報

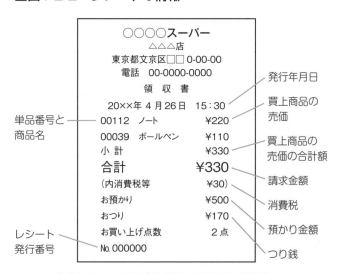

店名や店コード、発行年月日、単品番号、商品名、商品の売価、請求金額、預かり金額、つり銭、レシート発行番号、入力者名など、POSレジのレシートにはさまざまな情報が記録されている。

3　クレジットカード処理の手順

　レジ業務では、顧客がクレジットカード決済を希望した場合の対応も必要です。**信用照会端末（CAT端末：Credit Authorization Terminal）** を使用した場合の処理は、次の手順で行います。

クレジットカード処理の手順（信用照会端末を使用した場合）

①支払い方法を確認する

　一括払い・分割払い・**リボルビング払い**といった支払い方法の希望を確認する。

②信用照会をする

　端末に買上金額と支払い方法を入力するとともに、リーダーでカードの磁気部分を読み取り、カード発行会社に信用照会する。

③承認後、控えレシートを発行する

　カードが承認されると、利用者と店舗の控えレシートが発行される。

④サインを照合し、受領する

　店舗控えのレシートの所定欄に顧客のサインをもらい、カード裏面のサインと照合したうえで受領する。

⑤商品・クレジットカード・レシートを渡す

　買上商品とクレジットカード、利用者控えレシートを渡す。

4　電子マネーの処理

　小売店の売場で利用できる電子マネーには、プラスチックカードにICチップを内蔵した「**ICカード型電子マネー**」と、携帯電話・スマートフォンにICチップを内蔵した「おサイフケータイ」があります。コンビニエンスストアや駅売店など、少額決済の多い小売店を中心に利用・普及が進んでいます。また最近ではスマホにアプリをインストールして、表示されるQRコードやバーコードを使って決済するPayPayも利用できる店舗が増えています。

5　セルフチェックアウト・システム

　顧客が自分自身でPOSレジを操作して会計をすませるシステムで、「セルフレジ」とよばれています。顧客サービスの向上という視点から、買物点数が少ない顧客にセルフレジを利用してもらうことで、レジの待ち時間を解消するなどのメリットがあります。

■図1-2-3　セルフレジシステム

- レーンランプ
- レシートプリンター
- 15インチタッチスクリーン
- 電子マネーデバイスマウント
- 磁気カードリーダー
- ユーティリティ棚（ポリ袋、テープディスペンサー、小物入れ、クーポンプリンター）
- ハンドヘルドスキャナー
- 固定スキャナー
- 商品一時置き台
- カゴ置き
- マイバッグ対応バッグ棚
- コイン投入口（誘導ランプ有）
- コインつり銭排出口（誘導ランプ及び取り忘れ防止機能有）
- 紙幣投入口・払い出し口（誘導ランプ及び取り忘れ防止機能有）
- セキュリティスケール

（https://www.ncr.co.jp）

重要

○信用照会端末（CAT端末：Credit Authorization Terminal）

　クレジットカードの決済機能がついたレジをいう。クレジットカード会社と通信しオーソリゼーション（信用照会）をかける機能をもつ。

重要

○リボルビング払い

　クレジットの利用金額に関わらず、毎月一定の金額を支払う決済方法。

重要

○ICカード型電子マネー

　あらかじめチャージ（入金）した金額をICカードに記録し、商品の購入時に店頭の端末などで即時決済するICカードを利用した電子マネー。

重要

○セルフチェックアウト・システム

　顧客が購入した商品のバーコードをレジのスキャナーで自分でスキャンし、精算まで行うシステム。

3 朝礼

　朝礼の目的は、顧客満足度の高い店づくりに向けて従業員の意思を統一することである。

1　朝礼の内容

　朝礼は、従業員のやる気を高め、意思統一をはかることを目的としています。朝礼を行うタイミングは開店前の20〜30分前で、時間は5〜10分程度とするのが一般的です。朝礼では次の事項について伝達と確認を行います。

朝礼の内容
①経営理念、経営方針の徹底
②昨日の業務の引き継ぎと反省
③本日の予定と販売目標の確認
④従業員の身だしなみチェック

4 服装、身だしなみ

　販売員の服装や身だしなみは接客マナーの一部であり、顧客にとって商品の価格や品質と同様に店舗選択の大きな要素になっている。

1　服装、身だしなみを整える

　豊富な商品知識をもっていることだけがよい販売員の条件ではありません。商品知識に加えて、接客マナーがすぐれていることも重要な要素です。接客マナーには、接客態度や言葉遣いだけでなく、服装や身だしなみが整っていることも含まれます。
　アメリカの心理学者アルバート・メラビアン（Albert Mehrabian）は、コミュニケーションの3大要素について、それぞれの要素が与える影響力の割合を「視覚（動作・表情・服装・化粧）」55%、「声や声の調子」38%、「言葉」7%と示しました。つまり、販売員の服装や身だしなみは、顧客に与える印象に大きく影響するということになります。

■図1-2-4　コミュニケーションの3大要素

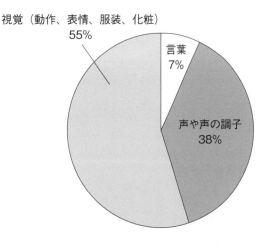

視覚（動作、表情、服装、化粧）
55%
言葉
7%
声や声の調子
38%

清潔感のある髪型・服装・手や爪は基本の身だしなみ。アクセサリーや化粧などに店舗のルールがない場合は、その店舗に合ったものを心がける。

■図1-2-5　適切な服装、身だしなみ

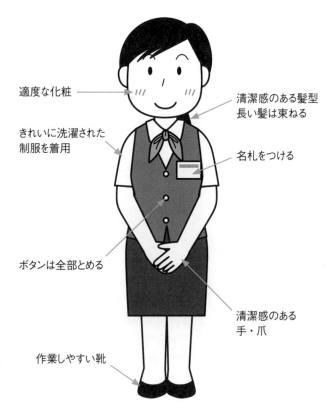

適度な化粧

きれいに洗濯された制服を着用

清潔感のある髪型
長い髪は束ねる

名札をつける

ボタンは全部とめる

清潔感のある
手・爪

作業しやすい靴

第3節 日常の運営業務

日常の運営業務は、店舗の取り扱う商品の特性に合わせて効率よく行っていくことが必要です。近年では EOS（電子発注方式）などの IT を導入することで、より精度の高い日常の運営業務ができるようになっていることを理解していきましょう。

1 荷受・検収

サプライヤーからの商品の受取を荷受といい、それを小売店が検品・確認することを検収という。

1 荷受と検収作業

荷受はサプライヤーから納品された商品を受け取ることです。検収とは、発注した商品が正しく入荷されたかを確認する作業です。発注書と納品書を確認しながら、納品された商品の中に欠品や数量不足、不良品、誤納などがないかチェックします。この一連の作業が検収作業です。

荷受・検収を怠って欠品や不良品などを見落とすと、欠品になったり店舗で不良品を扱うことになったりします。万が一、不良品が顧客の手に渡った場合は、小売店の信用を損なうことにもつながるため、検収作業はとても重要な作業といえます。

検収作業

①発注書通りの商品か確認する（数量やサイズなどを確認）
②不良品はないか確認する（品質に問題がないか確認）
③納品日通りに納品されたか確認する（期日のほか、時間や納品方法などを確認）
④欠品や不良品などがあった場合に関係者へ連絡する
⑤検収後に担当者がサインをする

2 保管と商品への値付

値付は商品に販売価格（売価）を表示することで、保管業務の一環とされている。

1 値付

商品への値付とは設定した販売価格（売価）を商品に表示する作業です。現在は、商品が陳列されている棚に販売価格が表示され、商品1つひとつには値付をしていない小売店も多くなりました。これは、ほとんどの小売店に POS システムが導入されたことによって、バーコードを読み取れば精算業務が行えるようになったからです。しかし、同じショーケースの中に異なる販売価格の商品が陳列されている場合など、個別に値付が必要な商品もあります。

販売価格を棚に表示	販売価格を個別に表示
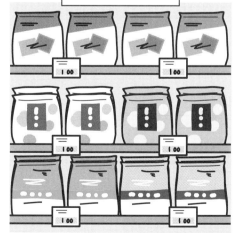	
棚に販売価格が表示され、商品自体には販売価格を表示したラベルがない。	異なる販売価格の商品を一緒に陳列している場合は商品ごとに値付をすると、顧客にわかりやすい。

重要
○値付
値付とは、ハンドラベラーなどを使い、商品に販売価格のタグを添付する作業をいう。

重要
○販売価格（売価）
商品につけられた販売価格を売価という。

重要
○ POS システム（販売時点情報管理システム：point of sales system）
商品につけられたバーコードをスキャナーで読み取り、レジで精算業務を行うとともに、POS データを分析することで販売計画や在庫管理に活用する。（→ p.76）

重要
○バーコード
バーシンボルとコードから構成されている。日本では JAN コードとよばれる標準タイプ（13桁）と短縮タイプ（8桁）がある。（→ p.78）

89

③ 補充（リセット）

補充とは商品のディスプレイをチェックし、棚割表にもとづき商品を補うことである。

1 補充作業の原則

定番商品や売れ筋商品、**人気商品**をチェックし、それらの商品が欠品や品薄にならないように補うのが補充作業です。商品陳列をもとの状態に戻すことから「リセット作業」、バックヤードから商品を出して補充することから「品出し」ともいいます。

作業の際は、先に入荷した商品から売場に出すことが基本です。これを「先入れ先出し」といいます。商品を補充する際には、先入れ先出しを含めて次のような原則があります。

> **❶先入れ先出し陳列**
> 食料品や生活必需品などの最寄品を中心とするセルフサービス販売方式の小売店では、**先入れ先出し陳列**を原則としています。これは、先に入荷した古い商品から先に取り出して陳列するもので、補充する際は製造年月日が新しい商品を棚の後ろに入れ、古い商品を前面に引き出します。食料品などは鮮度が重視されるため、先入れ先出し陳列を徹底します。
> **❷前進立体陳列**
> **前進立体陳列**とは、商品をディスプレイする際に商品を顧客の手前に引き出し、商品を取りやすくする陳列方法です。これにより、商品は顧客にとって見やすく、手に取りやすい状態になります。
> **❸前出し作業**
> 前出し作業とは、売場にディスプレイされた商品が乱れているときに、商品を整えて顧客にとって見やすく、手に取りやすい状態にする作業をいいます。

重要
〇定番商品
売上が流行やシーズンなどによって左右されず、年間を通じて一定数量売れる商品をいう。

重要
〇人気商品
消費者の注目を集めている商品。基本的には売れ筋商品と同じ意味である。

参照
〇先入れ先出し陳列
→ p.118

参照
〇前進立体陳列
→ p.118

■図1-3-1 先入れ先出し陳列

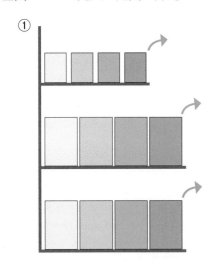 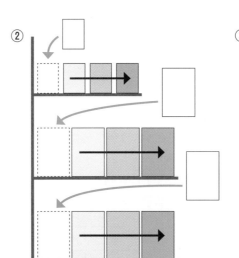 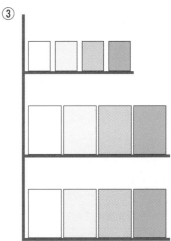

通常、顧客は手前の商品から購入する。

棚にある商品を手前に移動させ、補充した商品をいちばん後ろに置く。

いちばん古い商品が手前にくる。

■図1-3-2 前進立体陳列と前出し作業

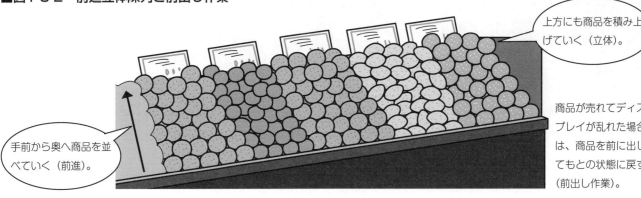

上方にも商品を積み上げていく（立体）。

手前から奥へ商品を並べていく（前進）。

商品が売れてディスプレイが乱れた場合は、商品を前に出してもとの状態に戻す（前出し作業）。

4 補充発注

補充発注とは、主として商品について、売場に必要な商品を、必要なときに、必要な数量だけ発注することをいう。

1 補充発注の基本

補充発注とは、主として定番商品について、**品ぞろえ計画**にもとづき**棚割**で決められた品目ごとに、決められた数量を補充する業務をいいます。つまり、売れた商品をその売場に必要な数量だけ補充するために、サプライヤーに発注する業務です。

補充発注の留意点は、顧客が必要とする商品を発注することです。たくさんの商品が並んでいても、顧客ニーズに合っていない商品であれば顧客は購入せず、顧客満足度を高めることもできません。顧客の求める商品を残さず切らさず補充できるように発注することが基本です。

2 商品管理サイクル

通常、商品管理は商品カテゴリーごとの品ぞろえ計画にもとづいて、補充発注→荷受・検収→（値付）→補充（前出し）・ディスプレイ→販売のサイクルで行います。

■図1-3-3　商品管理サイクル

小売店で商品を発注する際に注意すべきこととして**発注サイクル**と**発注リードタイム**があります。発注してから次の発注までの期間を発注サイクル、発注した商品が納品されるまでの期間を発注リードタイムといいます。発注数量は、これらの期間を考慮し、次の納品までに何個売れるかを検討して決めます。

■図1-3-4　発注サイクルと発注リードタイム

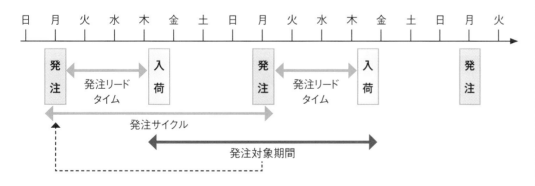

5 発注システム（EOS、EDI）

オンライン上で発注するシステムをEOS（電子発注方式）という。

1 発注の基本

適正在庫の状態を維持することが発注の基本です。在庫は多すぎても少なすぎてもいけません。過剰在庫にならず、過少在庫にもならない状態を維持するためには、次の点に留意する必要があります。

⚠ **重要**
○補充発注
　補充発注はバーゲンセールなどのスポット的に売る商品ではなく、定番商品を補充する際に行う。

❓ **補足**
○過剰在庫による問題点
・鮮度の劣化や商品ロスの発生
・死に筋商品の増加と売れ筋商品の減少
・在庫チェック機能や作業効率の低下
・在庫金利負担の増加
（「過剰在庫」 ➡ p.69）

❓ **補足**
○補充発注作業の留意点
①常に在庫数量を把握する
②売場の在庫数量を把握する
③死に筋化した定番商品の排除を適切に処理する
④棚ラベルをつける
⑤適切な販売計画を立てる

➡ **参照**
○品ぞろえ計画
 「商品計画」p.55

➡ **参照**
○棚割
 p.61

➡ **参照**
○発注サイクル
 p.53

➡ **参照**
○発注リードタイム
 p.53

⚠ **重要**
○適正在庫
　むだな保管費用が発生する過剰在庫や、品切れによる販売機会ロスが発生する過少在庫にならない在庫数量。
 p.69）

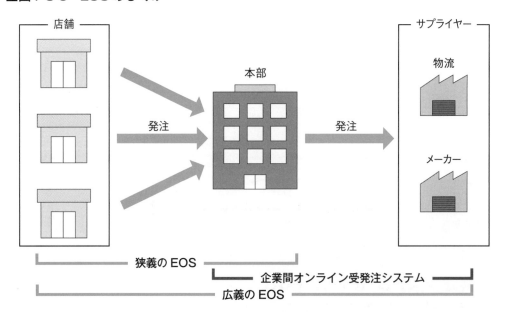

第3編

補足

○定期発注方式

発注方式の1つ。発注の間隔が決まっており、一定期間ごとに必要な数量を発注する方式。

補足

○定量発注方式

発注方式の1つ。発注間隔は決まっておらず、在庫が一定数量以下になったときに発注する方式。

補足

○EOSの発注入力方法

・オーダーブック・スキャン方式

バーコードのついた商品台帳をハンドスキャナーで読み込む方式。

・棚札スキャン方式

店頭の棚ラベル（棚札）につけられたバーコードを携帯端末などでスキャンする方法。

・ターミナル入力データを内蔵する方式

EOB方式といわれるもので、タブレット型の電子発注台帳を使う方式。

補足

○EOB方式（電子発注台帳：Electronic Order Book）

EOSの発注入力方法の1つ。EOBという携帯端末を使って発注する方式。スーパーマーケットやコンビニエンスストアなどで導入されている。この方式により、発注時の入力作業が自動化され、正確さと処理スピードが向上した。

発注の際の留意点

①正しい在庫量を把握していること。

②天候や気温に合わせて、商品の売れ行き数量を予測すること。

③地域の催事や新商品情報などの情報収集を行うこと。

④売上状況を把握し、売上見込みの精度を高めること。

⑤生産の状況、流通在庫の状況、店舗への入荷状況を把握すること。

⑥競争店の販売動向や販促活動を把握すること。

2 発注の形態

新規の商品などを最初に発注することを初期発注といいます。それに対し、現在取り扱っている商品を継続して発注するものが補充発注です。

❶初期発注

新規の取扱商品や臨時の取扱商品に関する発注方法です。仕入数量や納期、価格などの条件について打ち合わせをして、そのつど契約して注文します。

❷補充発注

おもに定番商品など、継続的に一定のサプライヤーから一定の条件で仕入れる方法です。価格などはあらかじめ決まっているため、商品コードと発注数量をサプライヤーに伝達するだけで発注することができます。

3 補充発注システム

① EOS（電子発注方式）

EOS（電子発注方式：Electronic Ordering System）とはオンライン受発注システムのことで、通常、補充発注システムといわれています。当初は総合品ぞろえスーパーの店舗と本部の間で定番商品の補充発注業務を行う際に導入されていましたが、現在では小売店からメーカーまでを結ぶオンライン補充発注システムに発展しています。

■図1-3-5　EOSのしくみ

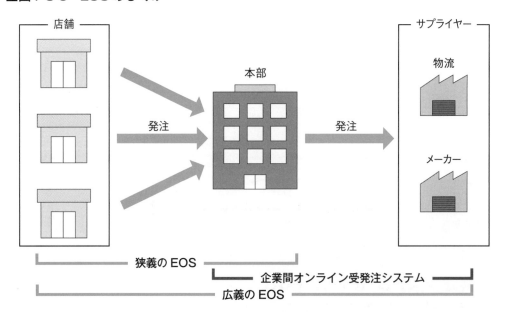

② EDI（電子データ交換）

EDI（電子データ交換：Electronic Data Interchange）は通常、電子データ交換といわれ、企業間の商取引で発生する取引データのやりとりを、電子的にオンラインで行うシステムをいいます。

顧客ニーズに応える売場を維持していくためには、売場のメンテナンス業務は欠かせません。顧客にとって見やすく買いやすい売場を維持するために定期的に行われるメンテナンス業務にはどのようなものがあるのかについて学んでおきましょう。

1 POP 広告

POP 広告とは、Point of Purchase Advertising の略であり、販売時点の広告を指す。つまり店頭・店内での、顧客に向けたコミュニケーション活動をいう。

1　POP 広告の種類と機能

セルフサービス販売方式の小売店では顧客が直接商品を選んで購入するため、販売員が顧客と商品についてのコミュニケーションをとる機会が少ないといえます。

POP 広告はこのような販売方式の小売店において、顧客に商品の特徴や用途を効果的に認知させることができるツールです。

チェーンストアの場合、POP 広告は一般的に本部の商品部が作成しており、その種類には次のものがあります。

POP の種類

①**新商品 POP**：一定期間、新商品に添付するもの。
②**日替わり POP**：チラシ広告に掲載した日替わり商品などに添付するもの。
③**定番 POP**：定番商品の中で特に推奨する商品などに添付するもの。
④**月間 POP**：月ごとに推奨する商品などに添付するもの。
⑤**期間 POP**：2 か月・3 か月といった一定の期間に推奨する商品などに添付するもの。
⑥**チラシ POP**：折り込みチラシに掲載した商品などに添付するもの。

2 棚ラベル

棚ラベルとは、セルフサービス販売方式を主体とした売場で、ゴンドラ什器に貼られたラベルをいう。

1　棚ラベルの情報

商品を陳列している棚などに表示されている、商品名や販売価格などが示されたラベルが棚ラベルです。セルフサービス販売方式をとる小売店の多くは、バーコードつきの棚ラベルを使用して商品管理を行っています。

■図1-4-1　棚ラベルの情報

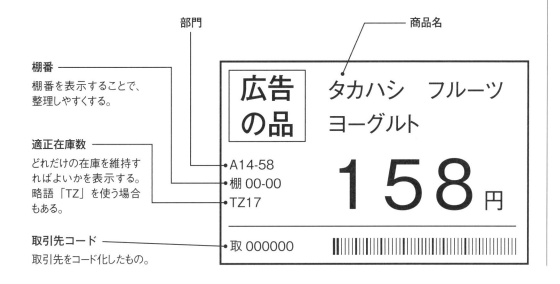

部門　　　　　　　　　　　　商品名

棚番
棚番を表示することで、
整理しやすくする。

適正在庫数
どれだけの在庫を維持す
ればよいかを表示する。
略語「TZ」を使う場合
もある。

取引先コード
取引先をコード化したもの。

広告
の品　　タカハシ　フルーツ
　　　　ヨーグルト

A14-58
棚 00-00
TZ17

158円

取 000000

重要

○ POP 広告

POP とは、Point of Purchase（購買時点）の略で「顧客が商品を購買する時点」という意味です。一般社団法人日本POP広告協会（現 一般社団法人日本プロモーショナル・マーケティング協会）では、「POP 広告は商品に関するディスプレイ、サインなどで、広告商品が販売される小売店の内部またはその建物に付属して利用されるすべての広告物である」と定義している。

つまり、POP 広告とは、小売店の店頭または店内にある商品に関するすべての広告物のことを指す。

補足

○棚ラベルを交換するタイミング
①定番商品の改廃時
②発注単位の変更
③棚ラベルの汚損

③ 欠品・品薄状況のチェック

欠品とは商品が品切れしている状態、品薄状況とは欠品を起こす危険性が高い在庫の状態をいう。

1 欠品・品薄状況が発生する原因と対処

欠品や品薄状況は顧客の信用を失い、販売機会のロスにつながります。また、ある商品は欠品していても別の商品は過剰在庫となっていたり、顧客のニーズに合っていない商品が豊富に陳列されていたりする状況も、顧客満足度の低下を招きます。小売店にとって、欠品・品薄は避けなければならない状況です。

欠品や品薄状況が発生するおもな原因には次のものがあります。

欠品・品薄状況の発生原因
①担当者の発注ミス（サイズや色が偏った発注、見込み発注による過剰な発注）
②爆発的・予想外の売れ行き（テレビ番組などで紹介されたことによる予想外の売れ行き）
③サプライヤーの未納・遅納（納品の遅れ）

欠品や品薄状況を回避するためには、計画的な発注によって発注精度を高めることや、サプライヤーと連携することで納品精度を高めることが必要です。

④ 店内の表示物などのチェック

案内用の絵文字をピクトグラムといい、誰にでも認識できるように配慮されている。

1 表示物の表示とメンテナンス

店内の売場案内や誘導、イベントを案内する看板や標識などをサイン（案内図記号）といいます。顧客はサインを見ながら目的の売場をめざすことが多いので、配置する場所は高齢者や障がい者を含むすべての顧客にとってわかりやすく、売場や施設が利用しやすくなるような場所が適しています。

また、サインは常に見やすい状態でなければならないので、汚れや破損が見られた場合はすぐに交換するように心がけます。

2 ピクトグラム

非常口に表示されている逃げる人の絵のように、文字を使わずに内容を表した絵文字のサインをピクトグラムといいます。国際化が進んだ現代では、日本語が読めない外国人にも認識できるピクトグラムの重要性が増しています。

ピクトグラムは、**公益財団法人交通エコロジー・モビリティ財団**が設置した「一般案内用記号検討委員会」において策定され、2001（平成16）年3月に決定されました。

■図1-4-2　おもなピクトグラム

| お手洗い | 男子 | 女子 | 身障者用設備 | 車椅子スロープ | 非常口 |

| 航空機／空港 | 鉄道／鉄道駅 | 駐車場 | レストラン | ガソリンスタンド | 会計 |

5 売価表示のチェック

販売する商品につけられた販売価格を売価といい、消費税込みの総額で表示する。

1　プライスカードの表示とメンテナンス

プライスカード（値札）やプライスシールは、販売価格（売価）の数字が大きく、しっかりと見えるように作成します。数字が小さくて見にくかったり汚れていたりはがれていたりすると、顧客は買物がしにくくなり、その小売店のイメージを損なうおそれもあります。

2　販売価格の表示方法

総額表示（内税方式）の義務化に伴い、販売価格は**消費税込**の総額で表示することになりました。たとえば、税抜価格 1,000 円の商品であれば、値札には消費税相当額を含めた 1,100 円（消費税 10%の場合）と表示します。

値引販売などで使われる 1,000 円引きなどの価格表示自体は、総額表示の義務づけの対象となっていませんが、値引後の価格を表示する場合は総額表示をします。具体的な総額表示の方法には、次のものがあります。

■表1-4-1　消費税の総額表示（税抜価格 10,000 円、消費税 10%の場合）

表示内容	実際の表示
総額のみを表示	11,000 円
総額と消費税を含めていることを表示	11,000 円（税込み）
総額と消費税を含まない本体価格を表示	11,000 円（税抜価格 10,000 円）
総額と消費税の金額を表示	11,000 円（うち消費税 1,000 円）
総額と本体価格と消費税を表示	11,000 円（税抜価格 10,000 円、消費税 1,000 円）

■図1-4-3　消費税の総額表示をした値札

MP-0038　当店価格　**11,000円**
（税抜価格 10,000 円＋消費税 1,000 円）

4500000000000000

〒 000-0000
東京都文京区○○○○
TEL 00-0000-0000
MADE IN JAPAN 日本製

○○○○○

POP 広告の役割

○ POP 広告は物言わぬ案内役

POP 広告は、店内で顧客の購買を促進するものとして、売上や利益への貢献度は高いといえます。POP 広告は、一般的に対面販売よりもセルフサービス販売の売場において重視されています。それは、POP 広告が「もの言わぬ案内役」としての役目があるからです。POP 広告が販売員に代わって当該商品のおすすめを行っています。

○効果的な POP 広告によって客単価を向上させる

売上高を上げるためには、「来店客数を増やす」方法と、「客単価を上げる」方法が考えられます。チラシ広告は来店客数を増やす効果があるのに対し、POP 広告には客単価を上げる効果があります。適切な POP 広告は、顧客により多くの商品を購買してもらうための手段になるのです。

■図1-4-4
POP 広告とチラシ広告の違い

売上高 ＝ 客数 × 客単価

来店客数 × 来店頻度	商品単価 × 買上点数
↓	↓

チラシ広告　　POP 広告

レジでの対応は、顧客満足度に大きな影響を与えます。ここでは、レジ業務の意義と接客の基本について学んでいきましょう。

⊜ **参照**

○レジ業務

→ p.86

🖉 **重要**

○マニュアル

手引書ともよばれる。ある条件に対応する方法を知らない初心者に対してやり方を教えるための文書。マニュアルを活用することによって作業の標準化を行うことができる。

🖉 **重要**

○トレーニング

練習、訓練のこと。繰り返しトレーニングすることで、むだがない効率的な作業を行えるようになる。

1 レジ業務の役割

レジスター（レジ）部門は、顧客が買物の最後に立ち寄る場所であり、重要な接客場所となる。

1 レジ業務の役割

レジ業務とは精算業務です。現金による支払いだけでなく、クレジットカードや電子マネーによる支払いの処理も速やかに行う必要があります。しかし、レジの業務はそれだけではありません。セルフサービス販売方式の小売店では、販売員が顧客に商品説明などを行う接客の機会は限られています。したがって、顧客が買物の最後に立ち寄るレジは、貴重な接客の場です。顧客とコミュニケーションをとるレジのチェッカー（精算業務担当者）による接客は、その小売店の印象を左右する重要なものとなります。

2 レジでの接客

チェッカーには、マニュアルを遵守しながらも臨機応変な対応が求められる。

1 チェッカーの接客態度

セルフサービス販売方式を主体とするチェーンストアは、それぞれの業務について**マニュアル**を整備しています。当然、レジ業務についてもマニュアルが存在し、それぞれの小売店で**トレーニング**を行っています。

小売店での業務を定めたマニュアルは守るべきものです。しかし、レジは顧客からの苦情が多くなる場でもあり、マニュアルだけにとらわれていては対応が難しい場合もあります。マニュアルはあくまでも最小限度の基準を定めたルールであると考え、現場で発生した問題に対して臨機応変に対応していくことが、チェッカーには求められます。

チェッカーが注意すべき接客態度には、以下のものがあります。

■表1-5-1　チェッカーが注意すべき接客態度

①目の前の顧客に対する意識	・列に並ぶ顧客の状況をチェックする 買物カゴを移動させるのが困難な顧客に対してはすばやく手伝うなど周囲に気を配る。 ・機械的なレジ業務にならないように心がける 1人ひとりにアイコンタクトをしながら、笑顔を絶やさずに接客する。
②レジ周辺での顧客に対する意識	・精算業務に支障をきたさない範囲で顧客に合わせた対応をする 高齢者の袋詰めを手伝うなど、マニュアル以外の気配りを臨機応変に行う。
③つり銭の渡し方	・つり銭を渡すタイミングをみる 先に紙幣を渡し、そのあとに小銭とレシートを渡すと顧客が財布につり銭をしまいやすくなる。
④ポイントカードを提示された場合	・つり銭とは別にしてポイントカードを返却する つり銭とポイントカードを別々に渡すことで、顧客は財布にしまいやすくなり、つり銭も確認しやすくなる。
⑤正しいカゴの入れ方	・商品の大きさや種類、硬さなどを考慮して入れる ネギなどの長いものはチェッカー側、食品と非食品の商品や、やわらかいものと硬いものは別々の位置など、カゴに商品を入れる場所に気をつける。
⑥商品知識を身につける	・顧客の質問に答えられるように備える チェッカーは顧客に商品について質問される機会が多い。あらかじめ商品知識を身につけ、対応できるようにしておく。

2　セルフサービス販売方式の接客

　セルフサービス販売方式では、店内のレジは出口近くの1か所に集中して設置され、そこで商品を一括精算します。このような小売店では、原則として売場に専門の販売員を設置しないため、人的サービスの水準はレジ係の接客サービスの度合いで決まることになります。

セルフサービス販売方式の小売店でのレジ

①販売の締めくくりの場所　②金銭授受の唯一の場所
③FSPデータが得られる場所　④クレーム対応をする場所　⑤店内ガイドをする場所

■図1-5-1　レジ係の仕事

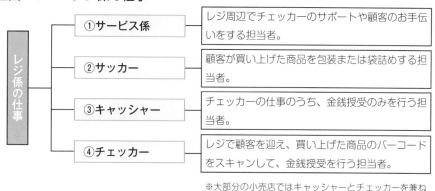

※大部分の小売店ではキャッシャーとチェッカーを兼ねている。

3　対面販売の接客

　対面販売とは、顧客と販売員がカウンターなどをはさんだ状態で対面し、顧客の話を聞きながらニーズに最も適した商品を販売していく方法で、**買回品**や**専門品**を扱う店舗で多く採用されています。

　対面販売の店舗ではお見送りをするのが一般的です。店舗面積が小さい小売店では顧客が店を出ていくまでお見送りをすることもあり、その際は店舗の出入口まで顧客が買い上げた商品を持ち、そこで手渡してお見送りをします。店内のカウンターの中からお見送りをする場合でも、顧客の後ろ姿に向かって丁寧にお辞儀をして感謝の気持ちをあらわします。

4　レジ係の言葉遣い

　レジ係は顧客とコミュニケーションをとる機会が多いので、態度や言葉遣いには気をつけなければいけません。表情は明るく、笑顔を絶やさず、思いやりのある話し方を心がけ、正しく敬語を使い、専門用語は使わずに顧客がわかる言葉を使い、顧客の言葉を否定したり言い争ったりしないようにします。

■表1-5-2　レジでの接客話法

場面	言葉遣い
待ってもらうとき	おそれいりますが、少々お待ちください。
待ってもらったとき	大変お待たせいたしました。
こっちに来てほしいとき	どうぞ、こちらにお越しください。
ほかの場所（売場）できいてほしいとき	おそれいりますが、○○売場でおききいただけますでしょうか。
よいかどうかの確認をするとき	よろしいでしょうか。
名前や住所をきくとき	おそれいりますが、お名前とご住所をおきかせいただけますでしょうか。
細かいお金の持ち合わせを尋ねるとき	おそれいりますが、○○円、お持ちでございますか。
並ばない顧客がいるとき	おそれいりますが、お並びいただけますでしょうか。

○ FSPデータ

　FSPはフリークエント・ショッパーズ・プログラムのことであり、FSPデータは高頻度で買物をする顧客の顧客情報や購買履歴等のデータを指す。

○ FSP

➡ p.134

○買回品

　ショッピンググッズともいう。衣料品やアクセサリーなどの比較検討しながら購入する商品。
（➡ p.46）

○専門品

　スペシャルティグッズともいう。高額商品やブランド品など、購入するまでに時間をかけ、納得してから購入する商品。
（➡ p.46）

5 セルフサービス販売方式を主体とする小売店の7大用語

セルフサービス販売方式の小売店では、レジでの接客が中心となります。レジでの接客においておもに使用する言葉には、次の7つがあります。

レジ業務の7大用語

① 「いらっしゃいませ」
② 「（大変）お待たせいたしました」
③ 「〇〇円のお買い上げでございます」
④ 「〇〇円お預かりいたします」
⑤ 「ひとまず〇〇円お返しいたします。残り〇〇円のお返しでございます。お確かめくださいませ」
⑥ 「ありがとうございました」
⑦ 「またお越しくださいませ」

ミーティングでは、朝礼で伝えきれない重要事項などについて話し合います。ミーティングを通じて従業員全員が共通の目標や考え方をもって仕事に取り組むことができます。ここではミーティングの目的や進め方について学びましょう。

1 ミーティングの目的

ミーティングを行うことによって従業員全員の協力を引き出し、販売目標を達成していく。

1 ミーティングの目的

大部分の小売店では複数の従業員が分担して仕事を行っています。販売目標を達成するには、従業員どうしが協力し、チームワークを高めることが不可欠です。従業員どうしの協力とチームワークを向上させるために、ミーティングは行われます。

ミーティングの目的

①目標達成に向けての意思統一

今月の売上目標などの数値目標や小売店の経営方針は、全従業員に周知する必要がある。これらを理解して日々の業務を行うことで、目標達成への意欲を高めることができる。

②本部からの決定事項の報告と伝達

本部からの決定事項にはおもに次のものがある。

・キャンペーンなどのセールスプロモーション（販売促進）の実施に関する事項

・店舗での作業に関する連絡事項

・新商品導入及び売価に関する事項

・会議決定事項の連絡と報告事項

③従業員のやる気（モラール）を引き出す

パートタイマーやアルバイトであっても、日々の業務の中で店舗運営に関する問題点や改善点などを意識する機会が多々ある。そのような意見や情報を率直に言える場を定期的に設けることで、従業員の仕事への参加意識を高め、やる気を引き出すことができる。

2 ミーティングの実施と進め方

小売店では**経営理念**の唱和などをする朝礼が行われますが、それとは別に時間をとってミーティングの場を設ける必要があります。ミーティングでは店舗運営に関わる重要事項の確認や話し合いを行います。ミーティングの進行役であるリーダーは、ミーティングをスムーズに運営するうえで重要な役割を担っています。

ミーティングでの進行役の役割

①事前準備を行う。

②会議中はメンバーの発言を優先し、活発な議論が行われるように調整する。

③リーダーにとって意に反する発言があったとしても、その意見を受け入れ、ほかのメンバーにその意見の是非を問い、中立の立場を心がける。

④少数意見のメンバーにも発言の機会を与える。

⑤議論がテーマから外れた場合は、話題の方向性を調整していく。

⑥できる限り全員の意見を求める。

3 ミーティングの留意点

ミーティングを行っていくうえでの留意点として、小売業の経営理念や経営方針から外れないようにすることがあげられます。時間内に議論の結論が出なかったとしても、中途半端な状態で打ち切りにせず、また、安易な多数決で結論を出すことは行わず、次回に持ち越すなど、再度の機会を設けることで議論を深めることも必要です。

重要

○モラール（morale）

「勤労意欲」「やる気」と訳される。店舗運営では、ミーティングによって従業員の意思統一を行い、仕事への参画意識や勤労意欲を高める努力が必要とされる。

重要

○経営理念

事業目的を達成するために、継続的・計画的に意思決定を行っていくための企業の根本の考え。

第2章 包装技術の基本

第1節 包装の意義と目的

包装は本来の目的である商品の保護以外にも、商品の取扱の利便性や販売単位の形成、販売促進、情報伝達などさまざまな目的をもっています。こうした包装の意義について詳しく学んでいきましょう。

1 包装の意義

包装は、商品の保護だけでなく、取り扱いやすくすることや、販売しやすくすること、販売促進や情報伝達の役割も担っている。

1 包装の定義と区分

JIS（日本工業規格）では、包装について「物品の輸送、保管、取引、使用などにあたって、その価値及び状態を維持するために、適切な材料、容器などに物品を収納すること及びそれらを施す技術、または施した状態」と定義しています。一般的に「包装」とは、次の3つに区分できます。

包装の3つの区分

①個装

消費者が買う単位である、商品1つひとつに施す包装であり、個別の商品価値を高める働きをする。小売店側から見ると売る単位なので、商業包装ともよばれる。

②内装

個装の商品を外部から守る包装。家電製品などを保護するための発泡スチロールなどがこれに該当する。

③外装

個装の商品をまとめて、輸送しやすくするために施す包装。1ダースや1箱といった個装の商品がダンボールなどに入った状態。

■図2-1-1　包装の区分

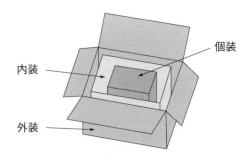

2 包装の意義

老舗の百貨店の包装紙や有名ブランドのショップバッグなど、私たちは、その商品が包まれている包装紙によって商品の価値を判断してしまうことがあります。包装紙は本来、商品を保護することが目的でしたが、今ではそれ以上の価値をもつものになっているのです。

特にブランド力の強い小売業では、自店の包装紙にこだわりをもっています。一方、スーパーマーケットやコンビニエンスストアで贈答品を販売するときは、あえて自店のロゴマークなどが入っていない包装紙を使う小売業も存在します。それほど包装紙が商品の価値に与える影響は大きいものです。

3　包装の目的

　包装は、衝撃などから商品を守るという第一の目的のほかに、さまざまな目的があります。

■表2-1-1　包装の目的

①商品の保護	第一の目的は商品の保護。包装によって、生産された商品を破損や汚損なく消費者の手に届ける。
②取扱の利便性	さまざまな形の商品をまとめ、運びやすく保管しやすい状態にすること。効率的な運搬が可能になり、ディスプレイも容易になる。
③販売単位の形成	販売しやすい単位にまとめて包装すること。2kgのお米や2ℓのペットボトルなど、顧客が買いやすく、使用しやすい単位にまとめる。
④販売促進	売上に大きな影響を与える魅力的なパッケージにすること。包装は「もの言わぬ販売員」ともいわれる。
⑤情報伝達の手段	包装にブランドマークや価格、使用上の注意などの情報を表示して消費者に知らせること。プリパッケージング（事前包装）している商品にさまざまな情報を表示する。 家庭用品品質表示法や食品表示法、医薬品医療機器等法、容器包装リサイクル法等で義務づけられた内容の表示も情報伝達に含まれる。

○リサイクルマーク
➡ p.181

4　包装時の心構え

　セルフサービス販売方式の小売店の増加に伴い、顧客の購入した商品を従業員が個別に包装する機会は少なくなり、顧客が自分で商品の袋詰めをすることが当たり前になりました。また、容器包装リサイクル法による省資源化が進んだこともあり、進物でも簡易包装を実施している小売業が多くなっています。

　しかし、包装には本来さまざまな目的があり、現在でも販売員によるきちんとした包装を望む顧客はゼロではありません。そのような要望に応えるためにも、販売員は、商品に適した包装、顧客が求める包装を行う技術と知識を身につけることが必要です。

　包装をする際には、次のような心構えをもち、顧客の要望が満たされるようにします。

■表2-1-2　包装の心構え

①商品の状態をよく調べる	・商品に破損や汚損がないか ・値札は取り外してあるか（進物の場合）
②商品に合わせた細かい配慮をする	・包装紙の大きさは適切か ・壊れやすい商品に対して保護を施しているか
③スピーディに包む	・包装で顧客を待たせていないか
④美しく包む	・テープでとめる箇所を少なくする（理想は最後の1か所のみ）など、きれいな包装を心がけているか
⑤過剰包装にならないようにする	・資源のむだ遣いとなる包装になっていないか
⑥責任をもって感謝の念を込めて包む	・顧客が開封・使用するときに商品が最上の状態となっているように、責任をもって包装しているか

包装には、包装する目的や商品形状に合わせてさまざまな方法がありますが、ここでは基本的な斜め包み、合わせ包み、ふろしき包み、斜め合わせ包み及び慶弔時の包装などについて学びます。

1 包装の基本

包装する目的や商品の形状によって包装の仕方は異なる。包装の基本形は「斜め包み（回転包み）」「合わせ包み（キャラメル包み）」「ふろしき包み（スクエア包み）」「斜め合わせ包み」の4種類。

1 包装の基本形

商品を包装紙で包装する際の基本形には、「斜め包み（回転包み）」「合わせ包み（キャラメル包み）」「ふろしき包み（スクエア包み）」「斜め合わせ包み」の4種類があります。

■表2-2-1　包装の基本形

包装の種類	特徴
①斜め包み（回転包み）	・手早くきれいに包むことができる。・フォーマルな包装にも使われる。 ・包装紙が重なる部分が多いため、包装が破れにくく丈夫。
②合わせ包み（キャラメル包み）	・商品を回転させることなく包装できる。 ・包装を開けやすい。・パーソナルギフトなどに使われる。
③ふろしき包み（スクエア包み）	・回転させられない商品、または高さがある箱などの包装に適している。
④斜め合わせ包み	・正方形または正方形に近い形の商品の包装に適している。 ・せまいスペースで包装の作業ができる。 ・使用する包装紙の量が少なく経済的。

💡重要

○パーソナルギフト

誕生日プレゼントなどの個人的な贈り物をいう。これに対し、年賀や中元、歳暮などはフォーマルギフトという。

2 基本形の包み方

「斜め包み（回転包み）」「合わせ包み（キャラメル包み）」「ふろしき包み（スクエア包み）」「斜め合わせ包み」の包み方は次の通りです。

■図2-2-1　斜め包み（回転包み）

❶ 3つの角（●）が包装紙に入るように箱を置く。箱の向きは、天を左側に向け、表面が上を向くようにする。

❷ 手前の包装紙を折り上げる。このとき、箱の左端と包装紙の辺までが2〜3cmあるとよい。また、包装紙の頂点（○）は箱の表面におさまっているように調節する。

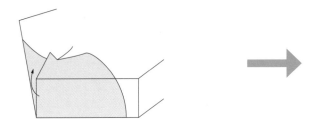

❸ 左側の包装紙を折り上げる。余分な包装紙は内側に折り込む。

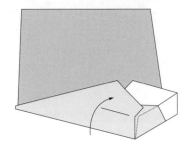

❹ 折り上げた左側の包装紙を箱の表面にそわせて折る。

❺ 箱のAの辺と包装紙の端（B）がそろうように注意しながら箱を
起こす。

❻ 箱の裏面が上を向くように倒し、余分な包装紙は内側に折り込
む。

❼ 右側の包装紙を折り上げる。最後に向こう側の包装紙も箱の
上にかぶせるように折る。

❽ ❼で折った右側と向こう側の包装紙の端が箱の対角線とそろう
ように折り込む。

❾ 最後にかぶせた包装紙を、箱の対角線にそうようにもう一度折り
込む。

❿ セロハンテープやシールでとめる。

(http://www.print-ribbon.com)

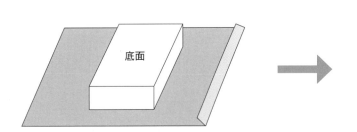 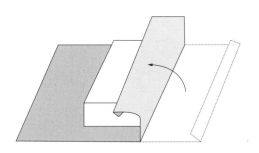

❶ 右端を1〜2cm折り返した包装紙に、底面を上にして箱を置く。

❷ 包装紙の右端が箱の中心にくるように箱の位置を調整する。

 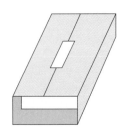

❸ 包装紙の左側を折り上げて箱にかぶせる。同様に右側も折り上げる。折り上げるときは片手で箱を押さえながら包装紙を少し引っ張るようにすると、たるみを防ぐことができる。

❹ 包装紙をセロハンテープやシールでとめる。

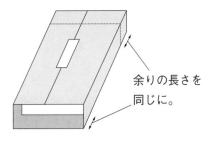 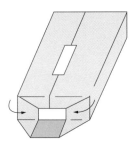

❺ 包装紙の余りが同じ長さになるように箱の位置を調整する。

❻ 上側、左右の順に包装紙を折り込む。

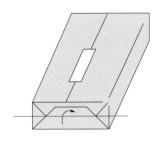 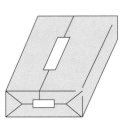

❼ 下側の包装紙を折り上げ、左右の包装紙と交わる部分で内側に折り込む。

❽ 包装紙をセロハンテープやシールでとめる。反対側も同様に包む。

(http://www.print-ribbon.com)

■図2-2-3　ふろしき包み（スクエア包み）

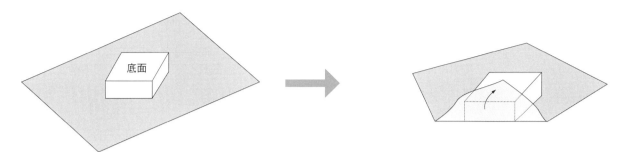

❶ 包装紙の中央に、底面を上にして箱を置く。

❷ 手前の包装紙を折り上げて箱にかぶせる。

❸ 左側の包装紙を折り上げて箱にかぶせる。包装紙の端を箱の
　対角線に合わせて内側に折り込む。

❹ 右側の包装紙も左側と同様に折る。

❺ 向こう側の包装紙を折り上げて箱にかぶせる。包装紙の端（2
　か所）を箱の対角線に合わせて内側に折り込む。

❻ 中央をセロハンテープやシールでとめる。

(http://www.print-ribbon.com)

■図2-2-4　斜め合わせ包み

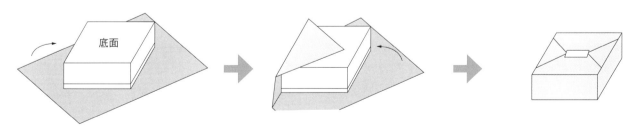

❶ 包装紙の中央に、底面を上にして
　箱を置く。

❷ 左→右→手前→向こう側の順に包
　装紙を折り上げて箱にかぶせる。

❸ 中央をセロハンテープやシールでと
　める。

(http://www.print-ribbon.com)

2 慶弔時の包装

　お祝い事である慶事とお葬式等の弔事では包装の方法が異なる。

1　慶事と弔事の包装の違い

　慶事を含めた日常の贈答品はすべて慶事の包み方ですが、お葬式などの弔事だけは包み方が異なります。また、弔事の場合は包装紙のデザインと色彩も地味なものにしなければいけません。

■図2-2-5　慶弔時の包装

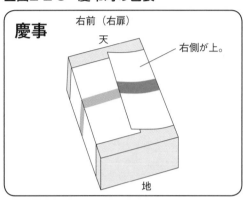
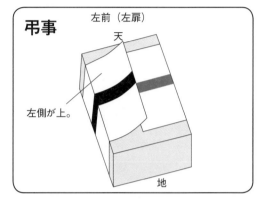

3 特殊な形の商品の包装

　棒状の商品やびんなど、四角の箱型ではない商品を包装する場合もある。

1　商品の形状別の包み方

　特殊な形の商品は、包装の基本形で包むことができません。その場合は、商品の形状に合わせて包装します。包装する際は、見た目の美しさを考慮してセロハンテープを使いすぎないように気をつけ、表から見える部分はシールを使ってとめます。

特殊な形の商品のおもな包装

①らせん型包装

　棒状の商品は細長く切った包装紙を斜めに巻きつけて包装する。巻きはじめの包装紙の端はセロハンテープで商品にとめ、巻き終わりはシールを使うときれいに仕上がる。

②分割包装

　部分に分けて包装する。たとえば、T字型の商品は、四角い部分を基本形で、棒状の部分をらせん型包装で包装する。

③びんの包装

　びんは筒状に包んでから底の部分を折り込んでセロハンテープでとめる。次に、びんの上部は包装紙を絞るようにびんの形にそわせて巻きつけ、上部を折ってセロハンテープでとめる。

④大型商品の包装

　箱に入っている場合は全体を包むことよりも、持ち運びやすくなるように包装する。たとえば、一部分に包装紙をかぶせ、ひもをかけて持ち手をつけるとよい。

⑤重量物の包装

　重い商品は運んでいる途中で破損することがないように商品を保護する包装を心がける。包装紙を二重にしたり、持ち手のひもを二重・三重にしたりするとよい。

■図 2-2-6　らせん型包装

■図 2-2-7　分割包装

■図 2-2-8　びんの包装

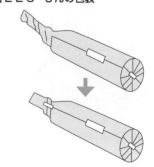

　ここでは、商品の大きさや重さなどによってひものかけ方にもさまざまあることを学びましょう。また洋式進物で使うリボンのつくり方についても理解しておきましょう。

1 ひものかけ方

　商品にひもをかける際は、商品の保護、美しさ、持ち運びやすさを考慮する。

1 ひものかけ方の種類

　ひものかけ方には、十文字・Ｎ字・キの字などがあります。どのかけ方をするときでも、商品を保護し、見た目を美しく仕上げることが大切です。また、それと同時に、持ち運びやすさといった機能性も考慮する必要があります。

2 ひものかけ方のコツ

　ひもがゆるむと商品を持ち運ぶ際に不安定になったり、ひもが外れて商品が落下してしまったりするおそれがあります。ゆるまないようにひもをかけるコツは、商品の角でひもを結ぶことです。

①重い商品

　重い商品はハの字にひもをかけ、ハンガーを使うと持ち運びしやすくなります。

②軽い商品

　食品などの軽い商品の場合は、二重のさげ輪をつくると持ち運びしやすくなります。

■図2-3-1
ひものかけ方

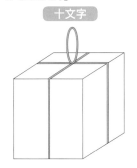

十文字

Ｎ字

キの字

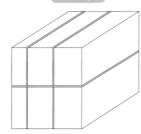

■図2-3-2　ハンガーの使い方

下の部分は左右に押し広げると、商品が安定する。

■図2-3-3　二重のさげ輪のつくり方

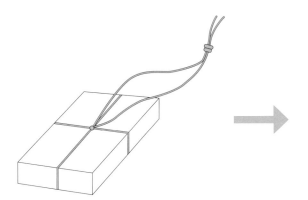

❶ 箱に十字にひもをかけ、余ったひもの端を結ぶ。

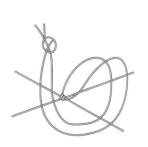

❷ ひもの端を十字の部分の下にくぐらせる。このとき、ひもの端を引っ張りすぎず、輪ができるようにする。

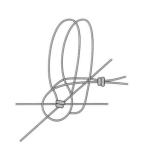

❸ 結んだひもの端の間に、輪の部分を通す。

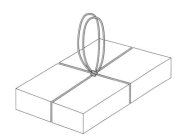

❹ 輪の部分を引っ張る。

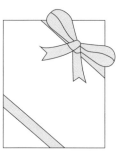

2 リボンのつくり方

洋式の進物にはリボンをかけることが多い。

1 リボンのかけ方の種類

クリスマスのギフトや誕生日のプレゼントなど、洋式進物の包装にリボンは必須のアイテムです。ギフトやプレゼントを選ぶときは受け取る相手を思って中身の商品を選びますが、それだけでなく、包装紙やリボンを選ぶのも、洋式進物の楽しさの1つといえます。

リボンのかけ方のポイントは、商品の大きさに合わせてリボンをかけることです。ギフトやプレゼントが引き立つように飾ることを心がけます。美しくきれいに包まれた商品は、商品価値が高まり、顧客の買物への満足度を高めることができます。次の図はフラワーリボンという豪華さをアピールすることができるリボンのかけ方です。

■図2-3-5 フラワーリボンのつくり方

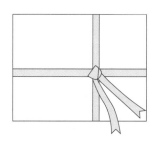

❶ 箱に十字にリボンをかける。リボンの端は長めにとっておく。

❷ 別のリボンをボール紙や手などにくるくると巻きつける。巻きつける回数が多いほど、花びらが多くなる。

❸ リボンをボール紙から外し、中央に少し切り込みを入れる。すべて切り落とさないように注意する。

❹ ❸のリボンを箱のリボンに結びつける。❸のリボンの切り込みに箱のリボンを食い込ませるようにしてしっかりと固定する。

❺ ❸のリボンを一枚ずつひねりながら引き出し、花の形に整える。箱にかけたリボンの端を山形に切る。

和式進物包装は、慶事と弔事によって包装が大きく異なります。和式進物包装の基本を学び、間違えないように注意深く行うことが大切です。

1 和式進物包装の基本

和式進物包装は、日本ならではの伝統的な包装である。

1 和式進物の要点

和式進物包装は日本の伝統的な包装で、次のものから成り立っています。

■図2-4-1　和式進物包装の要点

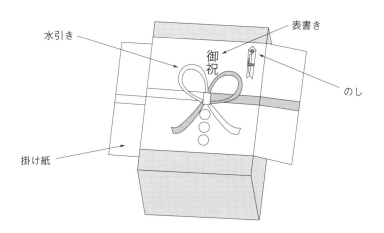

2 表書き

表書きは、贈り主の氏名の上に書く言葉で、贈り物の趣旨をあらわします。慶事のときは濃い墨の色、弔事のときは薄い墨の色で書きます。

3 水引き

水引きとは、細いこよりに水のりを引いてかため、中央から2色に染め分けたものです。慶事のときは紅白または金銀、弔事のときは黒白または銀白、黄白が用いられます。また、水引きの結び方には**蝶結び（花結び）**と**結び切り**の2種類があります。蝶結びは何回でも繰り返してほしいことの場合、結び切りは二度と繰り返してほしくないことの場合に用います。

水引きを結ぶときは、濃い色が右に、薄い色が左にくるように結びます。

■図2-4-2　水引きの種類

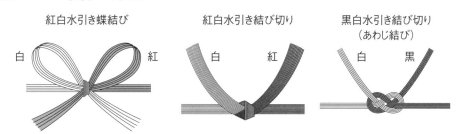

4 のし

のしは、あわびの肉を薄く長く切り、よく伸ばして干したもので、長寿などの意味を表す縁起物として贈り物に添えられました。本来は本物のあわびを使いますが、現在では似せてつくった紙製ののしをつけたり、のしを模したものが印刷されている掛け紙を使ったりします。

慶事の場合で贈答品が魚介類のときは、その魚介類がかわりとなるので、のしはつけません。

⚠️ **重要**
○こより

和紙を細長く切って、よりをかけてひも状にしたもの。

⚠️ **重要**
○蝶結び（花結び）

繰り返し結び直せることから、何度あってもいい祝い事や一般贈答に使う。

⚠️ **重要**
○結び切り

結び直せないことから、二度とあってほしくないことに使う。具体的には、結婚祝い、弔事、病気見舞い、災害見舞いなどがある。

⚠️ **重要**
○あわじ結び

結び切りの一種で、結び目が輪になったもの。一度だけの慶事や弔事に使われる。

■図2-4-3　のし

重要

○檀紙

　楮を原料としてつくられたちりめん状のしわがある高級和紙。

重要

○奉書紙

　楮を原料とした厚手の紙で、トロロアオイの根や白土などを混ぜ、強度と厚みを増した和紙。

重要

○満中陰志

　関西で使われる、香典返しの表書きの言葉。「満中陰」は四十九日の忌明けの日を迎えること。

補足

○お祝いを贈る時期

・**出産祝い**　退院以降〜産後1か月まで
・**出産内祝い**　産後1か月まで
・**初節句**　初節句（男の子は5月5日、女の子は3月3日）の1か月前まで

補足

○長寿祝いの年齢（満年齢の場合）

・**還暦**　60歳
・**古希**　70歳
・**喜寿**　77歳
・**米寿**　88歳
・**白寿**　99歳

補足

○季節の贈答の時期

・**年賀**　元日〜松の内（1月7日）まで
・**中元**　関東：7月1日〜7月15日まで
　　関西：7月中旬〜8月15日まで
・**歳暮**　12月初旬〜12月25日まで
・**暑中見舞い**　小暑（7月7日ごろ）〜立秋（8月8日ごろ）前まで
・**残暑見舞い**　立秋以降〜処暑（8月23日ごろ）まで

5　掛け紙

　掛け紙は、正式には檀紙または奉書紙を使いますが、現在では半紙や白紙を使用することが多くなっています。水引きとのしが印刷された掛け紙を通称「のし紙」といい、多くの小売店で使用されています。

　なお、のし紙を品物にかけたときに裏側で端が重なる場合は、慶事は向かって右を上（右前）に、弔事は向かって左を上（左前）にします。のし紙が品物からはみ出るときは、切らずに下から折り曲げます。

■表2-4-1　和式進物様式

行事の種類	内　容	表書きの例	のしの有無	水引きの色	水引きの種類
婚礼	結婚祝い	御結婚御祝・寿	有	紅白・金銀	結び切り
	結婚内祝い	内祝・結婚内祝	有	紅白	
成長	出産祝い	祝御出産・御出産御祝・祝御誕生	有	紅白	蝶結び
	出産内祝い	内祝（生まれた子の名前で）	有	紅白	
	初節句	祝初節句・初節句御祝・御祝	有	紅白	
	七五三	祝七五三・七五三御祝	有	紅白	
	入園・入学	祝御入学（園）・御祝	有	紅白	
	卒業	祝御卒業・御祝	有	紅白	
社会人	就職	祝御就職・御祝	有	紅白	蝶結び
	栄転・昇進	祝御栄転・祝御昇進・祝御昇格	有	紅白	
	定年退職	御餞別・御贐・おはなむけ	有	紅白	
長寿	還暦（かんれき）	還暦御祝・御祝	有	金銀・紅白	蝶結び
	古希（こき）	古希御祝・御祝	有	金銀・紅白	
	喜寿（きじゅ）	喜寿御祝・御祝	有	金銀・紅白	
	米寿（べいじゅ）	米寿御祝・御祝	有	金銀・紅白	
	白寿（はくじゅ）	白寿御祝・御祝	有	金銀・紅白	
新築開業	新築祝い	祝御新築・祝御新居・御新築御祝	有	紅白	蝶結び
	新築内祝い	内祝・新築内祝（名字または世帯主名）	有	紅白	
	開業祝い	祝御開業	有	紅白	
見舞い快気	病気・けが見舞い	御見舞	無	紅白	結び切り
	快気祝い	快気祝	有	紅白	
季節の贈答	年賀	御年賀	有	紅白	蝶結び
	中元	御中元	有	紅白	
	歳暮	御歳暮	有	紅白	
	暑中見舞い	暑中御見舞	有	紅白	
	残暑見舞い	残暑御見舞	有	紅白	
仏事	葬儀、通夜	御霊前・御香典	無	黒白・銀白	結び切り
	香典返し	志・忌明志・満中陰志	無	黒白・銀白	
神事	葬儀、通夜	御玉串料	無	黒白・銀白	結び切り
	香典返し	偲草	無	黒白・銀白	
キリスト教	葬儀、前夜式	御花料	無	黒白・銀白またはなし	結び切り
	香典返し	志・偲草	無	黄白	

第 3 章 ディスプレイの基本

第 1 節 ディスプレイの目的と基本的役割

　店舗におけるディスプレイをどのようなものにするかは、その店舗の運営方針や販売戦略と密接に関わっています。この節では、顧客が見やすく、買いやすい、効果的なディスプレイとするための基本について学びましょう。

1 ディスプレイの基本

　ディスプレイ（陳列）とは、商品の価値を顧客に正しく伝え、より多くの購買に結びつける演出技術である。

1 ディスプレイの原則

　ディスプレイとは、顧客が求めている商品を、店舗内の最も見やすい場所に、できるだけ少ない作業時間で、効果的に組み合わせて最適な数量を並べ、関心度の低い顧客にも PR し、買いたくなるように動機づけることです。

　ディスプレイには、次の 8 つの要素が必要とされています。

ディスプレイに必要な要素	
①品目（アイテム）（何を）	②陳列量（いくつ）
③位置（どこに）	④高さ（どの高さまで）
⑤フェイス（どの面を顧客に向けて）	⑥陳列の型（どんな形で）
⑦関連（どの商品と一緒に）	⑧カラーコントロール（どんな色の組み合わせで）

2 ディスプレイの評価基準

　ディスプレイは、商品が「見やすいか、触れやすいか、選びやすいか、豊富感はあるか、魅力的か、方法は効率的か」で評価する。

1 ディスプレイの評価基準と留意点

　原則を踏まえて実施したディスプレイが効果的なものになっているかどうか評価するには、おもに 6 つ基準があります。

ディスプレイの 6 つの評価基準	
①商品は見やすいか	②商品に触れやすいか
③商品は選びやすいか	④商品の豊富感があるか
⑤商品は魅力的か	⑥ディスプレイの方法は効率的か

ディスプレイの目的

　ディスプレイ（陳列）の目的は、顧客に商品を認識してもらうことです。そのためには、「何を、誰の、どのような目的に合わせて提案しているか」という点を顧客にしっかりと伝達することが大切になります。つまり、商品をただ単にきれいに並べるのではなく、顧客が買いたい商品を顧客のライフスタイルに合わせた形で提案していくことが、ディスプレイのポイントなのです。

重要
○品目（アイテム）
　品種（ライン）をさらに分類したものをいう。たとえば、口紅という品種の中の 1 つのブランドを品目（アイテム）という。

重要
○フェイス
　商品正面の顔の部分。陳列棚にディスプレイした際に顧客にいちばんアピールしたい部分をいう。

ディスプレイの評価基準①―商品は見やすいか

　商品が見やすくなければ顧客は商品を購入してくれません。また、ただ単に「見える」というだけでなく、顧客に商品の価値がわかりやすく、**購買意欲**をかきたてるものが求められます。

商品が見やすいディスプレイにするための留意点

- **フェイスを正しく整える**
　商品の正面部分であるフェイスを顧客側に向ける。
- **右側に大容量の商品をディスプレイする**
　同じ商品名で容量（サイズ）が異なる商品は、原則として顧客から見て右側に容量の大きい商品を並べる。
- **後方に大型商品をディスプレイする**
　顧客に近いほうに小型商品を並べ、後方に行くほど大型の商品を置く。

ディスプレイの評価基準②―商品に触れやすいか

　商品に直接触れることによって、顧客は「買いたい」という衝動を感じます。

商品に触れやすいディスプレイにするための留意点

- **高く積み上げない**
　高く積み上げると商品に触れにくい印象になる。
- **商品を詰めすぎない**
　詰めすぎると商品を無理に引っぱり出さなければならないため、売場が乱雑になったり、商品が破損したりするおそれがある。
- **商品を貼りつけたり、結んだりしない**
　商品をパネルに貼りつけたり、ひもなどで結んだりすることによって、商品に直接手を触れることができなくなる。

ディスプレイの評価基準③―商品は選びやすいか

　商品の関連性を考え、何らかの基準によって分類（グループ化）することで、商品の種類や価値が顧客にもわかりやすくなります。分類する際にはおおむね、大分類（年齢や性別、ライフスタイルなどによる分類）、中分類（用途別、機能別などによる分類）、小分類（価格帯、カラー別などによる分類）を基準として、商品をグループ化します。

商品を選びやすいディスプレイにするための留意点

- **使用目的や価格や色などで商品を分類する**
- **仕切り板などで商品を明確に仕切る**
- **商品を分類している基準が顧客にもわかりやすいようにする**
- **POP広告を商品に添えて意図を主張する**

■図3-1-1　商品を選びやすいディスプレイ

誤ったディスプレイ　　　　　正しいディスプレイ

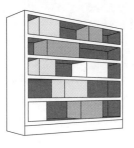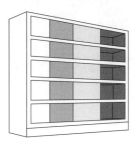

- 関連商品をテーマに合わせて、1か所にまとめてディスプレイするほうが、顧客は商品を選びやすくなる。
- ゴンドラにディスプレイするときは、縦割り陳列するほうが、顧客にとって選びやすいディスプレイになる。

ディスプレイの評価基準④―商品の豊富感はあるか

　品ぞろえの豊富さを演出することで、顧客は数多い商品の中から購入する商品を決めたと感じ、満足度が高まります。商品の豊富感を高めるためには次の3つの方法があります。

⊜参照
○品ぞろえ
➡ p.56

> **商品の豊富感を高めるディスプレイにするための留意点**
>
> ・品種の中の品目（アイテム）数が多いこと
> 　品ぞろえの専門化（深い品ぞろえ）をする。
> ・品種の数が多いこと
> 　品ぞろえの総合化（幅広い品ぞろえ）をする。
> ・品種と品目（アイテム）の両方が多いこと
> 　品ぞろえの総合化と専門化（広く深い品ぞろえ）をする。

ディスプレイの評価基準⑤―商品は魅力的か

　ディスプレイの最大のねらいは商品の魅力を引き出し、価値を高めることです。商品の後景の色彩、照明の巧拙や商品の組み合わせなども、商品の魅力を伝える重要な要素となります。

ディスプレイの評価基準⑥―ディスプレイの方法は効率的か

　ディスプレイ作業に時間をかけず、効率的に多くの商品を補充できることも重要です。

3 見やすさと触れやすさの範囲

　顧客にとって最も商品が見やすく手に取りやすい範囲をゴールデンラインという。

1　ゴールデンライン

　小売店では、業態によってディスプレイに使用する什器が異なります。大型ホームセンターやディスカウントストアなどでは、壁面に180cm以上のハイゴンドラを使用し、コンビニエンスストアなどでは、135cm程度のローゴンドラを使用しています。

　日本人の平均身長を考慮すると、ゴンドラにディスプレイした商品が最もよく見える範囲は、目線を中心とした125cm～170cmの高さです。また、商品を手に取って確認するための最適な高さは、85cm～125cmまでの手線（または腰線）といわれています。

🖊重要
○ゴールデンライン
　顧客が最も商品を手に取りやすいゴンドラの高さ（手線または腰線）をいう。以前は最も見やすい高さ（目線）であったが現在は手線となっている。

■図3-1-2　見やすさと触れやすさの範囲

第2節 ディスプレイの基本的パターン

ディスプレイは、陳列器具の形状と販売方法の特徴に応じて陳列パターンを2つに大別することができます。この節ではそれぞれのパターンについて特徴とメリット・デメリットを学び、陳列する商品に合った陳列パターンについて理解しておきましょう。

1 ディスプレイの基本的パターン

ディスプレイの基本的パターンは、陳列器具の形状による基本的パターンと、販売方法の特徴による基本的パターンの2つに大別できる。

1 陳列器具の形状と販売方法の特徴

ディスプレイにはさまざまなパターンがあり、商品の品質や形状、陳列器具、販売方法などによって違いがあります。ディスプレイの基本的パターンは、陳列器具の形状によるものと、販売方法の特徴によるものの2つに大別することができます。

■表3-2-1 ディスプレイの基本的パターン

陳列器具の形状によるもの		販売方法の特徴によるもの	
①平台陳列	②ハンガー陳列	①前進立体陳列	②先入れ先出し陳列
③ゴンドラ陳列	④フック陳列	③ジャンブル陳列	④コーディネート陳列
⑤ボックス陳列	⑥ショーケース陳列	⑤オープン（裸）陳列	⑥サンプル陳列
⑦エンド陳列	⑧ステージ陳列	⑦レジ前陳列	⑧島（アイランド）陳列
⑨カットケース陳列		⑨壁面陳列	

2 陳列器具の形状によるディスプレイの基本的パターン

陳列器具の形状によるディスプレイの基本的パターンには、それぞれメリットとデメリットがある。

1 ディスプレイの種類とメリット・デメリット

陳列器具の形状によるディスプレイの基本的パターンには、それぞれ次のようなメリットとデメリットがあります。

①平台陳列

平台陳列は、バーゲンセールなどで用いられてきたディスプレイです。しかし、近年では、百貨店や高級専門店などでも平台陳列を積極的に活用しています。

■表3-2-2 平台陳列のメリット・デメリット

メリット	デメリット
①陳列台の高さが低いので、店内を見渡しやすい。 ②商品を山積みでき、大量販売しやすい。 ③目線よりも下に商品がディスプレイされるため、触れやすい。 ④店内のどこにでも移動配置できる。	①平台の什器が横に広いため、十分なスペースが必要。 ②アンコを活用してディスプレイするため、スペースが必要。

○アンコ

　ディスプレイをかさ上げするための資材。商品の下に詰め物を入れたり、空の段ボールなどを下に敷いたりして、その上に商品を陳列することもある。

②ハンガー陳列

ハンガー陳列は、衣料品をディスプレイするのに最も多く利用されています。

■表3-2-3　ハンガー陳列のメリット・デメリット

メリット	デメリット
①商品が型崩れしにくい。 ②早く効率的に陳列できる。 ③作業がしやすい。	①サイズ違いなどを発見しにくい。 ②商品のフェイスが見えにくい。 ③オープン陳列（→ p.119）のため、ほこりがつきやすい。

③ゴンドラ陳列

ゴンドラ（棚）陳列は、生活必需品である最寄品の定番商品（**プロパー商品**）のディスプレイに最も多く利用されています。

■表3-2-4　ゴンドラ陳列のメリット・デメリット

メリット	デメリット
①フェイスをそろえやすい。 ②数量管理がしやすい。 ③商品が崩れにくい。 ④商品が傷みにくい。	①商品の補充を怠ると空きスペースができてしまう。 ②ディスプレイが単調になりやすい。 ③前進立体陳列が必要となり、商品の補充と前出しに手間がかかる。

④フック陳列

フック陳列は小型の商品に用いられるディスプレイです。フック用にパッケージされた商品をフックバーに直接かけてディスプレイします。

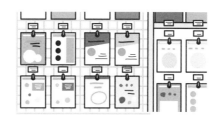

■表3-2-5　フック陳列のメリット・デメリット

メリット	デメリット
①見やすい。 ②在庫量がわかりやすい。 ③整理しやすい。	①大量陳列ができない。 ②大きな商品をディスプレイできない。 ③商品が取りにくいときがある。

> ## ゴンドラ陳列はセルフサービス販売の基本的ディスプレイ
>
> 　ゴンドラとは、スチール製で組み替え可能な陳列什器で多くのチェーンストアが使用しています。ゴンドラは、セルフサービス主体の売場の陳列構成における最も基本的な陳列棚といえるでしょう。ゴンドラ陳列の商品は誰もが知っている定番商品の陳列に適しています。ゴンドラ陳列の両端に、関連するカテゴリーの新商品やセール商品をエンド陳列（→ p.117）することで、ゴンドラ陳列の棚のほうへ客の関心を引き込む効果が生まれます。

⊘ **重要**

○プロパー商品

　正規の通常商品をいう。正規のルートで仕入れた商品や、自社開発のオリジナル商品をいう場合もある。

⇨ **参照**

○前進立体陳列

→ p.90

⇨ **参照**

○前出し

→ p.90

⊘ **重要**

○大量陳列

　ある特定の商品を立体的に大量に積み上げることで、ボリューム感と低価格を訴求する陳列方法。

115

⑤ボックス陳列

　ボックス陳列は、箱を積み重ねたような仕切りのある**陳列什器**を使用します。ジーンズやセーター、ワイシャツなどの衣料品のディスプレイに多く利用されています。

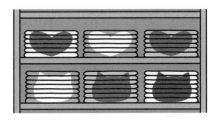

■表3-2-6　ボックス陳列のメリット・デメリット

メリット	デメリット
①商品を色やサイズで分類しやすい。 ②商品選定の基準がわかりやすい。	①商品の全体デザインが見えにくい。 ②商品を戻すときはたたまなければならず、顧客が商品を手に取りにくい。

⑥ショーケース陳列

　ショーケース陳列とは、商品を販売用のショーケースに入れて陳列し、顧客の要求に応じて販売員がその商品を取り出して見せる方式です。

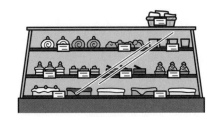

■表3-2-7　ショーケース陳列のメリット・デメリット

メリット	デメリット
①商品が汚れにくい。 ②高級なイメージが演出できる。	①ディスプレイと整理に時間がかかる。 ②顧客が商品に触れにくい。 ③専門知識をもった販売員が必要となる。

　ショーケース陳列は、対面販売方式の小売業が多く採用しており、この陳列を使用する商品には、次のような性質があります。また、ショーケースには3つのタイプがあり、それぞれに特徴があります。

ショーケース陳列を使用する商品

①顧客に説明が必要な商品	②比較的単価の高い商品
③少量の手持ち在庫で販売している商品	④清潔感、保存・整理が必要な商品

■表3-2-8　ショーケースのタイプ

タイプ	特徴
ウインドタイプ	・背の高いタイプ。 ・店頭部分や店内のポイントとなる場所に設置する。 ・ショーウインドとショーケースの両機能を備えた什器。
カウンタータイプ	・高さが90〜100cmの一般的なショーケース。 ・対面販売方式のカウンターと兼用されているものが多い。
アイランドタイプ	・店内の主通路等に設置された島型のショーケース。 ・どの方向からもショーケースの中の商品を見ることができる。

⑦エンド陳列

　エンド陳列とはゴンドラ陳列の両端である
ゴンドラエンドに陳列する方法で、ゴンドラ
陳列を変形させたものです。

■表3-2-9　エンド陳列のメリット・デメリット

メリット	デメリット
①大量陳列しやすい。 ②新商品や売りたい商品をPRできる。 ③価格の安さを訴求できる。 ④季節感を訴求する場所として利用できる。	①ディスプレイに手間がかかる。 ②よく売れる場所のため、ディスプレイが乱れやすい。 ③スペースを取るため、通路をふさぎやすい。

⑧ステージ陳列

　ステージ陳列は、売場内にステージをつく
り、商品をディスプレイするものです。ステー
ジ陳列は店内の目に留まる場所である集視ポ
イントをつくることがねらいです。

■表3-2-10　ステージ陳列のメリット・デメリット

メリット	デメリット
①流行品、季節商品を強調できる。 ②衣料品などは装着感を出すことができる。 ③手で触れることができる。 ④店全体のイメージアップをはかることができる。	①汚れやすい。 ②スペースあたりのコストがかかる。 ③陳列作業に手間・技術・時間が必要。

⑨カットケース陳列

　カットケース陳列とは、商品の入っている
段ボール箱を利用してディスプレイする方法
です。カッターで段ボールの上部をカットし
て、その中の商品をそのまま積み上げます。

■表3-2-11　カットケース陳列のメリット・デメリット

メリット	デメリット
①積み上げることによってボリューム感が出せる。 ②大量にディスプレイできる。 ③安さをアピールできる。	①段ボールをカットする作業が必要になる。 ②空箱の整理が必要になる。 ③安売りの店といったディスカウンターのイメージを与えてしまう。

3 販売方法の特徴によるディスプレイの基本的パターン

販売方法の特徴によるディスプレイの基本的パターンには、それぞれメリットとデメリットがある。

1 ディスプレイの種類とメリット・デメリット

販売方法の特徴によるディスプレイの基本的パターンには、それぞれ次のようなメリットとデメリットがあります。

①前進立体陳列

前進立体陳列とは、商品のフェイス部分を顧客側である手前に盛り上がるようにディスプレイする方法です。これによって顧客が商品を手に取りやすくなります。

○前進立体陳列
→ p.90

■表3-2-12　前進立体陳列のメリット・デメリット

メリット	デメリット
①見やすい。 ②触れやすい。 ③選びやすい。 ④迫力が出る。	①在庫量を見間違えるおそれがある。 ②商品を補充するときに引っ込んだ商品をもとに戻す必要がある。 ③作業コストがかかる。

参照
○先入れ先出し陳列
→ p.90

②先入れ先出し陳列

先入れ先出し陳列とは、先に小売店に入ってきた商品（古い商品）から売場に補充し、売場で陳列されている商品を前方に移動して、後方に新しい商品を補充するディスプレイ方法です。

■表3-2-13　先入れ先出し陳列のメリット・デメリット

メリット	デメリット
①商品の鮮度を維持できる。 ②古い商品が売れ残らない。	①古い商品を手前に引き出し、新しい商品を後ろに入れる手間がかかる。

③ジャンブル陳列（投込み陳列）

ジャンブル陳列とは、商品をわざとばらばらに投げ込んだようにディスプレイする方法です。この陳列方法は商品を山積みにして陳列するため、商品が少なくなってきたときは、商品を補充するか、中にアンコを入れて商品を多く見せる必要があります。

ジャンブル陳列は店舗内のおもな**顧客導線**として想定しているメイン通路（主通路）に設置します。また、カゴやバケツをやや顧客側に傾けると顧客にとって商品が見やすく、手に取りやすくなります。

○顧客導線
顧客が店舗内を快適に効率よくまわることができる道筋。

■表3-2-14　ジャンブル陳列のメリット・デメリット

メリット	デメリット
①ディスプレイに手間がかからない。 ②安さをアピールできる。 ③衝動買いを起こさせやすい。	①商品が少ないと売れ残りのイメージが強くなる。 ②商品が押されるので傷みやすい。 ③品質イメージが低下する。

④コーディネート陳列

コーディネート陳列は、あるシーンに適合する複数の異なる商品を組み合わせて全体を調和させ、商品の用途を提案する方法です。広い意味での**関連陳列**になります。

！重要

○関連陳列

ある商品に関連した異なる商品を一緒に陳列すること。品目（アイテム）ではなく、テーマでまとめた陳列方法をいう。

■表3-2-15　コーディネート陳列のメリット・デメリット

メリット	デメリット
①商品のイメージアップにつながる。 ②売場に変化をつけることができる。 ③関連する商品の同時購買を促進できる。 ④商品を使用した感じがわかりやすい。	①多くの手間がかかる。 ②商品を組み合わせる感性や技術力が必要となる。

⑤オープン陳列（裸陳列）

オープン陳列とは、顧客が商品に自由に触れることができるようにする方法です。

■表3-2-16　オープン陳列のメリット・デメリット

メリット	デメリット
①顧客が商品に自由に触れることができる。 ②商品説明の手間が省ける。 ③顧客が本当に欲しい商品がわかりやすい。	①自由に商品に触れるため、ディスプレイが乱れやすい。 ②商品にほこりがたまりやすい。

⑥サンプル陳列

サンプル陳列とは、見本品をディスプレイする方法です。

■表3-2-17　サンプル陳列のメリット・デメリット

メリット	デメリット
①商品を手に取りやすく、価値を伝えやすい。 ②多くの商品を比較できる。 ③顧客の注目を集めやすい。 ④ディスプレイに広い場所を取らなくてすむ。 ⑤無人販売しやすい。	①量感が出せない。 ②在庫スペースが必要である。 ③専門的な説明が必要な場合がある。

サンプル陳列をする目的には次のものがあります。

サンプル陳列の目的

①ディスプレイの手間を省く。	②使ったときの様子を見せる。
③顧客の関心を集める。	④商品の組み合わせを見せる。
⑤商品ロスを防ぐ。	

⑦**レジ前陳列**

レジ前陳列とは、ゴンドラエンドを小さく変形させたもので、買物の最後の「ついで買い」や衝動買いを促進するものです。

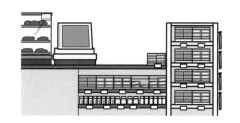

■表3-2-18　レジ前陳列のメリット・デメリット

メリット	デメリット
①レジを通過する多くの顧客の目に留まりやすい。 ②商品に触れやすい。 ③衝動買いを誘発できる。	①レジ前が混雑する。 ②ゆっくり選べない。

⑧**島（アイランド）陳列**

島（アイランド）陳列とは、店内の主通路の中央に平台などの什器を使ってディスプレイする方法です。店内を歩き回る顧客の集視ポイントとしての機能を担っています。

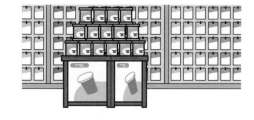

■表3-2-19　島陳列のメリット・デメリット

メリット	デメリット
①商品を手に取りやすく、衝動買いをしやすい。 ②安さをアピールできる。 ③顧客の目につきやすく、大量販売できる。	①高品質のイメージを出しにくい。 ②通路がせまくなるため、買物のじゃまになりやすい。 ③積み上げ方式や投げ込み方式が多いため、ディスプレイが乱雑になりやすい。

⑨**壁面陳列**

壁面陳列は、壁面を利用したディスプレイ方法です。通常の壁面以外に、2階へ上がる階段の壁面にディスプレイするなどして、顧客を誘導する役割なども担っています。

■表3-2-20　壁面陳列のメリット・デメリット

メリット	デメリット
①天井から床まで自由にディスプレイできる。 ②幅広い立体的なディスプレイができる。	①天井に近いディスプレイは手に取ることができない。 ②ディスプレイに時間がかかる。

セルフサービスの売場では、前進立体陳列と先入れ先出し陳列が基本

セルフサービス主体の売場では、顧客は手前にある商品から手にとっていきます。そこで棚の中の商品が少なくなって貧弱に見えないように、商品を手前に出す前出し作業を行います。また、新しい商品を補充する際は、手前に出した商品の後方に補充していきます。これによって古い商品がそのまま棚の中に残って廃棄となってしまうなどの商品ロスを防ぐことができます。1日の中で前出し作業と先入れ先出しを行う回数と時間を決め、定期的に行うことで、顧客満足度の高い売場を維持することができます。

ファッション衣料品業界のディスプレイは一般的な小売業界とは異なる部分があります。ファッション衣料品業界ならではのパターンの特徴、パターンの関連用語の意味や什器備品について理解しておきましょう。

1 ファッション衣料品のディスプレイ

ファッション衣料品のディスプレイでは、空間コーディネートとカラーコーディネートが重要である。

1 空間コーディネートの基本

空間コーディネートはディスプレイ全体をコントロールするものです。そのパターンは大きく分けて6つあります。

■表3-3-1 空間コーディネートの基本パターン

パターン	概 要	特 徴
①三角構成	・ディスプレイ全体が立体的三角形になるように商品を配置するディスプレイ方法。 ・関連商品も一緒にディスプレイする。	・全体的に安定感がある。 ・形や大きさが異なる商品のディスプレイに適している。
②リピート構成	・同じ品目（アイテム）内で同じ陳列展開を繰り返すディスプレイ方法。 ・同じ品目（アイテム）の色違いなどを同じパターンで繰り返し陳列する。	・シンプルでモダンなイメージを演出できる。 ・その品目（アイテム）の品ぞろえがひと目でわかる。 ・ブランド商品のディスプレイに適している。 ・ボリューム感があるため、遠目からでも認知性がよい。
③対称構成 （シンメトリー構成）	・左右対称に商品を配置するディスプレイ方法。	・落ち着いた雰囲気になる。 ・フォーマルな商品のディスプレイに適している。
④非対称構成 （アシンメトリー構成）	・左右のバランスをあえて崩して配置するディスプレイ方法。	・躍動感や斬新さを演出できる。 ・カジュアルな商品のディスプレイに適している。
⑤集中構成	・商品を1か所に集中して配置するディスプレイ方法。	・顧客の視線を1か所に集中させることができる。
⑥拡散構成	・ウインド（陳列フレーム）からはみ出すように商品を配置するディスプレイ方法。	・スケールや広がりを演出できる。

■図 3-3-1 三角構成

三角形の枠の中におさまるように、商品を配置する。

■図 3-3-2 リピート構成

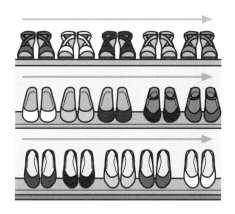

色違いなどの商品を同じパターンで繰り返し配置する。

■図 3-3-3 対称構成

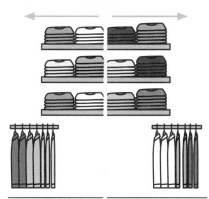

中心から左右対称になるように商品を配置する。

○色彩の活用

➡ p.157

○明度

➡ p.157

○彩度

➡ p.157

第3編

○カラーライゼーションの
　ルール

　色を並べるとき、ある規
則性をもって並べること。

❓補足
○カラーコーディネートの
　関連用語

・ビジュアルマーチャンダ
　イジング

　　売場における重点商品
　をどう主張するかという
　視覚面での品ぞろえ政策。

・カラーコントロール

　　ディスプレイした商品
　のさまざまな色を、一定
　の基準で分類・整理して、
　トータルイメージを作り
　出すディスプレイ技術。

・アクセントカラー

　　ディスプレイの中で注
　目のポイントを作るため
　に、ある商品を対象に強
　調した色を打ち出すこと。

・グラデーション

　　規則正しく徐々に色を
　変化させること。

・セパレーション

　　隣接する商品どうしの
　色に明確な違いが見られ
　ない場合、それらの商品
　を離してメリハリをつけ
　ること。

2　カラーコーディネートの基本

　カラーコーディネートは視覚に強く訴える色彩を用いてディスプレイの印象などを演出するものです。商品の色を組み合わせて売場を演出するカラーコーディネートのポイントには、次の5つがあります。

カラーコーディネートの5つのポイント

①遠くからでも目立つこと

　赤、橙、黄色などの暖色系の色を使うことで、遠くからでもよく目立たせることができる。このように目立つ色のことを「誘目性が高い色」という。

②テーマカラーで統一すること

　テーマカラーでディスプレイを統一することで、打ち出したいイメージを鮮明にすることができる。

③色調を統一すること

　色の明るさである**明度**、鮮やかさである**彩度**の組み合わせを統一することでまとまりのあるディスプレイにすることができる。

④アクセントカラーを使用すること

　色づかいが全体的に地味な場合は、アクセントカラーとして1色だけ目立つ色を使用すると誘目性を高めることができる。

⑤カラーライゼーションのルールを守ること

　色数の多い商品をディスプレイするときは、虹の色の順番や明るい色から暗い色、薄い色から濃い色といった規則性をもたせると全体がまとまる。

2 ディスプレイ・パターンの関連用語と什器備品

　ディスプレイの方法を示すおもな用語は4つある。

1　ディスプレイ・パターン関連用語

　ファッション衣料のディスプレイでよく使う用語には次のものがあります。

ディスプレイ・パターン関連用語

①ハンギング（ウォーターフォール）：商品をハンガーにかけて見せる方法
②フォールデッド：商品をたたんで見せる方法
③フェースアウト：ハンギングのうち、商品の正面を見せる方法
④スリーブアウト：ハンギングのうち、商品の袖（サイド）を見せる方法

③フェースアウト　　　　　　　　　　　④スリーブアウト

2　什器備品の種類

　ディスプレイに使う**マネキン**などを什器備品といい、よく使われる什器備品には次のものが
あります。

ファッション衣料のディスプレイの什器備品

①**プロップ**：ディスプレイで使用する演出小道具

②**リアルマネキン**：人体を現実的に再現したマネキン

③**アブストラクトマネキン**：顔のつくりが抽象的で、頭、手、肩などの体の一部をデフォ
　ルメしたマネキン

④**スカルプチュアマネキン**：頭部を彫刻的に製作したマネキン

⑤**トルソー**：布張りや合成樹脂でつくられた上半身のボディ

⑥**ライザー**：帽子のスタンドなどの陳列補助器具

什器を使ったディスプレイ

ライザーを使った帽子の
ディスプレイ

スリーブアウト（→p.122）

フェースアウト（→p.122）

マネキンを使ったディスプレイ

トルソーを使ったジャケットのディスプレイ

ディスプレイの什器

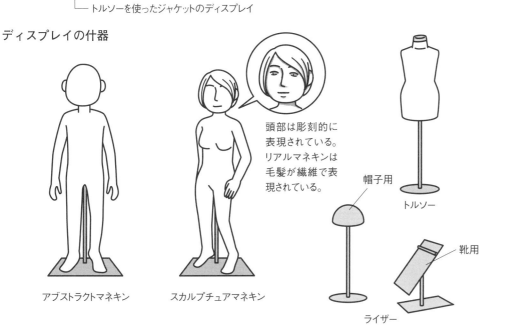

頭部は彫刻的に
表現されている。
リアルマネキンは
毛髪が繊維で表
現されている。

アブストラクトマネキン

スカルプチュアマネキン

帽子用

トルソー

靴用

ライザー

第1問 次のア〜オは、レジ操作について述べている。正しいものには1を、誤っているものには2を、解答欄に記入しなさい。

ア　レジ業務の基本とは「買上金額の登録」と「代金の受け渡し」である。

イ　顧客からクレジットカードを提示された際は、支払い方法について、一括払い、分割払いのどちらか確認する。

ウ　小売店の売場で利用できる電子マネーには、プラスチックカードのICチップを内蔵したICカード型電子マネーや携帯電話・スマートフォンにICチップを内蔵した「おサイフケータイ」がある。

エ　顧客が自分自身でPOSレジを操作して買上商品の精算を行う方法をセルフチェックアウト・システムという。

オ　顧客に手渡すレシートには、レシートの発行番号、買上商品の売価や原価、買上商品売価の合計額、消費税、請求金額、預かり金額、つり銭等が記載されている。

ア	イ	ウ	エ	オ

第2問 次のア〜オは、発注システムについて述べている。正しいものには1を、誤っているものには2を、解答欄に記入しなさい。

ア　新たに定番商品に定める商品や臨時の販売促進商品に関する発注を初期発注という。

イ　定番商品などを店舗の商品担当者が継続的に一定の仕入先企業に必要な数量を発注するものを継続発注という。

ウ　チェーンストアの店舗から本部へオンライン上で発注を行うことを狭義のEOSという。

エ　企業間においてオンラインで情報をやり取りするための情報通信基盤のことをEDIという。

オ　POSデータを利用して、各種情報管理や分析を行う店舗内のコンピュータをCATという。

ア	イ	ウ	エ	オ

第3問 次のア〜オは、チェックアウト業務について述べている。正しいものには1を、誤っているものには2を、解答欄に記入しなさい。

ア　レジの精算業務担当者のことをチェッカーという。

イ　レジで顧客を迎え、商品のバーコードをスキャンして金銭授受を行う役割をキャッシャーという。

ウ　顧客の買上商品を包装、袋詰めし、顧客に渡す役割をサッカーという。

エ　FSPデータとは、どの商品が何個売れたかというレジで得られる情報をいう。

オ　セルフサービス販売方式の店舗において、レジ係の役割は商品の受け渡しと金銭授受であり、クレーム対応や店内ガイドはサービスカウンターで行う。

ア	イ	ウ	エ	オ

第4問 次のア〜オは、包装について述べている。正しいものには1を、誤っているものには2を、解答欄に記入しなさい。

ア　斜め包みは回転包みともいわれ、破れにくく丈夫であり、カジュアルな包装にのみ使われる。

イ　合わせ包みはキャラメル包みともいわれ、箱を回転させることができない場合にも包むことができ、パーソナルギフトなどに用いられる。

ウ　ふろしき包みは高さのある箱を包む場合に便利な包み方である。箱を包装紙の真ん中に斜めに置いて、包装紙の4つ角を立ち上げて包む方法である。

エ　斜め合わせ包みは正方形の箱などを包むのに適した包み方である。せまい場所でも包むことができるが、大きめの包装紙を必要とする。

オ　分割包装は、カーテンレールやステッキのような棒状の商品を包装するときに適した包み方である。あらかじめ細長く切った包装紙を用意し、商品を回しながら包む。

ア	イ	ウ	エ	オ

第5問 次のア〜オは、和式進物包装について述べている。正しいものには1を、誤っているものには2を、解答欄に記入しなさい。

ア　水引きの結び方のうち、何回も繰り返してほしいことの場合は蝶結びで結ぶ。

イ　あわじ結びとは蝶結びの一種で、左右の輪がお互いを結び合い、両端を持って引っ張るとさらに強く結ばれるという結び方である。

ウ　表書きは、慶事のときは濃い墨の色で、弔事のときは薄い墨の色で書く。

エ　のし紙を品物にかけたときに裏側で端が重なる場合、慶事は向かって左を上に、弔事は向かって右を上にする。

オ　満中陰志とは、四十九日の法要の香典返しの表書きに記される言葉である。

ア	イ	ウ	エ	オ

第6問　次のア～オは、ディスプレイの評価基準について述べている。正しいものには1を、誤っているものには2を、解答欄に記入しなさい。

ア　同じ商品名で容量の異なる複数の単品をディスプレイする場合、原則として、顧客から見て左から右に向かって容量の大きい順に並べる。

イ　顧客側に近い売場のほうから小さい商品をディスプレイし、後方へいくほど大きい商品をディスプレイする。

ウ　商品の豊富感を演出するためには、品目の中で品種の数を多くすることが必要である。

エ　商品を高く積み上げ、またたくさんの商品を棚の中に詰め込むことによって、商品に触れやすくなり、衝動買いを促進することができる。

オ　ゴンドラにディスプレイした商品が顧客にとって最も手に取りやすい高さを、ゴールデンラインという。

ア	イ	ウ	エ	オ

第7問　次の文章は、開店準備の作業について述べている。文中の〔　〕の部分に、下記に示すア～オのそれぞれの語群から最も適当なものを選んで、解答欄にその番号を記入しなさい。

　クリンリネスとは、「掃除」「清掃」を指す言葉である。しっかりとしたクリンリネスを行うことで、〔ア〕の高い店舗を維持することができる。小売業では、売場のクリンリネスである「整理」「〔イ〕」「清掃」という〔ウ〕を実践している。店舗のおもな清掃場所としては、看板や〔エ〕などの店外、売場床やレジ周りなどの店内、事務所や倉庫などの〔オ〕、トイレなどである。

【語　群】

ア　1. 商品回転率　2. 顧客満足度　3. 粗利益率　4. リードタイム
イ　1. 整　　頓　2. 作　　業　3. 掃　　除　4. 修　　繕
ウ　1. 3C　2. オペレーティングシステム　3. 3S　4. メンテナンス
エ　1. 休　憩　所　2. 後 方 施 設　3. 検 品 場 所　4. ピ ロ テ ィ
オ　1. 前 方 施 設　2. 中 央 施 設　3. バックヤード　4. フロントヤード

ア	イ	ウ

エ	オ

第8問　次の文章は、補充作業の原則について述べている。文中の〔　〕の部分に、下記に示すア～オのそれぞれの語群から最も適当なものを選んで、解答欄にその番号を記入しなさい。

　商品の補充とは、店舗に常時品ぞろえされている〔ア〕などを所定の売場の位置に〔イ〕にもとづき陳列することである。最寄品を扱うセルフサービス販売方式の店舗での商品の補充作業では、原則として〔ウ〕陳列を行う。また、ディスプレイの基本は、顧客が商品を見やすく、手に取りやすい状態にする〔エ〕を徹底することが求められる。そのための作業を〔オ〕という。

【語　群】

ア　1. 臨 時 商 品　2. 流 行 商 品　3. 定 番 商 品　4. 目 玉 商 品
イ　1. 棚　割　表　2. プラノグラム　3. 適正在庫基準表　4. 商 品 構 成 表
ウ　1. 後入れ先出し　2. 先入れ先出し　3. 後入れ後出し　4. 先入れ後出し
エ　1. 平 台 陳 列　2. 前進立体陳列　3. オープン陳列　4. ゴンドラ陳列
オ　1. 重 点 作 業　2. 補充発注作業　3. 品 出 し 作 業　4. 前 出 し 作 業

ア	イ	ウ

エ	オ

第9問　次の文章は、包装の意義について述べている。文中の〔　〕の部分に、次ページに示すア～オのそれぞれの語群から最も適当なものを選んで、解答欄にその番号を記入しなさい。

　JISの定義によると、包装は、個別の商品価値を高める〔ア〕、この〔ア〕を外部から守る〔イ〕、輸送するための外装に分けられる。また、包装の目的として、第一義的には商品の〔ウ〕があげられる。ほかには、取り扱いの利便性を高めることや、販売に適する大きさや重量、個数などにまとめるための〔エ〕の形成、「もの言わぬ販売員」としての機能である〔オ〕、消費者に対して商品内容を適切に伝える情報伝達の手段があげられる。

【語　群】

ア	1. 外　装	2. 個　装	3. 本　装	4. 内　装
イ	1. 内　装	2. 本　装	3. 外　装	4. 個　装
ウ	1. 保　護	2. アピール	3. 輸　送	4. 美　観
エ	1. 消費単位	2. 生産単位	3. 販売単位	4. 輸送単位
オ	1. 購買促進	2. 販売促進	3. 集客促進	4. 生産促進

ア	イ	ウ

エ	オ

第10問　次の文章は、ジャンブル陳列について述べている。文中の〔　　　〕の部分に、下記に示すア～オのそれぞれの語群から最も適当なものを選んで、解答欄にその番号を記入しなさい。

　ジャンブル陳列は、〔ア〕陳列ともよばれる。ジャンブル陳列は、店舗の主たる〔イ〕として想定している主通路に設定する。カゴやバケツを利用したジャンブル陳列の実施には、商品を〔ウ〕の状態にしなければならない。そのために、下部に〔エ〕を入れ、その上に商品を積み込む。また、カゴやバケツなどをやや〔オ〕に傾けることによって、より見やすさを演出することができる。

【語　群】

ア	1. バラ積み	2. は だ か	3. 投げ込み	4. エ ン ド
イ	1. 顧客導線	2. メインステージ	3. 集視ポイント	4. パワーカテゴリー
ウ	1. 前進立体	2. 平 ら	3. 関連陳列	4. 山 盛 り
エ	1. マクラ	2. ア ン コ	3. サンプル	4. オ ブ ジ ェ
オ	1. 顧 客 側	2. 店 入 口	3. 副 通 路	4. 定 番 商 品

ア	イ	ウ

エ	オ

第11問　次の文章は、コーディネート陳列について述べている。文中の〔　　　〕の部分に、下記に示すア～オのそれぞれの語群から最も適当なものを選んで、解答欄にその番号を記入しなさい。

　コーディネート陳列とは、あるシーンに適合する〔ア〕の異なる商品を組み合わせて、全体を調和させる方法である。顧客が商品をどのように組み合わせて使用すればよいかといった〔イ〕のアドバイスをねらいとしたディスプレイ方法であり、広い意味での〔ウ〕といえる。コーディネート陳列は、一緒にディスプレイされた商品を〔エ〕に結びつけられることや、使用した感じを顧客が実感することができるといったメリットがある。一方、ディスプレイする際に、〔オ〕が必要となるといったデメリットもある。

【語　群】

ア	1. 単 一	2. 複 数	3. メーカー	4. ターゲット
イ	1. 購 買	2. 用 途	3. 再 購 入	4. 機 能
ウ	1. 関連陳列	2. 前進立体陳列	3. サンプル陳列	4. アイランド陳列
エ	1. 推奨販売	2. 指 名 買 い	3. 同 時 購 買	4. 再 購 買
オ	1. 資 金 力	2. 技 術 力	3. 発 注 力	4. 訴 求 力

ア	イ	ウ

エ	オ

第12問　次の文章は、ファッション衣料品業界のディスプレイ技術について述べている。文中の〔　　　〕の部分に、下記に示すア～オのそれぞれの語群から最も適当なものを選んで、解答欄にその番号を記入しなさい。

　ファッション衣料品業界のディスプレイの基本パターンに、ディスプレイ全体を立体的三角形になるように商品を配置する〔ア〕や、同じ品目内で同じ陳列展開を繰り返すディスプレイパターンである〔イ〕、左右対称に商品を配置する〔ウ〕、左右のバランスをあえて崩して配置する〔エ〕などがある。また、ファッション衣料品のディスプレイでは、カラーコーディネートも重要であるが、特に遠くからでも目立つという〔オ〕が高い色を使うことがポイントとなる。

【語　群】

ア	1. リピート構成	2. 三 角 構 成	3. 対 称 構 成	4. 非対称構成
イ	1. 非対称構成	2. 対 称 構 成	3. 三 角 構 成	4. リピート構成
ウ	1. 三 角 構 成	2. リピート構成	3. 非対称構成	4. 対 称 構 成
エ	1. 対 称 構 成	2. 三 角 構 成	3. リピート構成	4. 非対称構成
オ	1. 視 認 性	2. 透 過 性	3. 誘 目 性	4. 明 度 性

ア	イ	ウ

エ	オ

第4編　マーケティング

マーケティングとは需要をつくり出すための企業活動です。ここではメーカーのマーケティングを参考にしながら小売業独特のマーケティングとはどのようなものか学びましょう。

○ニーズとウォンツ

ニーズは抽象的な欲求。ウォンツはニーズをより具体化した欲求。

○需要創造

顕在化していない需要をほり起こし、需要を自ら創造していくこと。

また、需要創造によって開発された製品が市場の需要を拡大すること。

○購買需要

顧客が商品を購入すること。売り手の積極的なアプローチによって顧客の購買需要は刺激される。

○マーチャンダイジング

➡ p.49

○ストアオペレーション

➡ p.84

1 マーケティングとは何か

マーケティングとは、変化する市場に働きかける企業の諸活動である。

1 需要を創り出すマーケティング

企業は、消費者の「〜したい」という**ニーズ**や、「〜が欲しい」という**ウォンツ**の変化をとらえて、顧客にアプローチしていきます。このように、新しい需要（ニーズとウォンツ）を敏感にとらえて顧客にアプローチしていくことを**需要創造**といいます。

この需要創造とは、ただ漠然と店舗で商品を売ることではなく、より積極的な販売促進活動によって顧客にアプローチすることをいいます。たとえば、自店の顧客に合わせたライフスタイルの提案などを行い、顧客の**購買需要**を刺激していきます。

つまり、市場の変化をいち早くとらえて新しい需要を見つけ、その需要を満たす提案を顧客に行っていくことがマーケティングなのです。

2 マイクロ・マーケティングの展開

今までの小売業は、来店してくれた顧客に対して、いかに買ってもらうかということに主眼をおいていました。つまり、顧客ニーズに合った品ぞろえを考える**マーチャンダイジング**（商品化政策）や買いやすい売場づくりを考える**ストアオペレーション**（店舗運営業務）などを中心的課題としていたのです。

しかし、数多くの競合店が存在する中で、確実に自店に顧客を取り込むことが必要不可欠となった現在の小売業の場合は、店頭を活用して新たな購買需要を創造するマイクロ・マーケティングを展開していくことが求められています。

2 メーカーと小売業のマーケティングの違い

消費財メーカーのマーケティングを「マクロ・マーケティング」、小売業のマーケティングを「マイクロ・マーケティング」という。

1 アプローチする顧客の範囲が異なる

メーカーや小売業といった企業が経営活動を続けていくためには、継続的に顧客のニーズやウォンツを満たしていかなければなりません。顧客満足度の高い商品やサービスを提供し、顧客がその商品を喜んで購入することで、企業は利益を得ることができます。そのためには、よりよい製品開発と適切な価格設定、効率的な流通政策、インパクトのある販売促進を継続的に行っていくことが必要です。

しかし、企業がどのような顧客に対してマーケティング活動を行っていくかで、顧客へのアプローチの方法は変わります。消費財メーカーは、自社で生産した製品をたくさんの顧客に販売することをめざしています。したがって、海外を含めた広域的エリアに働きかけるグローバル志向のマクロ・マーケティングを展開します。

一方、小売業は、自店の顧客に合った商品を仕入れて継続的な取引をめざしています。したがって、店舗を起点とした自店の商圏内など狭域的エリアに働きかけるリージョナル志向のマイクロ・マーケティングを展開します。

■表1-1-1　メーカーと小売業のマーケティングの違い

	メーカー	小売業
タイプ（通称）	マクロレベルの集団マーケティング	マイクロレベルのパーソナル（個）マーケティング
展開の範囲	広域的エリア（グローバル志向）	狭域的エリア（リージョナル志向）
標　的	マジョリティ市場（特定の多数派消費者）	マイノリティ（自己商圏の少数派顧客）
ねらい	ブランド（市場）シェアの拡大	顧客（来店率と購買率）シェアの拡大
手　法	E. J. マッカーシーの 4P 理論にもとづく手法（少品目大量販売型）	E. J. マッカーシーの 4P 理論にもとづく手法の応用（多品種少量販売型）
コスト	テレビ CM などマス媒体を中心とする高コスト化	チラシ広告などリージョナル媒体を中心とする低コスト化

（参考：「小売業の新戦略　マイクロマーケティング入門」PHP ビジネス新書）

2　4P 理論から見たメーカーと小売業のマーケティングの違い

E.J. マッカーシーは、マーケティングを構成する要素を「プロダクト（Product）」「プライス（Price）」「プレイス（Place）」「プロモーション（Promotion）」の 4 つに分けて示しました。4 つの要素の頭文字をとって、これを **4P 理論**といいます。

マーケティングの 4 つの要素（4P）

- **プロダクト（Product）**：消費者ニーズに合わせた製品の開発
- **プライス（Price）**：開発コストに見合う販売価格の設定
- **プレイス（Place）**：流通経路の選択と市場シェアの確保
- **プロモーション（Promotion）**：テレビ CM などの宣伝広告

メーカーと小売業のマーケティングは、4P 理論から見て次のように異なります。

■表1-1-2　4P 理論から見たメーカーと小売業のマーケティングの違い

	メーカー	小売業
①プロダクト Product	**プロダクトプランニング（製品化計画）** 消費者ニーズに合った新製品を計画的・継続的に開発する。	**マーチャンダイジング（商品化政策）** 自店の業態特性や顧客ニーズ、顧客のライフスタイルに合わせた**商品構成**をする。
②プロモーション Promotion	**マスプロモーション** **（大規模広域型広告宣伝）** テレビ CM やラジオ、雑誌などのマス媒体広告を中心としたマス・マーケティングを展開する。	**リージョナルプロモーション** **（店舗起点の狭域型購買促進）** クーポンの発行などによって、自店の商圏内の顧客に継続的な来店をうながし、1 店舗あたりの売上と利益の増加をめざす。
③プライス Price	**スタンダードプライス（全国標準価格）** メーカー主導の希望小売価格を設定する。近年は**オープンプライス制**による価格設定に移行している。	**エブリディフェアプライス** **（地域基準の公正価格）** 自店の商圏にいる顧客や競争店の状況を考慮した価格（地域公正価格）を設定する。近年は EDLP（エブリディ・ロープライス）を掲げる小売店が増加している。
④プレイス Place	**マーケティングチャネル（流通経路戦略）** どのような経路（ルート）を通って自社製品を消費者まで届けるか検討する。	**ストアアロケーション（立地・業態開発）** どの場所で、どのようなニーズをもった顧客をターゲットとするか検討する（商圏の選定）。

（参考：「小売業の新戦略　マイクロマーケティング入門」PHP ビジネス新書）

重要
○4P 理論
1960 年代に E・ジェローム・マッカーシーがマーケティング・ミックスを 4P（Product、Price、Place、Promotion）というフレームワークに体系化した。

重要
○商品構成
商品構成は、系列構成である品種（商品の幅）と品目（品種の深さ）で構成されている。アソートメントともいう。
（➔ p.55）

補足
○建値制（たてね）
メーカーが卸売業や小売業などの流通業者の取引価格や最終小売価格を決める制度。

重要
○オープンプライス制
メーカーが希望小売価格を設定せず、小売業者が独自に再販売価格を決定する制度。

　前節で学んだ4P理論は本来、メーカーの立場に立った考え方です。この考え方を小売業に適用するとどのような点が異なるのかについて見ていきましょう。

① プレイス→ストアアロケーション（立地・店舗配置）

　小売業のプレイスは、商品の選定及び業態開発による出店が基本となる。

1　商圏と業態の選定

　小売業のプレイスは、どこに出店するかを検討します。つまり、どこで、どのようなニーズをもった顧客をターゲットとするかを決定し、最適な業態（店舗）の出店を考えます。出店する地域に対して事前に商圏や競争店などについての**マーケティングリサーチ**を行います。

② プロダクト→マーチャンダイジング（商品化政策）

　自店の業態特性やターゲットとする顧客のニーズやライフスタイルに合わせた品種の組み合わせと品目の選定および数量の決定（商品構成）を検討する。

1　商品構成の策定

　現在は顧客ニーズが個性化、多様化しています。それとともに、商品カテゴリーごとに1つか2つ程度の商品が飛び抜けて売れる**ガリバー型売れ行き現象**が起きています。しかし、ガリバー型売れ行き商品が売れる期間は短くなっているのが現状です。このような状況の中でも、顧客が求める商品を、求める数量だけ品ぞろえする体制を整えることが必要です。

③ プライス→エブリディフェアプライス（地域基準の公正価格）

　仕入れた商品の値入にもとづく地域基準の公正価格を基本とする。

1　公正な売価の設定

　近年は小売業が、自店の業態や商圏の状況、競争店の売価設定状況などを考慮に入れて、地域ごとに偽りのない公正な価格を設定するようになりました。これを地域基準の公正価格といいます。この価格は、自店の顧客ニーズを裏切らない売価であることが基本になります。

④ プロモーション→リージョナルプロモーション（店舗起点の狭域型購買促進）

　店舗を活用した、地域特性に合わせたイベントなどを行うことで、売上と利益の増加をめざす。

1　リージョナルプロモーションの展開

　小売業は立地産業ともいわれています。つまり、自己の商圏というせまい範囲の中でマーケティング活動を展開しています。特にプロモーションに関しては、イベントやキャンペーン、クーポン券の発行など、店舗活動を媒体とする狭域的な商圏内での活動となり、これをリージョナルプロモーションといいます。

■表1-2-1　販売（セリング）志向とマーケティング志向の違い

	販売志向	マーケティング志向
主たる目的	商品を売ること	顧客を満足させること
対象者	不特定多数の消費者	特定多数の顧客
主たる活動	商品と代金の交換活動	需要を生み出す創造活動
完結時点	販売した時点	顧客が満足した時点

（！）重要

○ガリバー型売れ行き現象

　商品カテゴリーごとに、少数の商品だけがずば抜けた売上を示し、ほかの商品はまったく売れない現象をいう。

⇒ 参照

○リージョナルプロモーション

→ p.142

（？）補足

○顧客関係形成政策

（CRM：

Customer Relationship

Management）

　小売業のマーケティングにおいて行われる顧客維持のしくみづくりのこと。顧客一人ひとりの情報の活用によって顧客の満足度を高め、顧客との良好な関係を長期間にわたって維持していくものをいう。

第2章 顧客満足経営の基本

第1節 顧客満足経営の基本知識

現代の小売業は売上を第一に考える経営から顧客満足を第一に考える経営スタイルに変化しています。ここでは顧客満足を考える経営とはどのようなものかについて理解しておきましょう。

1 小売業経営の変化

小売業経営は、売上至上主義から顧客重視型経営、顧客満足（CS）経営に移行している。

1 顧客重視型経営への移行

高度経済成長時代の小売業は、市場シェアの拡大をねらって売上増加を追求した売上至上主義的な経営を行ってきました。しかし近年は、顧客が何を望んでいるのかを意識した顧客志向（顧客中心主義）の経営に移行しています。

顧客志向の経営では、小売業と顧客が双方向的な関係を形成していることが基本となります。双方向的な関係とは、小売業が顧客に一方的に商品を売る関係ではなく、小売業が顧客のニーズに応えた商品を提供し、ニーズが満たされた顧客（顧客満足度が高まった顧客）が繰り返し来店してその小売業の評判を高めてくれるという関係です。このような関係を築くことによって、小売業は自店の評判を高めてくれる顧客を育成することができます。

つまり、顧客満足度を高める経営（顧客重視型経営）を行うことによって、小売業は自店に対するロイヤルティ（忠誠心）の高い顧客を生み出し、安定的な経営を行っていくことができるようになるのです。

2 顧客満足経営の3原則

顧客満足経営とは、顧客1人ひとりの満足度を最大限に高めることを企業理念にすえた経営である。

1 顧客満足経営の新3原則「ホスピタリティ」「エンターテインメント」「プリヴァレッジ」

従来、小売業の顧客満足経営では、「商品」「サービス」「店舗」の3つを基本原則としていました。しかし、顧客のニーズが多様化し、業態間の競争が激しくなった近年では、従来の3原則で顧客の満足度を高めることが難しくなっています。そこで注目されるようになったのが、顧客満足経営の新3原則です。

■図2-1-1　顧客満足の新旧3原則

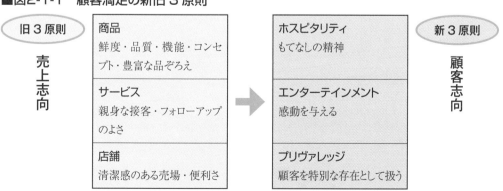

また、アメリカでは顧客満足を保証する小売業もあらわれています。これをギャランティード・サティスファクション（満足保証付き）サービスといい、購入商品について満足できなかった場合、無期限で返品を受け入れるなどのサービスを行っています。

重要

○顧客満足（CS：
Customer Satisfaction）
企業が提供する商品やサービスを購入し、使用することで、顧客が満足すること。

2　ホスピタリティ

　ホスピタリティとは、もてなしの精神のことです。ホスピタリティは、売り手から買い手への一方通行のものではなく、売り手と買い手の間の双方向的な関係といえます。

ホテルでの出迎え

　ただ挨拶の言葉を言うだけでなく、目を合わせたり、顧客の名前を呼んだりすることで歓迎の意思を伝える。

3　エンターテインメント

　エンターテインメントは余興や娯楽を意味する言葉ですが、小売業の顧客満足においては、従業員が接客サービスを通して顧客に感動を与えることをいいます。

誕生日を楽しく演出

　喜んでほしいという気持ちで、顧客が予想していなの誕生日を楽しく演出することで感動を与える。

4　プリヴァレッジ

　プリヴァレッジは、すべての顧客に対して同じように特権を与えるのではなく、購入金額に応じて特権を提供するという考え方です。

空港の VIP ラウンジ

　VIP 専用のラウンジでのゆったりとした時間や、無料のドリンクサービスを提供する。

顧客維持政策とは、顧客ニーズを第一に考え経営を行っていくことをいいます。そのためには何をすればよいのかについて学んでおきましょう。

1 顧客維持政策の基本

小売業に求められているものは、既存顧客の中から繰り返し来店してくれる優良顧客をつくり出すことである。

1 顧客維持政策とは何か

顧客維持政策とは、自店の顧客の固定化をめざし、安定的な経営を行っていく政策です。今日の小売業は、高度経済成長期のように新たな店舗を数多く出店し、売上の拡大によって自店の成長をめざすのではなく、既存の店舗に多頻度で繰り返し来店してくれる優良顧客をつくることが求められています。つまり、「固定客をどのような方法でつくり出していくのか」を考えていくことが、必要なのです。

顧客維持を行っていくためには、顧客1人ひとりのニーズをより詳細に把握することが求められます。それによって、その個々人に合ったマーケティング活動を行うことで、顧客満足度を高めることができます。顧客維持政策を行っていくための具体的なものがFSP（フリークエント・ショッパーズ・プログラム）です。FSPは、POSデータと連動し、「いつ、誰が、何と何を購入したか」といったデータを蓄積していきます。これらのデータを分析することで、1人ひとりの顧客（個客）を識別して優良顧客の育成・維持をめざします。

2 顧客維持政策のねらい

顧客維持政策では、来店客を購買履歴などで識別し、それぞれの段階ごとに組織化します。そして、その組織化された段階ごとに特典を与えていきます。段階ごとに異なる特典を与える理由は、すべての顧客が同じニーズをもっているわけではないからです。つまり、多頻度で来店している顧客と月一回程度来店する顧客では、店に求めるニーズが違うということです。

また、段階ごとに組織化することで、多頻度で継続的に来店してくれる顧客を識別することができ、それらの顧客と良好な関係をつくることも可能となります。これらの優良顧客には、多頻度で継続的な来店をうながし、小売業の売りたい商品を推奨したり、買上単価が増加するようなイベントを行ったりします。

■図2-2-1　戦略的顧客維持政策のしくみ

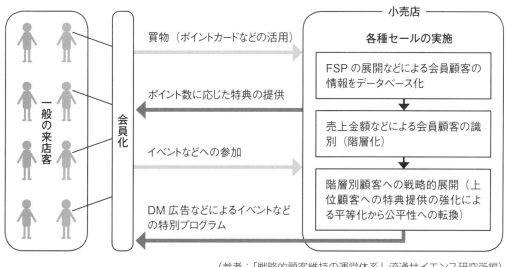

（参考：「戦略的顧客維持の運営体系」流通サイエンス研究所編）

?補足

○収集する顧客データ

①地理的変数

　地域（自宅・学校・勤務先）

②人口統計的変数

　年齢・性別・職業・家族構成

③心理的変数

　価値観・性格・ライフスタイル

④行動変数

　商品の使用量・購買頻度・ロイヤルティ・使用目的

FSP（フリークエント・ショッパーズ・プログラム）は、顧客維持政策を行っていくための具体的な手段です。ここではその考え方や必要性について理解しておきましょう。

1 FSP（フリークエント・ショッパーズ・プログラム）の基本

FSPとは、多頻度で購入する顧客を維持するためのプログラムである。

1 FSPとは

FSPとは、多頻度で購入する顧客を優遇し、自店につなぎとめるための顧客戦略プログラムです。FSPのねらいは、顧客の購入金額や来店頻度に応じて特典やサービスを変えて顧客に差をつけることによって、自店の顧客を維持することです。

2 業界ごとのFP（フリークエント・プログラム）

FSPは、「マイレージ特典」として知られるアメリカン航空のFFP（フリークエント・フライヤーズ・プログラム）がもとになっているといわれています。ホテル業界や小売業界は、このFFPをそれぞれの業界に合わせた形にして導入し、現在にいたっています。

> **各業界のFP（フリークエント・プログラム）**
>
> 小 売 業 界：FSP（フリークエント・ショッパーズ・プログラム）
> 航 空 業 界：FFP（フリークエント・フライヤーズ・プログラム）
> ホテル業界：FTP（フリークエント・トラベラーズ・プログラム）

2 FSPの考え方

FSPでは、優良顧客を優遇し、長期的な視点で顧客とのよりよい関係を維持する。

1 優良な顧客ほど優遇する

従来はすべての顧客を平等に扱うことが原則でした。しかし、競争が激しい現代では、この考え方で顧客を自店につなぎとめておくことが難しくなっています。そこで、あえて顧客を区別し、差をつけるようにするというのがFSPの考え方です。自店に対する売上高や利益の貢献度が高い優良顧客ほど優遇し、顧客1人ひとりに差をつけるシステムがFSPなのです。

2 長期的な視点で顧客とのよりよい関係を維持する

FSPは、長期的な視点で顧客とのよりよい関係を維持していくことをめざします。そうすることで、顧客の来店頻度を高めて売上と利益を向上させ、商圏の中でも継続して顧客に選ばれる店になるように努めます。この点が一時の集客をねらうポイントカードと異なります。

■表2-3-1　FSPとポイントカードの違い

	FSP	ポイントカード
ねらい	顧客とのよい関係づくり	売上の増加
取り組みの考え方	顧客満足度の向上策	販売促進の一手段
特典のプログラム	エンターテインメントの各種優待など、優良顧客ほど驚くような特典で優遇される	ポイントづけ（2倍、3倍）による景品交換または割引など、買上金額に見合った特典
顧客へのアプローチ	優良顧客ほど手厚い特典を提供する公平性を強調	ポイント2倍デーなど、すべての顧客に対して平等に提供
顧客データベース	購入日時、購入品目、購入金額などの詳細データあり（顧客を優遇するのに役立てられる）	購入品目などの詳細データなし（ある場合でも顧客を優遇するのに役立てることはしない）

（参考：「顧客戦略の実際」流通サイエンス研究所編）

3 FSP の必要性

安定的な経営をするには、離脱する顧客をいかに少なくするかが重要となる。

1 優良顧客をより多く確保する

通常、最寄品を販売している小売業では、1年間に新規顧客の30%が何らかの理由で離脱するといわれています。安定的な経営を継続するには、離脱する顧客を少なくするためにFSPなどの顧客維持の努力を行い、多頻度で来店する優良顧客をより多く確保することが必要です。

2 利益率の高い優良顧客は経営を安定させる

自店に多頻度で来店する優良顧客は利益率が高いため、小売業の収益性に大きな影響を及ぼします。また、**ひいきの顧客**に新規顧客を紹介してもらった場合、その新規顧客は優良顧客になる可能性が高くなります。

FSPの展開おいて、「2：8の法則」というものがあります。これは、「売上金額上位2割を占める顧客が、店舗全体の8割の利益をもたらす」というものです。

このように、FSPなどの顧客維持の努力を行うことによって優良顧客を確保すると、自店の売上は安定し、さらなる優良顧客の獲得も効率的に行えるようになるのです。

重要

○ひいきの顧客

優良顧客のこと。ロイヤルカスタマーともよばれ、多頻度で来店し利益率が高い顧客をいう。

ケーススタディ

顧客維持の努力を行った場合と行わなかった場合の顧客の数

顧客維持の努力を行った場合と行わなかった場合では、繰り返し来店する顧客の数にどれほど違いがあるのか、架空のA店とB店を例にあげて見てみましょう。

○ 1年目—A店B店ともに新規顧客の30%が離脱

A店B店ともに100人の顧客にポイントカードを持ってもらい、潜在的なリピート客を確保しているとします。しかし、ポイントカードをつくっていても、一般的には30%近くの顧客が1年後には離脱してしまうといわれています。結果、どちらの小売店も1年目は70%の顧客を維持することしかできませんでした。

○ 2年目以降—顧客維持の努力をしたA店は離脱する顧客が減少

顧客維持の努力をしたA店の顧客の維持率は、2年目80%、3年目90%と徐々に上がり、5年目には100%に達しています。一方、B店は顧客維持の努力をしなかったため、2年度以降も70%の顧客を維持することしかできませんでした。

○結果—A店とB店で顧客数に大きな差が生じる

5年後、繰り返し来店する顧客の数を比較すると、A店が50人を維持しているのに対してB店はわずか23人となっています。同じ100人の新規顧客でスタートした2店の顧客数には、大きな差ができてしまいました。

○まとめ—A店は優良顧客に向けて効率的なアプローチができる

5年間繰り返し来店する顧客は小売店にとって優良顧客であり、その優良顧客と小売店の信頼関係は確かなものといえます。

A店は5年後に50人の優良顧客を確保できています。この50人の優良顧客に「友人紹介キャンペーン」のようなアプローチを行って新規顧客を紹介してもらえば、潜在的に優良顧客になる可能性の高い顧客をさらに確保することができるでしょう。このように利益率の高い顧客を多く確保することによって、安定的な経営を引き続き行っていくことができるのです。

一方、B店は利益率の高い優良顧客が23人しかいないので、小売店を維持していくためには多数の新規顧客を獲得していかなければなりません。B店は今後、利益率が定まらない新規顧客を重視した経営をせざるを得ないことになります。

第3章 商圏の設定と出店の基本

第1節 商圏の基本知識

小売業は立地産業ともいわれ、商圏の把握は小売業にとって重要です。ここでは商圏の意味と商圏を形成するさまざまな要因について学びましょう。

1 商圏の基本

商圏とは、地域の消費者が買物のために日常的に来店する地理的、時間的範囲をいう。

1 商圏の意味

日常的に消費者が来店する範囲が**商圏**です。商圏には小売店から何km以内といった地理的側面と、来店所要時間が何分以内といった時間的側面がありますが、最近では地理的側面よりも時間的側面のほうが重視されています。

また、商圏は横断歩道や線路の有無などの道路事情や駐車場の規模といった店舗状況によって左右されるため、きれいな円形にはなりません。

■図3-1-1 商圏

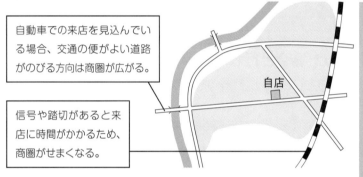

自動車での来店を見込んでいる場合、交通の便がよい道路がのびる方向は商圏が広がる。

信号や踏切があると来店に時間がかかるため、商圏がせまくなる。

自店

地理的側面
商圏の大きさを距離で測ること。たとえば、コンビニエンスストアの商圏は平均500mの範囲とされている。

時間的側面
商圏の大きさを時間で計ること。たとえば、コンビニエンスストアの商圏は平均3〜5分の範囲とされている。

2 商圏の種類

商圏には、大きく分けて次の3つの種類があります。

商圏の3つの種類
①小売店の単独商圏 　スーパーマーケットやドラッグストアなどの1店舗の商圏。自店の顧客の来店範囲。
②商業集積の商圏 　商店街やショッピングセンターなどの商業集積の集客力が及ぶ範囲。
③都市の商圏 　周辺都市からその都市に消費者を吸引する範囲。その都市が顧客を吸引する力を、都市の商業力という。

都市の商業力は、それぞれの都市の人口や商店数、産業構造などで左右されます。都市の商業力を示す指数は、次の計算式であらわされます。

Check!	都市の商業力指数

$$\text{商業力指数} = \frac{\dfrac{\text{都市の小売販売額}}{\text{都市の行政人口}}}{\dfrac{\text{都道府県の小売販売額}}{\text{都道府県の行政人口}}} \times 100$$

指数が100以上の場合、その都市には周辺の都市から消費者を吸引する力があると判断する。

サイドノート

⚠ 重要

○商圏
　顧客が日常的に来店する範囲をいう。商圏には、小売店、商店街やショッピングセンター、都市など、さまざまなものがある。

❓ 補足

○商圏の時間と距離の関係
　商圏において、地理的側面より時間的側面を重視する理由は、交通機関の発達が影響している。距離が遠くてもアクセスがよければ実際の距離以上に近く感じることができるためである。

⚠ 重要

○都市の商業力指数
　架空のB県A市を例にして、都市の商業力指数を計算する。
A市　人口：118万人
小売販売額：1兆1,000億円
→1人あたりの小売販売額：
　93万円
B県　人口：820万人
小売販売額：8兆8,800億円
→1人あたりの小売販売額：
　108万円
$$\frac{93万円}{108万円}=0.86×100=86$$
A市の金額はB県全体よりも低い金額になっている。A市の住民はA市内で買物をするのではなく、ほかの町で買物をしていることが考えられる。

3　商圏の区分

　商圏は、人口に対する来店者の比率や来店頻度によって、自店から近いものから順に第1次商圏、第2次商圏、第3次商圏と区分されます。

　自店から何km以内あるいは徒歩何分以内を第1次商圏とするかといった基準は、店舗形態や店舗規模などによって異なります。

■表3-1-1　商圏を区分する基準の例

区分	基準
第1次商圏	固定客比率30%以上
第2次商圏	固定客比率15〜30%未満
第3次商圏	固定客比率15%未満

4　商圏範囲の測定と設定

　商圏範囲の測定と設定には、来店客に対するアンケート調査を行う方法やポイントカードのデータを利用する方法などがあります。

商圏範囲の測定と設定の方法

①来店客に対するアンケート調査を行う方法

　実際に来店している顧客にアンケート調査を行い、居住地域を調べることによって顧客が来店する範囲（商圏）を推定する方法。

②ポイントカードなどのカード会員の利用実績から調べる方法

　カードのデータから利用頻度や購入金額、購入商品などを調べ、商圏内の顧客の特性などを推定する方法。

③地図から範囲を推定する方法

　自店から何km以内の範囲などの基準で、地図上に範囲を設定する方法。地図は電子地図や住宅地図など詳細なものを使用する。

④実際に自動車を走らせて調査する方法

　自動車での来店を想定している場合は、自店から何分以内の範囲などの基準で自動車を走らせ、商圏の範囲を推定する方法。

⑤統計モデルを使用する方法

　消費者がその店舗で買物をする確率を求める**ハフモデル**や、2つの都市の間の地域に住む消費者がどちらの都市で商品を購入するか求める**ライリーの法則**などを使う方法。

2　商圏の特性

　地域の人口構造や土地柄、産業構造などが商圏の特性を決める要素となる。

1　商圏の特性と、特性を決める要素

　商圏には地域ごとに特性があります。たとえば、高齢者が多い地域と若年者が多い地域とでは消費の傾向が異なり、顧客のニーズも変化します。商圏を調べる際には、商圏の特性をつかむことも大切です。

　商圏の特性に影響する要素には、その地域の土地柄があらわれる歴史や風土、人口や構成する年代などをあらわす人口構造、産業構造があります。

商圏の特性を決める要素

①地域の歴史と風土

　その地域に根づいた生活習慣や風習、地域特有の気候など。

②人口構造

　その地域の人口の構成。**昼夜間人口比率**、出生者数と死亡者数の差である自然増減、転入者数と転出者数の差である社会増減、年少人口（0〜14歳）、老年人口（65歳以上）など。

③産業構造

　その地域で行われている産業の構成。農業・漁業・工業といった産業構造は地域経済に影響する。

⚡重要

○固定客

　商品やサービスなどを定期的・長期的に購入してくれる顧客。お得意様ともいう。

⚡重要

○ハフモデル

　商圏モデルの1つ。消費者が商業集積で買物をする確率は商業集積の売場面積に比例し、そこまでの距離に反比例するという考え方。

⚡重要

○ライリーの法則

　商圏モデルの1つ。ある街の消費者が買物のために2つの都市に吸引される割合は、2つの都市の人口に正比例し、その都市からほかの都市までの距離に反比例するという法則。

⚡重要

○昼夜間人口比率

　昼間の人口と夜間の人口の比率。東京都心などの都市部は周囲の地域から通勤・通学する人が多いため、昼間の人口が多くなる傾向がある。

昼夜間人口比率
＝昼間人口÷夜間人口
　×100

❓補足

○人口の年齢区分

　国が行う国勢調査では、次のように年齢を区分している。

・年少人口：0〜14歳
・生産年齢人口：15〜64歳
・老年人口：65歳以上

どこに出店するかという立地の決定には、集客力や店舗の将来性などさまざまな要因を考慮することが必要です。ここでは立地を決定するために必要な要素と手順について学んでいきましょう。

1 立地のとらえ方と小売店経営

小売業は立地産業といわれるように、どこに店舗を構えるかが売上と利益に大きな影響を及ぼす。

1 立地の４大要素

立地は自店の利益に大きな影響を及ぼします。よい立地の条件には、①店舗規模に見合う来店客数が見込めること、②人口増加や地域開発などの将来性があること、③**企業理念や経営戦略**と商圏の特性が合致していること、④**ストアコンセプト**と商圏の特性が合致していることの4つがあります。

■図3-2-1　立地の３大要素

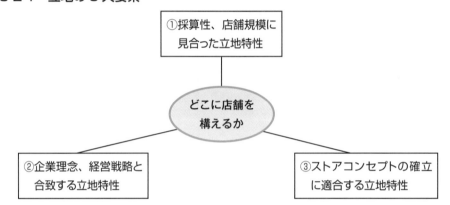

2 立地の決定要因

立地の決定要因には、集客力・通行量・環境・出店コスト・歴史の５つがある。

1 立地を決定する５つの要因

立地を決定する際に考慮しなければならないものには、①集客力、②通行量、③環境、④出店コスト、⑤歴史の５つがあります。

> **立地の決定要因**
>
> **①集客力**
> どのような商圏に立地し、どれだけの顧客を集客できるのか。店舗規模に合う顧客数を見込めるか検討する。
>
> **②通行量**
> 自店付近の通行量はどのくらいか。通行量が多いほど来店の可能性が高まる。
>
> **③環境**
> 自店付近の環境はどうか。居住する住民のライフスタイルや人口動態、交通事情などを検討する。
>
> **④出店コスト**
> 土地代または家賃や店舗の建設費用、設備の購入費用などはどのくらいか。出店に関わるコストについて、経営上採算が得られるかを検討する。
>
> **⑤歴史**
> 出店する地域の歴史やイメージはどのようなものか。顧客が描くその地域のイメージと自店のストアコンセプトなどが合っているか検討する。

🖊重要

○企業理念

企業を創立したときにつくる、その企業が最も大切にする基本的な考え方。

🖊重要

○経営戦略

企業が企業理念を達成するために立案した、組織の中長期的な方針や計画。

🖊重要

○ストアコンセプト

店舗における基本的考え方、理念。

第4編

立地選定にはマクロレベルの分析と、マイクロ（ミクロ）レベルの分析が必要である。

1 手順

以前は「人を集める店舗づくり」が重視され、都市郊外に大型店舗を出店することが主流でした。しかし近年は、「人の集まる場所への出店」が重視される傾向にあります。立地選定の際には時代の流れを把握することが必要です。

実際に店舗を構える場所を選ぶ際には、まず都市全体などの広域に目を向けて自店との適合性を分析します。そこから徐々に範囲を絞り、実際に商圏となる地域などのせまい範囲の分析を行います。広域の分析をマクロレベルの分析、せまい範囲の分析をマイクロ（ミクロ）レベルの分析といいます。

■図3-2-2　立地選定の手順

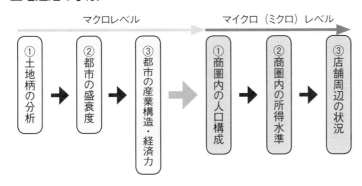

2 マクロレベルの分析

マクロレベルの分析では、都市全体の歴史や文化、発展と衰退の傾向、産業構造などを分析します。

マクロレベルの分析
①**土地柄の分析**：その土地の自然条件や歴史、文化を知る。 ②**都市の盛衰度**：周辺都市からの流入や流出、交通アクセスなどを分析する。 ③**都市の産業構造・経済力**：都市の市場規模、潜在需要などを分析する。

3 マイクロ（ミクロ）レベルの分析

マイクロ（ミクロ）レベルの分析では、商圏となる範囲程度の地域について、人口構成や所得水準、周辺地域の状況などを分析します。

マイクロ（ミクロ）レベルの分析
①**商圏内の人口構成**：商圏内の男女別人口や年齢別人口、**町丁別人口**、世帯数などを把握する。 ②**商圏内の所得水準**：世帯別所得水準の分布や1世帯あたりの平均所得などを把握する。 ③**店舗周辺の状況**：駐車スペースや歩道、競争店との**立地環境**の比較などを行う。

4 AI（Artificial Intelligence）：人工知能による商圏分析

AIとはArtificial Intelligence（人工知能）の頭文字をとったものです。近年では、AIを使った商圏分析も行われています。具体的には、出店予定の業態や、候補地の位置情報、物件情報等を入力することで売上の推定を行い、出店の失敗確率を下げるなどの手法があります。

重要

○町丁別人口

市区町村の人口を町丁単位まで細分化した人口。

重要

○立地環境

店舗の周辺環境の変化は、売上に大きな影響を及ぼす。新しい道路の開通や大型店の出店、退店などによって消費者の流れが変化することがある。環境の変化を早めに察知し、対応していくことが求められている。

小売業が成長を遂げていくうえで、「どこに、どのような形態で、どのくらいの規模で出店するのか」という出店戦略の決定はきわめて重要です。ここでは出店戦略を練るうえで必要な事柄について学びましょう。

1　出店のねらいと原則

出店の目的は、売上の拡大・市場の開拓・ドミナントの形成である。

1　小売業が新規に出店する目的

時代によって変化する顧客ニーズや消費の動向などに常に対応していくことが求められる小売業は、**時代適応業**ともいわれます。そのため、新規に出店する際には慎重な調査と明確な出店戦略が必要です。小売業が新規に出店する目的には、次の3つがあります。

> **出店の目的**
>
> ①有望エリアへの出店による売上の拡大
> ②真空エリア（無競争地域）への出店による新市場の開拓
> ③既存エリアへの集中的・継続的な出店による**ドミナント**形成

2　出店戦略を練るうえでの必須事項

出店戦略を練るうえでは、次の5つの事項を必ず検討する必要があります。

> **❶経営戦略との一体化と整合性**
> 「誰に、何を、どのような方法で販売するか」という小売業の**ドメイン**（事業領域）を明確化すること。
> **❷出店エリア・店舗形態の確定**
> コンビニエンスストアのように、既存の出店エリア内に高密度で出店する手法をエリアドミナント（地域集中）出店という。エリアドミナント出店のメリットには、地域内での店舗の認知度が高まること、配送距離の短縮により物流の効率化や環境への負荷を小さくすることがある。
> **❸店舗規模の設定**
> 顧客にとっての買いやすさや歩きやすさを考え、また、小売業側の採算性維持も考慮に入れて最適な店舗規模を検討する。
> **❹必要商圏人口の設定**
> 3～5年先を見通しての採算がとれる来店客数が確保できるかが商圏維持のうえでの課題となる。
> **❺業種・業態に合った立地選定**
> 立地選定にあたっては、その場所が、自店の業態・業種とストアコンセプトに合った立地であるかが重要となる。

3　出店適合性の検討

出店を決めるうえでは、出店場所の綿密な調査が必要です。出店調査は、まず地域全体の都市構造（マクロ的な視点）を分析することから始まります。都市の歴史や特徴、所得水準などは店舗の品ぞろえなどにも影響を与えます。次に、店舗の商圏といったよりせまい範囲（マクロ的な視点）の調査を行います。商圏は直接的に売上に影響します。地域住民や、競合店といった環境について、詳しく分析することが必要です。

重要
○時代適応業
　時代とともに変化する顧客ニーズに合わせて商品やサービスを提供していくということである。

重要
○ドミナント（Dominant）
　ドミナントとは「支配的な」「優勢な」という意味。小売業がチェーン展開をする場合に、地域を特定し、その地域内に集中して店舗展開を行うことをいう。これにより、経営の効率を高めることと、地域内でのシェア拡大をめざす。

重要
○ドメイン（事業領域）
　事業活動を行う領域のこと。自店がどのような内容の事業を行うかを明確にすること。これを設定することによって、無計画な多角化などを防ぐことができる。

重要
○必要商圏人口
　自店が安定的な経営を行っていくうえで必要な商圏内の人口。コンビニエンスストアは、3,000人程度といわれている。

補足
○出店適合性の分析
①マクロ的視点からの分析
・都市の選定
　都市の所得水準、盛衰度などを分析
②マイクロ的視点からの分析
・商圏（出店候補地）の選定
　商圏規模の把握、商圏の需要の推定、自店の競争優位性の検討

個人情報保護法

個人情報保護法の基本

　情報社会の進展によって大量の個人情報が蓄積・利用される時代となりました。個人情報保護法（個人情報の保護に関する法律）は、個人情報の不正使用や漏えいを防止するために制定されました。この法律では、個人情報取扱事業者に対してさまざまな義務規定を設けています。

○個人情報

　生存する個人に関する情報で、当該情報に含まれる氏名、生年月日その他の記述等により特定の個人を識別することができるものをいう。

○個人情報取扱事業者

　個人情報保護法において、「個人情報データベースなどを事業の用に供している者」と定義されている。

個人情報取扱事業者の義務（一部抜粋）

①利用目的の特定、制限

　個人情報を取り扱うときは、その利用目的をできる限り特定しなければならない（15条）。

②適正な取得、取得に際しての利用目的の通知

　不正な手段（うそをつく等）で個人情報を取得してはならない（17条）。

　個人情報を取得した場合は、あらかじめその利用目的を公表している場合を除き、速やかに利用目的を本人に通知、または公表しなければならない（18条）。

③データ内容の正確性の確保

　個人データを正確かつ最新の内容に保つように努めなければならない（19条）。

④安全管理措置、従業者・委託先の監督

　取り扱う個人データの漏えいや滅失などを防止し、個人データの安全管理のために必要な措置を講じなければならない（20条）。

⑤第三者提供の制限

　あらかじめ本人の同意を得ないで、個人データを他の事業者など第三者に提供してはならない（23条）。

⑥公表、開示、訂正、利用停止

　保有する個人データの利用目的、開示などに必要な手続き、苦情の申出先などを、本人が知り得る状態にしておかなければならない（24条）。

⑦苦情の処理

　個人情報の取り扱いに関する苦情の適切かつ迅速な対処に努めなければならない（31条）。

第4章 リージョナルプロモーション（売場起点の狭域型購買促進）の基本

第1節 リージョナルプロモーションの体系

リージョナルプロモーションとは、売場起点の購買促進活動であり、具体的には、顧客を店内に呼び込むプル（Pull）戦略、より積極的に売り込むプッシュ（Push）戦略、顧客の購買動機をうながすプット（Put）戦略の3つがあります。ここでは、これらの戦略について学んでいきましょう。

1 リージョナルプロモーションの基本

リージョナルプロモーションは、プル戦略・プッシュ戦略・プット戦略の3つに大別できる。

1 リージョナルプロモーション

小売業におけるプロモーションとは利益を増加させる活動です。なかでも、リージョナルプロモーションとは、顧客の来店や購買を促進させるための売場を起点とした活動をいいます。

リージョナルプロモーションは、商圏内の潜在顧客に対して来店をうながす広告などのアトラクティブプロモーション（プル戦略）、来店した顧客に対して購入をうながす接客などのインストアプロモーション（プッシュ戦略）、来店した顧客に対して購入をうながす店内のレイアウトやPOPなどのインストアマーチャンダイジング（プット戦略）に大別することができます。

■図4-1-1 リージョナルプロモーションの体系

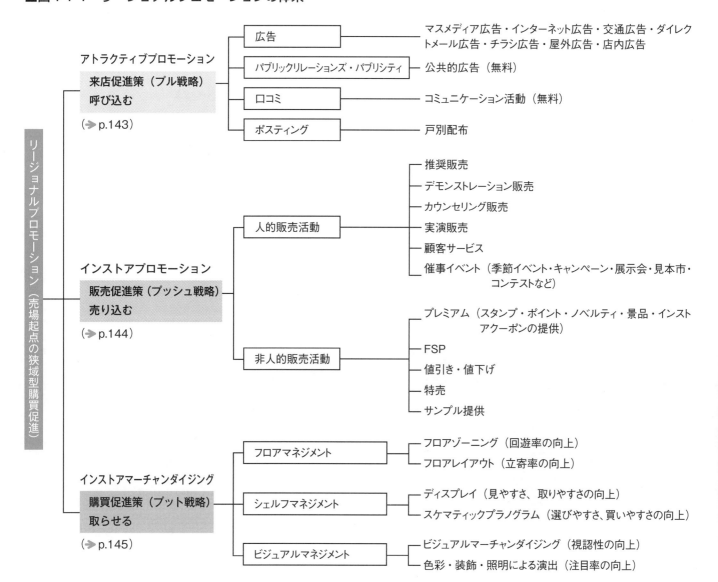

　3P戦略とは、アトラクティブプロモーションによって顧客を店内に呼び込み、インストアプロモーションによって購買意欲を刺激し、インストアマーチャンダイジングによって思わず商品を手に取ってしまうという3つの流れをいいます。ここでは3P戦略の具体的な内容を学んでいきましょう。

1　アトラクティブプロモーション→来店促進策（プル戦略）

　アトラクティブプロモーションとは、商圏内の顧客に来店をうながす活動をいい、おもに広告・PR・口コミなどの方法がある。

1　アトラクティブプロモーション（プル戦略）とは

　アトラクティブプロモーション（プル戦略）とは、テレビCMやチラシの配布、看板、口コミなどによって店舗や商品についての情報を顧客に提供し、顧客の来店をうながす来店促進活動です。おもなアトラクティブプロモーションには、広告、パブリックリレーションズ、口コミなどがあります。

2　広告

　広告とは、「明示された広告主によって、アイデア、商品、サービスについての非人的提示と有料の販売促進」を意味します。「非人的提示」とは人を介さないということです。つまり、販売員が顧客に直接商品の説明を行ったりせず、メディアを使って商品の情報などを発信（提示）する方法をいいます。メディアを使って広告を出すには広告料が必要なので、広告は「有料の販売促進」となります。

> **広告とは**
>
> 　広告主がテレビCMや新聞広告などのような人を介さない形の広告を使い、有料で自社の具体的な商品やサービスについてのメッセージを発信し、売上や利益の増大をめざすもの。

重要

○アトラクティブプロモーション→来店促進策（プル戦略）

　マスメディアなどによる広告・ニュース・記事などで紹介されるパブリシティや、ダイレクトメールなど、顧客を店内に引き込む戦略。

■表4-2-1　広告の種類

①マスメディア広告	テレビやラジオ（電波媒体）、新聞や雑誌（印刷媒体）	テレビやラジオ、新聞や雑誌などのマスメディアを使い、映像・音声・テキストなどによる広告を表示する。
②インターネット広告	バナー広告	Webサイトに表示される広告画像。クリックすると広告主のサイトにリンクする。
	リスティング広告	検索キーワード連動広告ともいう。検索エンジンの検索結果ページにテキスト広告を表示する。
③交通広告	電車内の中吊り広告、駅貼りポスター、駅構内ボード	特定地域や鉄道の沿線に立地する機関の広告を表示する。マスメディア広告を補完する方法としても使用される。
④ダイレクトメール	はがき、封書	自宅や勤務先などに割引券が印字されたはがきなどを郵送する。過去の購買履歴やアンケートなどのデータをもとに郵送する場合が多く、個別的な広告ができる。
⑤チラシ広告	新聞の折り込みチラシ、ポスティング広告、フリーペーパー	新聞の折り込みチラシや郵便受けに入れるチラシ、街頭で配るフリーペーパーなどによる広告。ダイレクトメールよりもターゲットは絞り込まれておらず、広範囲の消費者に発信する広告。潜在顧客の来店をうながし、来客数の増加を目的としている。
⑥屋外広告	ネオンサイン、野立て看板、アドバルーン	店舗の外に広告を表示する。
⑦店内広告	POP広告	店舗の中に広告を表示する。商品説明のために陳列棚や店舗の壁などに示したもの。客単価の増加を目的としている。

3 パブリックリレーションズ（PR）及びパブリシティ

パブリックリレーションズ（PR）とは、広報活動をいいます。個人や企業が、自らの主張を相手に知ってもらい、相手がもつそれまでの考え方の変更や修正をはかる活動です。

パブリシティはパブリックリレーションズの１つで、新聞やテレビなどのマスメディアに記事やニュースとして取り上げられることによって消費者に情報を伝えるものです。パブリシティは原則無料でマスメディアという第三者から発信されるため、受け手側の信頼性は高く、受け入れられやすいといった特徴があります。

4 口コミとポスティング

口コミは消費者が伝える、店舗の様子・品ぞろえ・接客・商品などの感想です。パブリシティと同様に、売り手側ではなく第三者によって発信されるものであり、消費者が高い信頼を寄せる情報といえます。

ポスティングとは、広告・宣伝を目的に、ビラやチラシを個人宅等の郵便受けに直接投入する行為をいいます。

2 インストアプロモーション→販売促進策（プッシュ戦略）

インストアプロモーションは、顧客に商品を売り込むために行う店内の販売促進活動をいい、おもに人的販売と非人的販売に大別される。

1 インストアプロモーション（プッシュ戦略）とは

インストアプロモーション（プッシュ戦略）とは、販売員が顧客に商品説明を行ったり、商品におまけをつけたりして顧客に商品を売り込む販売促進活動です。インストアプロモーションは、人的販売活動と非人的販売活動に大別することができます。

2 人的販売活動

人的販売は、販売員が直接顧客に対して口頭で情報を提供する販売活動です。販売員には、顧客のニーズをくみ取ったり、顧客の購買意欲を盛り上げたりするような高いコミュニケーション能力が求められます。おもな人的販売活動には、次のものがあります。

■表4-2-2　人的販売活動

①推奨販売	顧客と直接コミュニケーションをとることでニーズやウォンツを把握し、それに合う商品を選定する。購入する商品は最終的に顧客が決定する。
②デモンストレーション販売	顧客の前で商品を実際に使用し、商品の長所をアピールする。デモンストレーションを専門に行うプロもおり、実施にはコストがかかる。
③カウンセリング販売	専門知識をもった販売員が顧客の相談にのり、顧客の問題が改善される商品の提案を行う。化粧品の販売などによく見られる方法。
④実演販売	顧客の前で調理をするなど、商品が提供されるまでの過程を見せて顧客の気持ちを盛り上げ、感動の演出をする。
⑤催事・イベント	地域の特産物を扱うフェアや、新年の初売り・母の日・父の日・お中元・お歳暮など季節に合わせたキャンペーンなどを行う。

3 非人的販売活動

非人的販売活動は、販売員が直接的に顧客に働きかけることをしない販売活動です。おもなものには、おまけや景品をつけるといったプレミアムによる販売促進活動や、クーポン券の配布といった価格による販売促進活動があります。また、FSPも非人的販売活動に含まれます。

第4編

🔔 **重要**

○インストアプロモーション→販売促進策（プッシュ戦略）

販売員による推奨販売やノベルティ、サンプルの提供など、顧客の商品購入をより促進する戦略をいう。

 参照

○FSP（フリークエント・ショッパーズ・プログラム）

➡ p.134

プレミアムによる販売促進活動①──おまけや景品を提供する方法

■表4-2-3　プレミアムの種類

べた付プレミアム	商品自体に添付されているもの。購入者全員が公平に受け取ることができる。
オープン懸賞プレミアム	商品の購入とは無関係に、懸賞に応募すれば抽選でもらえるもの。
スピードくじプレミアム	商品を購入した顧客にくじなどを引いてもらい、抽選でもらえるもの。

価格による販売促進活動②──価格によって商品の購買意欲を刺激する方法

■表4-2-4　価格によるセールスプロモーションの種類

クーポン	来店客に割引券を配布し、試し買いを動機づける手法。
キャッシュバック	特定商品を購入した顧客に、現金の一部を返金する手法。
増量パック	ボーナスパックともいわれ、価格は通常のままだが、容量を増やして販売する手法。
お試しサイズ	少量で割安の特別品を用意し、新規顧客の試し買いを促進する手法。
低金利ローン	割賦販売（→ p.173）で高額商品を販売するときに、金利分の一部を販売店側が負担することで顧客の販売意欲を促進する手法

3 インストアマーチャンダイジング→購買促進策（プット戦略）

インストアマーチャンダイジングとは、来店した顧客が買いたくなるような店舗レイアウトや棚割、POP表示などをすることである。

1　インストアマーチャンダイジングとは

インストアマーチャンダイジング（プット戦略）は、フロアゾーニングやフロアレイアウトなどのフロアマネジメント、ディスプレイや棚割といったシェルフマネジメント、装飾や照明などのビジュアルマネジメントに大別できます。これらは、来店した顧客が「買いたい」と思うような仕掛けを店内に施すことで客単価を上げることが目的です。

> **❶フロアマネジメント**
> 売場全体のレイアウトを顧客がより買いやすい状態にしていくこと。具体的には、フロアゾーニングとフロアレイアウトに大別することができる。
>
> **❷フロアゾーニング**
> 顧客導線の検討や売場内の要所にパワーカテゴリーを配置することで、売場の回遊性を高めること。
>
> **❸フロアレイアウト**
> 種類の違う商品であっても同じ売場に並べる関連陳列などを行うことで売場への立寄率を高めること。
>
> **❹シェルフマネジメント**
> 棚の中の商品を見やすく買いやすくすること。
>
> **❺ビジュアルマネジメント**
> ビジュアルマーチャンダイジングなど、顧客の視覚に訴えるように商品をディスプレイしていくこと。

2　POP広告の役割と目的

POP広告は販売員に代わって来店客を売場に誘導し、商品のセールスポイントを説明して購買をうながす役割を担っています。そうすることで顧客の買上点数を向上させることを目的としています。

○割賦販売

売買代金を分割して支払うことを条件とした販売方法。

○インストアマーチャンダイジング→購買促進策（プット戦略）

顧客が思わず商品を購入したくなるような売場のレイアウトやディスプレイを行っていく戦略。

○関連陳列

→ p.119

○POP広告のねらい

・販売員に代わって来店客を各売場に誘導する。
・商品に注目させ、商品のセールスポイントを説明して購買をうながす。
・顧客の疑問に応える。
・商品を選ぶうえでの情報を提供する。
・他店との違いを主張する。

○POP広告

→ p.95

訪日ゲストがもたらす経済効果は年々大きくなっています。基本的なマーケティングのプロセスをふまえながら、外国人旅行者という特徴に留意し、アプローチしていくことが大切です。

1 訪日外国人旅行者の増加

訪日外国人旅行のことを、日本からみてインバウンド旅行といい、日本から海外への旅行をアウトバンド旅行という。

1 訪日外国人旅行者の推移

日本をおとずれる旅行者（訪日外国人旅行者）は、近年、増加傾向にあります。訪日外国人旅行者（以下、「訪日ゲスト」）の数は、2013年に1,000万人に達し、2017年には2,869万人まで増加しました。

現在、日本政府は訪日ゲストを倍増させ、2020年に4,000万人、2030年に6,000万人という目標人数をかかげています。

> **訪日ゲスト倍増の背景**
>
> ・中国や東南アジア諸国連合などに対する訪日ビザの発給要件の緩和
> ・格安航空会社（LCC）の就航拡大や増便
> ・入国管理手続きの整備

2 訪日ゲストが増加することへの影響

訪日ゲストの増加は、小売業の売上高を増加させるだけでなく、日本経済にとっても無視できない規模の利益をもたらしています。訪日ゲストによる経済への影響は、日本経済を発展させるための成長戦略として、また、地方経済を活性化させるための地方創生の手段としても注目されており、観光業に力を入れる地方自治体もみられます。

> **訪日ゲストによる経済活動**
>
> 日本をおとずれる外国人旅行者は、名所観光だけでなく買物や飲食を目的としているケースも増えている。これにより、観光による経済活動は、従来の交通・運輸業、宿泊業にとどまらず、小売業や飲食業へも広がっている。

2 ショッピングツーリズム

買物（ショッピング）を目的とした観光（ツーリズム）のことをショッピングツーリズムという。

1 訪日ゲストの消費動向

「訪日外国人消費動向調査」（観光庁）によると、2017年の訪日ゲストの消費総額は約4.4兆円となっています。その内訳は、買物代が37.1％と最も多く、次が宿泊代28.2％、飲食代20.1％となっています。このことから、訪日ゲストの消費行動が小売業に大きな影響を与えていることがわかります。

買物のなかでも日本の化粧品は訪日ゲストの間で人気があり、化粧品等を扱う医薬品・化粧品小売業では総売上高の6.5％が訪日ゲストに対する売上高となっています。

？補足

○訪日外国人旅行者

訪日外国人旅行者を「訪日ゲスト」、または「インバウンド旅行者」という。

第4編

※新型コロナウイルス感染症の影響により、2020年は1-3月期、2021年は10-12月期のみ調査が実施され、その数値をもとに年間の消費額が試算された。
【訪日外国人旅行消費額】
（試算値）
2020年：7,446億円
2021年：1,208億円

■図4-3-1　訪日外国人旅行消費額の費目別構成比の推移

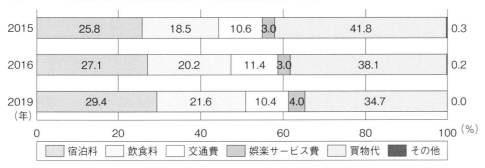

(観光庁 「訪日外国人消費動向調査」)

2　今後の展開

　今後、訪日ゲストによる経済効果を継続して得るためには、訪日ゲストの数を増やすだけでなく、訪日ゲスト１人あたりの旅行支出を増加させる必要があります。それには、付加価値の高い商品やサービスの提供、富裕層の獲得や長期滞在志向の訪日ゲストの誘致を積極的に行っていく必要があります。

③ 訪日ゲスト向けのマーケティング

　訪日ゲストに対するマーケティングは、通常のマーケティングと同様、セグメンテーション→ターゲティング→ポジショニング→マーケティング・ミックスの手順で行う。

1　訪日ゲストに対するマーケティングプロセス

　訪日ゲストに対するマーケティングのプロセスは、国内向けマーケティングのプロセスと同様です。まず市場を細分化してから、標的とする顧客層を特定し、差別化をはかっていきます。そして最後に具体的なアプローチを考えていくのです。

■図4-3-2　訪日ゲストに対するマーケティングプロセス

①市場の細分化＝セグメンテーション（⇒p.147）

↓

②顧客層の特定＝ターゲティング（⇒p.148）

↓

③差別化＝ポジショニング（⇒p.148）

↓

④具体的なアプローチ＝マーケティング・ミックス（⇒p.148）

2　外国人旅行者を主要な顧客層とする場合の注意

　訪日ゲストに対するマーケティングのプロセスでは、標的とする主要顧客層が外国人旅行者であることに留意しなくてはなりません。たとえば、小売店がホームページを開設するときに日本語だけでなく多言語に対応したつくりにしたり、訪日ゲストのニーズに合わせた品ぞろえをしたりすることなどが必要です。

④ 訪日ゲストに対するセグメンテーションとターゲティング

　市場を細分化することを「セグメンテーション」、主要な顧客層を定めることを「ターゲティング」という。

1　セグメンテーション

　市場を細分化することを「セグメンテーション」といいます。たとえば、訪日ゲストには「日本以外の国に居住している」「旅行者である」という大きな特徴があります。そこからさらに個人属性や行動特性を絞り込んでいく作業が市場の細分化（セグメンテーション）です。

○セグメンテーション

　市場をニーズ、特徴、行動様式などによって、明確にグループ分けをすること。自社の製品やサービスに最も適した顧客グループに細分化することで、顧客との間によりきめ細かいコミュニケーションを確立することができる。

147

■表4-3-1　セグメンテーションの切り口

居住地が日本ではないことに着目した場合

国の特性	気候・宗教・平均所得
コミュニケーション	主たる言語
休日	祝祭日・長期休暇
その他	ビザ・為替の動向

観光目的の旅行者であることに着目した場合

旅行経験	初来日・リピーター
旅行形態	団体旅行・個人旅行
観光目的	町歩き・ショッピング・飲食・温泉
日程	宿泊形態・日数

2　ターゲティング

　セグメンテーションによって市場を細分化したあとに、標的とする主要な顧客層を定めることをターゲティングといいます。

　たくさんの訪日ゲストの中から、自店が標的とした主要な顧客層のニーズに合わせて具体的なアプローチを展開していくことが求められます。

5 　訪日ゲストに対するポジショニング

　商品やサービスの違いをアピールして差別化を行うことを「ポジショニング」という。

1　ポジショニング

　ポジショニングとは、自社の商品・サービスと他社との違いをアピールして差別化を行うことを指します。訪日ゲストは旅行先を検討するうえで日本以外の国々も候補に入れています。その中で、旅行先として日本を選んでもらうためには、日本ならではの魅力的な価値を提供するという、他国との差別化が必要です。

2　日本と他国との差別化

　訪日ゲストに旅行先として日本を選んでもらうためには、訪日ゲストのニーズを把握しなければなりません。観光庁は、訪日ゲストが日本での旅行に望む価値を「日本を旅行することでしか得られない3つの価値」として、次のようにあげています。

> **日本を旅行することでしか得られない3つの価値**
>
> ・日本人の神秘的で不思議な「気質」に触れることができる。
> ・日本人が細部までこだわりぬいた「作品」に出会える。
> ・日本人の普段の「生活」にあるちょっとしたことを体験できる。

　小売店では、この3つの価値を踏まえて訪日ゲストに対する品ぞろえやサービスを検討することが大切です。訪日ゲストからのニーズが高い日本製品を提供することはもちろんですが、たとえ海外製品であっても、適切な品ぞろえや陳列方法、行き届いたサービスなどによって他国と差別化し、日本独自の価値を提供することができます。

6 　訪日ゲストに対するマーケティング・ミックス

　商品（Product）、価格（Price）、店舗立地（Place）、プロモーション（Promotion）の4つの手段を組み合わせて、顧客に具体的にアプローチすることを「マーケティング・ミックス」という。

1　マーケティング・ミックス

　マーケティングプロセスの最終段階として、商品（Product）、価格（Price）、店舗立地（Place）、プロモーション（Promotion）の4つの手段を組み合わせて顧客に具体的にアプローチするマーケティング・ミックスを検討します。この4つの手段はマーケディングを構成するものとして4P理論といわれています。

参照

○4P 理論

➡ p.129

○4P 理論
➡ p.129

小売業のマーケティング（4P理論）

・**商品（Product）**
　自店の業態特性や顧客のニーズに合わせた商品構成を検討すること。
・**価格（Price）**
　自店の業態や商圏の状況、競争店の販売価格を考慮して適正な価格を設定すること。
・**店舗立地（Place）**
　ターゲットとする顧客に合わせた商圏を設定し、出店する場所を検討すること。
・**プロモーション（Promotion）**
　顧客の継続的な来店をうながすためにイベントやクーポン券の発行などを行うこと。

2　訪日ゲストに対するマーケティング・ミックス

　訪日ゲストに対するマーケティングは、基本的に従来のものと変わりません。ただし、訪日ゲストに対するマーケティング・ミックスには、次のような特徴があります。

❶商品やサービス―日常的なニーズの把握と帰国後の再購入へのアプローチ

　訪日ゲストが求める商品は、日本の伝統工芸品や家電製品、日用雑貨品など、種類も価格帯も多様であり変化も激しい。そのため、日常的なニーズの把握とニーズに合わせた品ぞろえの検討が必要となる。

　また、訪日時の購入をきっかけに帰国後もその小売店のホームページを介してインターネットショッピングをするケースもあり、ショッピングツーリズムの重要性が増している。

❷価格政策―消費税免税制度の活用と値引・ポイント付与

　訪日ゲストに対して最も特徴的な価格政策が消費税免税制度である。この制度では、物品を海外に持ち出すことを前提とした購入の場合、消費税が免除される。免税の対象は、2014年10月の改正によって食料品や飲料、薬品類、化粧品などの消耗品すべてとなった。消費税免税制度は、消費税増税による国内消費の低迷といった影響を受けない。そのため、訪日ゲストに向けた消費税免税制度の活用は有効な価格政策となる。

　また、ターゲットとなる顧客の国に合わせて、その国特有の決済会社を利用することで値引やポイントなどの特典が付与される価格政策なども考えられる。

❸プロモーション―多言語表示のデジタルマーケティングの活用

　リピーター層の取り込みと新規顧客獲得という観点からプロモーションを行うことが重要である。たとえば、SNSやインターネットでの情報発信（デジタルマーケティング）を多言語で行うことなどが考えらえる。

　多くの訪日ゲストは、SNSやインターネットでの情報収集が有用であると考えている。店舗が発信する情報だけでなく、訪日ゲスト自身が発信した口コミなどの情報が、次の訪日ゲストを引き寄せることにも留意する必要がある。

❹環境整備―キャッシュレス決済・通信環境整備・多言語対応が必要

　訪日ゲストが日本国内で滞在しやすく、買物しやすい環境を整備することが必要である。たとえば、クレジットカードで決済ができるようにするなど、キャッシュレス決済の対応は重要といえる。

　また、訪日ゲストはSNSやインターネットをよく利用するため、wi-fiが使える環境を整備するなど、通信環境にも留意することが必要となる。

　このほか、接客コミュニケーション・店頭表示・商品説明の多言語対応は訪日ゲストをむかえるうえで重要な要素といえる。

 参照
○免税店シンボルマーク
　免税販売を行っている店舗では免税店シンボルマークを表示することができる。

？補足
○消費税免税制度の活用
　消費税免税制度を活用する場合、消費税が免税された場合の価格を顧客に明確に知らせるため、店内の商品ラベルに本体価格と税額を明記することなどが重要である。

？補足
○訪日ゲストの内訳
　訪日ゲストの内訳を見ると、約8割がアジア諸国の人となっている。一方、欧米やオーストラリアからの訪日ゲストが全体数に占める割合は多いとはいえない。今後、訪日ゲストによるさらなる経済成長を考えるうえで、これらの国々からの誘客も必要とされている。

？補足
○訪日ゲストの決済方法
　「訪日外国人の消費動向」（2019年　年次報告書）によると、訪日ゲストが利用した決済方法は、「現金」（95.7％）に次いで「クレジットカード」（59.5％）、「モバイル決済」（20.1％）、「交通系ICカード」（16.7％）、の順（複数回答）となっている。

第1節 売場の改善と改革

改善とは同じ経営方法の中で過去と現在を比較して修正することをいい、改革とはこれまでの経営方法を断ち切って新しい方法論を実行していくことをいいます。ここでは売場の改善と改革、売場の形態について学んでいきましょう。

1 売場の改善と改革

　理想と現実とのギャップを埋める行動が改善であり、現在の経営方法を断ち切り現状からの脱却をはかるのが改革である。

1 売場の改善

　売場の改善のねらいは、日常業務の効率を追求して売上高の向上をはかることにあります。

　売場の改善は、今まで行ってきた経営方法について過去と現在を比較し、不都合な点などの対処を考える現状維持の戦術です。これは、これまでの経営方法をおおむね維持しつつ行う創意工夫の繰り返しともいえます。つまり、売場の改善は持続的な活動であり、それをやめることによって効果が低下してしまうものなのです。

2 売場の改革

　売場の改革のねらいは、中期的視点で効果を追求して利益の向上をはかることにあります。

　売場の改革は、今まで行ってきた経営方法を断ち切り、構造（組織）面や機能（経営）面に変革をもたらすようなまったく新しい方法論を実行に移すことによって、現在の経営から脱却をはかる現状否定の戦略です。これは、今までの経営方法をすべて壊し、新しい経営方法を構築していくことともいえます。つまり、売場の改革は経営方法そのものを変革するため、一度成功することによって永続的にその効果が発揮されるものなのです。

■表5-1-1　売場の改善と改革

	改善	改革
意味	・現状を肯定し、経営方法を改良していく。 ・現状の延長線上で手続きや方法を変えていく。	・現状を否定し、新しい経営方法を構築していく。 ・未来志向から手続きや方法を変革する。
考え方	・現在の在庫数を20%圧縮するにはどうすべきかを考え、それを実行に移していく。 ・小売業が現在の3%の欠品率を1%までに引き下げる	・在庫の圧縮ではなく、無在庫もしくは過少在庫の仕組を構築する。 ・欠品率を下げるのではなく、新たな価値を提案できる売場づくりを行っていく。

3 顧客の視点からの売場改革とは

　売場改革を行う場合、顧客の視点を意識することが重要となります。

❶商品からライフスタイルを軸にした品ぞろえ

　商品を整然と並べた棚は単なる売場でしかありません。顧客の視点からの売場は、生活者の好みやライフスタイルにもとづいた売場づくりによって、顧客満足度が高まります。

❷顧客ニーズにもとづいたサービス

　単に商品を購入するための売場ではなく、サービスカウンターなどでの買物アドバイスやコンシェルジェサービスなど、顧客にとってより満足度の高いサービスを提供することが求められます。

2 売場の形態

小売業の売場は、販売方式によって3つに分類できる。

1 販売方式別の売場の違い

小売業の売場を販売方式で分類すると、販売員がカウンターなどで顧客に商品の説明をしながら販売する「**対面販売方式**」、売場を顧客が自由に歩き回って商品を選ぶ「**セルフサービス販売方式**」、セルフサービス販売方式に側面販売方式を組み合わせた「**セルフセレクション販売方式**」の3つがあります。

■表5-1-2　販売方式別の売場の違い

	対面販売方式	セルフサービス販売方式	セルフセレクション販売方式
特　徴	販売員が顧客とレジや接客カウンターをはさんで向かい合って接客する。	売場に販売員はいないので、顧客が自分の意思で自由に商品を選択する。	セルフサービス販売方式の売場に、側面販売方式を組み合わせたもの。
精算方法	対面する販売員に支払う。	出口近くのレジで一括集中精算する。	いくつかの売場に分かれているレジで精算する。
対象となる商品	専門品、高級品など、購買頻度が低い商品が中心。	消耗頻度、使用頻度、購買頻度が高い商品が中心。	カジュアル衣料品や住居関連の商品が中心。
顧客のメリット	専門的できめ細かいアドバイスが受けられる。	スピーディに自由に選べる。販売員に気兼ねなく買える。	自由に選べて、聞きたいことは、いつでも気兼ねなく相談できる。

(参考:「チェーンストアの基本知識」日経文庫)

2 対面販売方式の売場

売場の販売員が顧客とカウンターをはさんで向かい合わせで接客する方式です。百貨店や専門店で多く見られ、おもに高級品や専門品などの購買頻度が低い商品を販売するのに適した方式になります。

商品を販売員が管理しているため、破損や万引などの商品ロスが発生しないというメリットがある反面、販売員の人件費がふくらむというデメリットがあります。

3 セルフサービス販売方式の売場

顧客自身に商品を自由に選択してもらい、一括集中レジでまとめて精算する方式です。消耗頻度や使用頻度が高い生活必需品に適した販売方式で、スーパーマーケットやドラッグストアなどがこの方式を採用しています。

少ない販売員で運営できるためコストを低くすることができるというメリットがある反面、販売員の少なさから売場を維持していくことが難しいといったデメリットがあります。

4 セルフセレクション販売方式の売場

顧客が自由に商品を選ぶことができる点はセルフサービス販売方式と同じですが、レジの場所が異なります。セルフサービス販売方式では出口付近に一括集中レジが設置されているのに対し、セルフセレクション販売方式ではレジが売場ごとに設置されています。また、販売員が陳列棚の整理といった仕事をしながら売場に待機しており、顧客は自分で商品を選びながら疑問があれば近くにいる販売員に商品についてたずねることができるという特徴もあります。このように、販売員が売場に待機し、顧客が必要とするときに対応するものを側面販売方式といいます。

総合品ぞろえスーパーの衣料品売場などでは、自由に手に取って商品を選べるセルフサービス販売方式と側面販売方式を組み合わせたセルフセレクション販売方式を採用しています。

重要
○対面販売方式
顧客と販売員がカウンター越しに向かい合い、接客を行う方式。高級品などの専門品店で多く行われている。

重要
○セルフサービス販売方式
顧客が自由に店内を歩き回り、商品を選び、出口近くにある一括集中レジで精算を行う方式。食品などの最寄品を扱う店舗で採用されている。

重要
○セルフセレクション販売方式
セルフサービス販売方式の店舗で、販売員が店内に配置され、気軽に声をかけられる販売方式。衣料品などの買回品を扱う店舗で多く採用されている。

重要
○側面販売方式
顧客の横に並んで説明しながら販売する方式。顧客の視線と同じ位置から商品説明を行うことができる。

　店舗照明は、顧客の来店頻度の向上と、買上点数の増加という2つの機能をもっています。ここでは、これらの機能を高めつつ、自店にふさわしい照明方法について学んでいきましょう。

1 店舗照明の機能

　店舗照明には、「来店促進」と「購買促進」の2つの機能がある。

1 マーケティング・コミュニケーションの視点から見た店舗照明の機能

　マーケティング・コミュニケーションの視点からとらえた店舗照明の機能には「来店促進」と「購買促進」の2つがあります。来店促進をはかる照明では、店舗全体の雰囲気づくりを最優先します。これによって競争店との差別化をはかり、店舗を目立たせることができます。購買促進をはかる照明では、商品を選びやすく買いやすいようにして多くの商品を買ってもらうことを最優先します。

■表5-2-1　店舗照明の機能

	ハードウエア面	ソフトウエア面
基礎的要素	安全性・快適性などの店舗イメージの形成	演出性・選択性などの売場イメージの形成
ねらい	小売店の存在感の主張	買いやすさの訴求
マーケティング・コミュニケーションの機能	顧客の来店頻度を高める	顧客の1回あたりの買上点数を増加させる

2 照明計画の策定とチェックポイント

　店舗の照明計画を策定する際には、「来店促進」と「購買促進」という2つの機能を念頭におきながら、さまざまな点を考慮しなければなりません。

■表5-2-2　照明計画のチェックポイント

①ストアコンセプト	誰に、何を、どのように提供していくかを設定する。
②売場コンセプト	それぞれの売場の重点顧客、重点商品を明確化する。
③店舗デザイン	建物、床、什器、内装などと照明のデザイン及び色彩の統一や調和をはかる。
④全般照明	全体照明の明るさ、必要灯数、配置と取付方法を確定する。
⑤重点照明・装飾照明	照明の組み合わせとバランスを考える。
⑥コスト	設備費用、施工費用、店舗運用費用の低減化などを策定する。
⑦環境	立地環境、街並み、近隣の商業施設とのバランスを重視する。

3 店舗照明の要件

　店舗照明には、移動が安全で商品が見やすいといった必要な明るさを確保するだけでなく、ストアコンセプトに即した店舗全体の雰囲気をつくるという役割もあります。このような役割を意識しながら、効果的な店舗照明を計画することが必要です。さらに近年の小売業では、省エネルギーに配慮した店舗照明を計画することも求められています。

　また、照明の当て方を工夫することによって、商品をよりよく見せたり集客効果を上げたりすることもできます。

　店舗照明の要件として考慮すべき項目には、おもに次のものがあります。

❶ストアコンセプトの明確化

「誰に、何を、どのように提供していくか」というストアコンセプトを念頭においた照明計画を検討します。

❷効果的な店頭照明のあり方

どのような店舗照明にするか検討する際は、店舗に必要な明るさを確保するとともに、店舗の雰囲気づくりや快適な空間づくりを行うことも考慮しなければなりません。照明は配置や種類を変えることで、改装するよりも低コストで店舗イメージを変更することができます。ストアコンセプトに即し、自店に合った照明計画を立てることが重要です。

店頭やショーウインドウを効果的に照らすことで、集客効果を高めることができます。店舗の前を通る人の目を向けさせるような照明も検討する必要があります。また、店頭の照明などは集客効果だけでなく店舗の周囲の状況に配慮しなければなりません。たとえば、商業集積地では近隣の店舗との調和を意識した照明計画を立てます。

このほか、店舗形態や店舗の格に合った光源などを選ぶことも重要です。

❸省エネルギーへの配慮とハイパワーライティング

近年は環境問題に対する意識の高まりから、省エネルギーに配慮した照明計画の策定が求められるようになるとともに、小売業では**改正省エネ法**に対応することも必要になりました。また、ローコストオペレーションの視点からも消費電力をおさえた照明計画が欠かせないものとなっています。しかし、店舗内を暗くしてしまうと安全性や快適性は失われてしまいます。そのため、商品の周りを明るくするハイパワーライティングという手法が採用されています。

❹照明の当て方の工夫

照明は当て方を工夫することで商品をよりよく見せることができます。照明の当て方の工夫には次のようなものがあります。

・照度の差が5対1以上になるようにすると、立体感が出る。
・生鮮食品を照らす器具は白色を主体とし、赤色LEDを混ぜるとおいしそうに見える。
・色が黒い商品は、光量を増やして明るくすると見やすくなる。
・スポットライトを使うことで商品が見えやすくなる。

❺店舗内に明るさの差をつける

従来は店舗内を均一に明るくする照明計画が主流でしたが、近年では明るさに差をつけて**見かけの明るさ**をつくり出したり、顧客の視線を誘導したりする照明計画が必要とされています。

⚠ 重要

○改正省エネ法

従来は工場などの大規模施設に対する規制だったが、改正によって企業（事業所）単位での規制となり、スーパー、ドラッグストア、コンビニエンスストア等のフランチャイズチェーンも規制対象となった。

❓ 補足

○ハイパワーライティングで明るくする場所
①ショーウインドウ
②店頭の出入口
③ステージなどの演出コーナー
④季節の催事コーナー
⑤集視ポイント

⚠ 重要

○見かけの明るさ

店舗全体を本当に明るくするのではなく、店の外部から店内を見たときに明るく感じさせること。店内でも店奥を明るくすることで、店内奥へ引き込ませる効果を出すことができる。

■図5-2-1　店舗内各部の明暗差（店舗内平均照度を1とした場合）　　※□は明るくする場所。

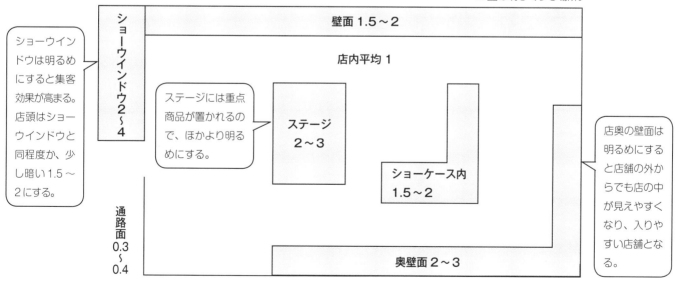

153

2 照明による演出

照明器具や明るさ、照明の形式によって店舗の雰囲気などを演出することができる。

1 店舗照明の分類

店舗照明は、店舗や売場全体を均等に照らす全般照明（ベース照明）と、特定の場所や商品を照らす重点照明（アクセント照明、局部照明）、インテリアとしての装飾効果をねらった装飾照明（インテリアライティング）、照明を少なくして省エネルギーに配慮した省エネ照明の4つに分類することができます。

■表5-2-3　店舗照明の分類

①全般照明	店舗や売場全体を均等に照らす照明。天井埋め込み型や、ルーバーという反射板によって光を拡散させるルーバー型などがある。
②重点照明	ディスプレイの特定の場所や商品を目立たせるための照明。商品の印象を強調したり、顧客の目を引きつけたりするために、全般照明の2〜5倍の明るさにする。スポットライト、ダウンライト、ペンダントライト、フットライトなどがある。
③装飾照明	インテリアとしての効果を重視する照明。
④省エネ照明	消費電力をおさえるために店舗の蛍光灯を減らしたり、調光してライトダウンしたりするもの。安全性などを確保したうえで、明るすぎる場所の照明をおさえる。

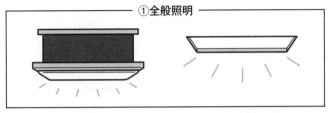
①全般照明

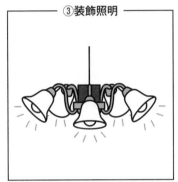
③装飾照明

②重点照明
スポットライト
フットライト　ペンダントライト

（？）補足

○一般的な店舗の照度

売場

　500〜750ルクス

重点ポイント

　1,500〜3,000ルクス

商品フェイス

（陳列・ショーケース）

　900〜1,200ルクス

2 明るさの単位と基準

蛍光灯などの照明器具によって照らされる明るさの程度を照度といい、単位は「ルクス（lx）」を用います。店舗に必要な明るさにはいくつか基準が定められており、日本の基準ではJIS（日本工業規格）のJIS Z 9110（照明基準総則）とJIS Z 9125（屋内作業場の照度基準）、国際的な基準ではCIE（国際照明委員会）が作成したISO8995（国際照明基準）があります。

3 照明の形式

照明には、蛍光灯などの光を直接当てる直接照明や、光を壁などに当てて間接的に照らす間接照明などがあります。

■表5-2-4　照明の形式

 ①直接照明 蛍光灯やスポットライトの光源が、床面を直接照らす形式。スーパーマーケットなど最寄品を扱う店舗の全体照明に用いられる。	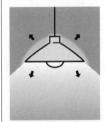 ②半直接照明 直接照明に、カバーやルーバーを取りつけた形式。直接照明よりもやわらかい光になる。百貨店や専門店などで多く採用されている。	 ③間接照明 光源が直接目に触れないように壁や天井に照明器具を埋め込み、反射する光で明るさを演出する形式。高級品を扱う店舗で用いる。
 ④半間接照明 室内よりも天井や壁面に反射光を当てる形式。壁面に取りつけたブラケットや吊り下げ式のペンダントライトなどを用いる。	 ⑤全般拡散照明 上下左右に光が広がり、光を周囲に均一に行き渡らせる形式。シャンデリアやバランスライトなどを用いる。	

第3節 光源の種類と特徴

　小売店のイメージや売場の演出によって適した光源があります。ここでは、店舗空間などで使用されている代表的な光源の種類について学び、明るさや光の質の違い、使用方法について理解しておきましょう。

1 光源の種類

照明器具が多様化し、用途に応じてさまざまな光源が開発されている。

1 光源のおもな種類

　光源は光を発するもとになる部分で、電球や蛍光灯などのことをいいます。おもな光源には次のものがあります。

おもな光源の種類

- 蛍光灯

　蛍光体を使って光を発するもの。店舗の全般照明に使われることが多い。点灯方式別に「スタータ形」「ラピッドスタート形」「高周波点灯専用形」「スリムライン形」がある。
- 高輝度放電灯（HIDランプ）

　水銀灯、メタルハライドランプ、高圧ナトリウムランプの総称。
- 発光ダイオード（LED）照明

　白熱電球や蛍光灯に代わって採用されることが増えているもの。消費電力が少ない・寿命が長い・紫外線をあまり含まないといった利点があるが、価格が高い。

2 光源のしくみと特徴

店内での使用方法によって適した光源の種類は異なる。

1 代表的な4つの光源

　店舗照明などに使用される代表的な光源には、蛍光灯・高輝度放電灯・発光ダイオード（LED）照明の4つがあります。これらの光源について、それぞれの特徴を見てみましょう。

■表5-3-1　代表的な光源と特徴

	蛍光灯	高輝度放電灯	発光ダイオード照明
性質	拡散光で影が出にくい	光量が大きく、効率的	熱線や紫外線をほとんど含まない
点灯	時間がかかるものがある ON-OFFが頻繁な場所に適さない	時間がかかる	瞬時に点灯する ON-OFFが頻繁な場所に適する
寿命	6000〜18000時間	6000〜18000時間	40000時間

? 補足

○照明と経済性

　照明にかかる費用には、光源を購入するときの初期費用と、使用するときの電気料金の2つがあります。発光ダイオード（LED）照明は、蛍光灯や高輝度放電灯にくらべて価格は高いものの、消費電力が少なく長持ちすることから、長期的に見ると、ほかの光源よりも経済的といえます。

155

（1） 蛍光灯

　蛍光灯は、水銀水蒸気の放電によって紫外線を発生させ、この紫外線を蛍光体とよばれる物質にぶつけることにより光を発生させるランプです。消費電力が少なく寿命が長いという特長があります。現在の蛍光灯は、点灯方式によって、「スタータ形」、「ラピッドスタート形」、「高周波点灯専用形」、「スリムライン形」の４つの方式があります。おもに全般照明や壁面照明に使用されます。

（2） 高輝度放電灯（HID ランプ）

　高輝度放電灯は HID（High Intensity Discharge）ランプともよばれ、水銀灯、メタルハライドランプ、高圧ナトリウムランプを総称したものになります。

❶水銀灯

　水銀灯は、水銀と電極を封じ込んだ石英ガラス製の発光管と、それを包む外管から構成されています。水銀灯は大型商業施設や街灯などで使用されてきましたが、最近では、**演色性**や効率性にすぐれたメタルハライドランプや高圧ナトリウムランプに代替されています。おもにダウンライトやスポットライトに使用されます。

❷メタルハライドランプ

　メタルハライドランプとは、水銀灯の演色性と効率の改善をはかったものです。効率では水銀灯の1.4 ～ 1.5 倍となっており、白色光のため演色性にもすぐれています。おもに大型商業施設や野球のナイター施設などに使用されています。

❸高圧ナトリウムランプ

　高圧ナトリウムランプとは、黄色と赤色の光を発するランプで演色性はあまりよくありません。しかし効率は水銀灯の2.3 倍となっています。おもにガソリンスタンドやトンネル内の照明などに使用されています。

（3） 発光ダイオード（LED）照明

　これまでの蛍光灯に代わって使用されることが増えてきた光源が、発光ダイオード（LED）照明です。LED 照明には、蛍光灯と比べて、省電力・長寿命・紫外線や熱線をあまり含まないといった特長があります。消費電力にいたっては蛍光灯の3分の1程度であり、省エネルギーの代表的な照明器具となりつつあります。しかし、価格が高いので照明の導入へのイニシャルコスト（初期費用）がかかることが課題となっています。

（1） 蛍光灯	（2） 高輝度放電灯	（3） 発光ダイオード （LED）照明

店内の照明に広く使用されている光源。省電力で寿命が長く経済的。	光が強いため、大型商業施設や野球場のナイター施設に使用される。	店舗照明に多く使われている光源。省電力で長寿命だが価格が高い。

！重要

○演色性
　照明で商品を照らすときに、自然光が当たったときの色をどの程度再現しているかを示す指標。

○平均演色評価数（Ra）
　物の本来の色をいかによく似て表現しているかを示す指標。100 に近いほど正しく表現されている。

○色温度（K）
　光の色を表す値。単位には「K」（ケルビン）が用いられる。

　店舗における色彩の活用は、売場の演出やディスプレイに重要な役割を果たしています。ここでは、色の特性を理解し、ストアコンセプトに合わせた色彩計画について学んでいきましょう。

1　色彩計画の策定

色彩計画の策定は、店舗空間の演出やディスプレイ効果の向上に重要な役割を果たす。

1　カラーコンディショニング

カラーコンディショニングを意識することで色のもつ特徴を効果的に活用することができます。

カラーコンディショニングのメリット

①店舗イメージを望ましい方向に形成できる。そのために、気分よく買物ができる空間として顧客を誘導することが可能となる。

②従業員の心身の疲労を少なくし、明るい気分で仕事に集中させることができ、販売活動や作業効率を高めることが可能となる。

③店舗の個性を印象づけることができ、商品のディスプレイ（陳列）効果も一層高めることが可能となる。

④店舗内での事故を防ぎ、安全を保つ効果がある。また、建物や設備などの保持に役立つ。

2　商品バックの色彩

　商品をディスプレイする際には、背景（バック）の色にも注意が必要です。背景の色は、商品の色よりも明るさや鮮やかさが弱い色が適しています。また、商品と背景の色が補色になると両者の色が対立するので、補色は背景の色としては不向きとされます。

3　店舗の色彩間の調和

　店舗における色彩計画は、2つ以上の色を組み合わせて調和させることが多くなります。色彩の調和では次の点を留意します。

色彩の調和の留意点

・ベースとなる色を決めてから対象となる色を決める。
・外装の色彩は、店内の色彩との調和を保ちながら、通行人にもアピールできるものにする。

2　色のもつ特性

色の基本的要素には「色相」「明度」「彩度」があり、これを色の3要素という。

1　色の3要素

　色には、赤みや青みといった色の違いをいう色相、色の明るさの度合いを示す明度、色みの鮮やかさを示す彩度という3つの要素があります。

色の3要素

色相：赤・青・黄などの色合いの違い。光の波長別のエネルギー分布差による色合いの違いが色相であり、波長が長いものが赤、短いものが紫になる。色相環は色相どうしの関係をあらわしたもの。

明度：色の明るさの度合い。白みがかった明るい色ほど明度が高く、黒みがかった暗い色ほど明度が低い。

彩度：色の鮮やかさの度合い。混じりけのない色ほど彩度が高く、灰色っぽい色になるほど彩度が低い。

重要

○カラーコンディショニング

　色彩調節のこと。店舗づくりに色彩心理学を用いることにより、目的に合った雰囲気を創造することができる。

補足

○コンセプトカラー

　ストアコンセプトをあらわす色。色彩計画では、カラーコンディショニングのメリットを踏まえたうえで、自店のコンセプトカラーを主要顧客層に印象づけるとともに、各売場と商品に適した色を選ぶことが重要である。

参照

○補色

 p.158

重要

○色の3要素

　色の明るさの度合いである明度、色の鮮やかさの度合いである彩度、赤・青・黄などの色合いである色相をいう。

○暖色

　赤・黄赤・黄など、火や太陽を連想させる赤を中心とした色相をいう。

○寒色

　青緑・青・青紫など、水や空を連想させる色相をいう。

○無彩色

　白と黒との混合で得られる色の総称で、白・黒・グレーのように明度の段階しかない色をいう。

○有彩色

　赤・黄・緑・青・紫のように色みのある色をいう。

○色相環

　色相を順序立てて、環状に配置したもので、色を体系化するときに用いる。
（本書カバー参照）

■図5-4-1　色の特性

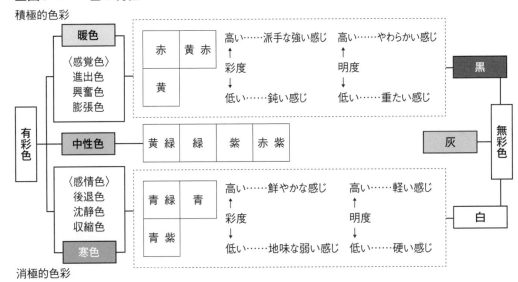

2　無彩色と有彩色の特性

　色は、無彩色と有彩色に大別できます。無彩色は、白・灰・黒といった色合いをもたないものをいい、色の3要素のうち、明度の段階しかありません。有彩色は、色相・明度・彩度の3つの要素をもった色です。

■表5-4-1　無彩色と有彩色の特性

無彩色	黒	黒は熱を吸収するので、売場の温度を上昇させる。
	灰色	灰色は完全な中間色であるため、隣接する色に何も影響を与えない色である。
	白	白は光をほとんど反射してまぶしくなるため、全体を白一色にすることは好ましくない。
有彩色	暖色と寒色	暖色は「興奮色」、寒色は「沈静色」といわれる。
	進出色と後退色	前に飛び出してくる色を「進出色」、引っ込んで見える色を「後退色」という。
	明るい色と暗い色	明るい色は大きく見え、暗い色は小さく見える傾向がある。

3　補色と準補色の特性

　色相どうしの関係をあらわしたものが色相環です。色相環で向かい合う色は補色といい、色みが最もかけ離れているため互いが強く主張しあう関係になります。補色の手前の色を準補色といい、補色どうしほど反発しあわないため、非常に華やかな感じになります。

■表5-4-2　補色と準補色の特性

	特　性	組み合わせの例
補　色	色相環で向かい合った位置にある色。最もかけ離れた色合い。反発しあう色なので効果的な配色が難しい。	・赤─青緑 ・黄─青紫 など
準補色	補色の手前の関係。非常に華やかな感じを演出することができる。	・赤─緑 ・黄─青 など

■図5-4-2　色相環

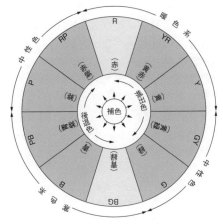

（参考：「色彩入門」有峰書店）

3 色彩計画の留意点

　現実の色は、商品の素材や光沢、透明感などによって変化する。また、照明によっても商品の色は変わる。

1　店舗の色彩計画の基本

　店舗の色彩計画を策定する前に、店舗では色の見え方が変わることを知っておかなければなりません。色の3要素に配慮し、カラーサンプルを使って壁や床などの色を決めたとしても、素材の質感や照明によって色の見え方は変わります。また、その色が占める面積によって色から受けるイメージが変わったり、色によっては時間の経過とともに汚れや退色が目立ったりする場合もあります。

　基本的に、店舗全体にあまりたくさんの色を使いすぎないことが重要です。基調色1色とアクセントカラー3色程度にすると全体的にまとまりのある色彩となります。

2　店舗内の色彩のポイント

　店舗内のうち、広い面積を占める天井・壁・床の色彩は重要です。それぞれの色彩を決める際のポイントには次のものがあります。

■表5-4-3　店舗内の色彩のポイント

	ポイント
天井	反射率の高い色を使用する。 白色は光線の反射率が高くなる。 濃い色を使用すると落ち着いた感じになるが、圧迫感が出る場合もある。
壁	淡い色を使用するのが一般的。 過度に明るい色を使用すると目の瞳孔が収縮し、濃い色の商品に不利な影響を及ぼす。
床	一般的には反射率が低い色で、あまり濃くない色を使用する。 ベージュ系やグレー系の色を使用する店舗が多い。 壁面よりも濃い色を使用すると落ち着いた雰囲気を演出することができる。

3　店舗構造別の色彩のポイント

　色彩によって店舗の印象を変えることもできます。たとえば、実際には非常に小さい店舗であっても、使う色彩によって実際よりも広い印象にすることができるのです。店舗構造の特徴にあった色彩計画を策定することが必要です。

■表5-4-4　店舗構造別の色彩のポイント

	ポイント
非常に小さい店舗	店内のすべてを明るい色にすると、広い印象を与えることができる。
天井の低い店舗	天井を壁面よりも明るい色にすることによって、高く感じさせる効果がある。
単調な四角い店舗	店奥の壁面に両側の壁面よりも明るい色を使用すると、奥行を感じさせることができる。
細長い店舗	店奥の壁面に両側の壁面よりも濃い色を用いることで広く見える。

第1問 次のア～オは、メーカーと小売業のマーケティングの違いについて述べている。正しいものには1を、誤っているものには2を、解答欄に記入しなさい。

ア　メーカーはマクロレベルのマーケティングを行い、小売業はマイクロレベルのマーケティングを行う。

イ　4P理論のプロダクトにおいて、メーカーは商品化政策を、小売業は製品化政策を行っている。

ウ　4P理論のプロモーションにおいて、メーカーはマスプロモーションを、小売業はリージョナルプロモーションを行っている。

エ　4P理論のプライスにおいて、メーカーはエブリディフェアプライスを展開し、小売業はスタンダードプライスを行っている。

オ　4P理論のプレイスにおいて、メーカーはマーケティングチャネルを、小売業はストアアロケーションを検討する。

ア	イ	ウ	エ	オ

第2問 次のア～オは、顧客満足経営について述べている。正しいものには1を、誤っているものには2を、解答欄に記入しなさい。

ア　顧客志向の小売業は顧客を経営活動の出発点として顧客を主体とした一方通行的な経営を行い、売上志向の小売業は商品を経営活動の出発点とした小売業主体の双方向的な経営を行っている。

イ　顧客満足の新3原則のホスピタリティとは、顧客に感動を与えて顧客と小売業の間に心の絆をつくることをいう。

ウ　顧客満足の新3原則のエンターテインメントとは、明るく親身な接客と顧客へのフォローアップをよくすることをいう。

エ　顧客満足の新3原則のプリヴァレッジとは、ほかの顧客とは違った特別の扱い、つまり、特別な存在として扱うことをいう。

オ　商品に満足してもらえないときには無期限で返品に応じるなどのサービスを、ギャランティード・サティスファクションサービスという。

ア	イ	ウ	エ	オ

第3問 次のア～オは、商圏について述べている。正しいものには1を、誤っているものには2を、解答欄に記入しなさい。

ア　都市の商業力を示す指標である商業力指数とは、都市1人あたりの小売販売額をその都市が属する都道府県1人あたりの小売販売額で割って求める。

イ　商圏モデルの1つであるハフモデルとは、2都市の中間にある地域の住民が買物で2都市に吸引される割合を示したもので、2都市の人口とその都市までの距離によって数式化したモデルである。

ウ　総人口を3区分した場合、0～15歳までを年少人口、16～60歳までを生産年齢人口という。

エ　小売店の立地選定の条件が、「人を集める店舗」から「人の集まる場所への出店」に変わってきている。

オ　小売業の立地選定の手順として、まず、商圏内の人口や所得水準といったマイクロレベルでの分析を行い、そのうえで地域の土地柄や盛衰度といったマクロレベルでの分析を行っていく。

ア	イ	ウ	エ	オ

第4問 次のア～オは、マーケティングリサーチについて述べている。正しいものには1を、誤っているものには2を、解答欄に記入しなさい。

ア　マーケティングリサーチとは市場調査のことで、一般的にはMRとよばれている。

イ　自店で買物をする顧客について、ライフスタイルや年齢、性別、職業などといった属性を分析するのは、購買行動の分析にあたる。

ウ　マーケティングリサーチにおいて、需要量の分析や消費者の分析、顧客の購買行動の分析は、市場と需要の分析に属する。

エ　マーケティングリサーチにおいて、商品の分析、広告の分析、競争の分析は販売効率の分析に属する。

オ　売れ筋商品とは一定の地域で多量に売れている商品をいい、一般的にはマスメディア広告商品などが売れ筋となることが多い。

ア	イ	ウ	エ	オ

第5問 次のア〜オは、リージョナルプロモーションについて述べている。正しいものには1を、誤っているものには2を、解答欄に記入しなさい。

ア　リージョナルプロモーションとは売場起点の広域型購買促進で、来店促進策、販売促進策、購買促進策の3つに大別できる。

イ　広告やパブリシティ、口コミ、ポスティングは、販売促進策に属する。

ウ　販売促進策の非人的販売活動の具体的な内容として、プレミアムやFSP、特売、催事イベントがある。

エ　価格によるセールスプロモーションのクーポンとは、来店客に割引券を配布し、試し買いを動機づける手法である。

オ　購買促進策はプル戦略ともよばれ、商圏内における特定多数の顧客を計画的かつ継続的に多頻度で呼び込むものである。

ア	イ	ウ	エ	オ

第6問 次のア〜オは、POP広告について述べている。正しいものには1を、誤っているものには2を、解答欄に記入しなさい。

ア　POP広告とは顧客が商品を購買する時点という意味で、売場の案内や商品の使い方などをわかりやすく表現したものを指す。

イ　POP広告は来店客数の増加を、チラシ広告は買上点数の増加をめざすものである。

ウ　POP広告は商圏内の潜在顧客を店舗に集客する効果をめざす。

エ　POP広告は特にセルフサービス販売方式の小売店で効果を発揮する。

オ　POP広告のねらいの1つとして、顧客の疑問に応えることがあげられる。

ア	イ	ウ
エ	**オ**	

第7問 次のア〜オは、光源の種類と特徴について述べている。正しいものには1を、誤っているものには2を、解答欄に記入しなさい。

ア　蛍光灯とは、ガラス球の中に封入したタングステンフィラメントに電流を流し、フィラメント自体の電気抵抗によって高温に熱せられ、発せられた光を光源としたものである。

イ　高輝度放電灯はLEDランプともいわれ、水銀灯やメタルハライドランプ、高圧ナトリウムランプを総称したものである。

ウ　発光ダイオード照明は、蛍光灯などこれまでの照明器具と比べて、「省電力」「長寿命」「熱線や紫外線をあまり含まない」といった特長がある。

エ　高圧ナトリウムランプのおもな使用場所は、ガソリンスタンドやトンネル内の照明である。

オ　水銀灯とは、水銀と電極を封じ込んだ石英ガラス製の発光管とそれを包む外管から構成され、大型商業施設や街灯などで広く使用されていたが、近年、演色性や効率が良いランプに代替されてきている。

ア	イ	ウ	エ	オ

第8問 次のア〜オは、色のもつ特性について述べている。正しいものには1を、誤っているものには2を、解答欄に記入しなさい。

ア　色相、明度、彩度を色の3要素といい、色相は、赤、緑、青などの色合いをいう。

イ　無彩色とは色合いをもたない色で、白、灰色、黒といった明度の段階しかない色である。

ウ　同じ場所にあっても前に飛び出して見える色を「進出色」といい、奥に引っ込んだように見える色を「後退色」という。

エ　明度とは色のさえ方や鮮やかさの程度をいう。

オ　彩度とは色のもっている明るさの度合いをいう。

ア	イ	ウ	エ	オ

第9問 次の文章は、小売業の顧客維持政策について述べている。文中の〔　　　〕の部分に、次ページに示すア〜オのそれぞれの語群から最も適当なものを選んで、解答欄にその番号を記入しなさい。

消費低迷が続く中、小売業は〔ア〕至上主義から脱却し、〔イ〕中心主義に経営を移行する必要がある。現代の小売業に求められているのは既存の店舗に高頻度で来店してくれる〔ウ〕をつくることである。そのために、〔エ〕システムと顧客データベースの統合システムである〔オ〕を活用した今日的な顧客維持政策を進めている。

【語　群】

	1	2	3	4
ア	1. 利　　益	2. 売　　上	3. 効　　率	4. 費　　用
イ	1. 売　　上	2. 商　　品	3. 費　　用	4. 顧　　客
ウ	1. 優良顧客	2. チェリーピッカー	3. サプライヤー	4. 潜在顧客
エ	1. EOS	2. POS	3. EDI	4. ECR
オ	1. FSP	2. FFP	3. FTP	4. CRM

ア	イ	ウ

エ	オ	

第10問 次の文章は、**売場づくりの基本**について述べている。文中の〔　　　〕の部分に、下記に示すア～オのそれぞれの語群から最も適当なものを選んで、解答欄にその番号を記入しなさい。

　小売店の売場を売り方の特徴から見ると、販売員と顧客がカウンターで向き合って接客する〔ア〕、顧客が自由に商品を選択できる〔イ〕、〔ア〕の売場に側面販売を組み合わせた〔ウ〕の3つに大別できる。〔ア〕は専門品や高級品など購買頻度が〔エ〕商品が中心となり、〔ウ〕は〔オ〕や住居関連商品などが取り扱いの中心となっている。

【語　群】

	1	2	3	4
ア	1. 対面販売方式	2. セルフセレクション販売方式	3. 即時販売方式	4. セルフサービス販売方式
イ	1. セルフサービス販売方式	2. 即時販売方式	3. 対面販売方式	4. セルフセレクション販売方式
ウ	1. 即時販売方式	2. セルフサービス販売方式	3. セルフセレクション販売方式	4. 対面販売方式
エ	1. 高　　い	2. 長　　い	3. 短　　い	4. 低　　い
オ	1. 食　料　品	2. カジュアル衣料品	3. 奢　侈　品	4. 目　玉　商　品

ア	イ	ウ	エ	オ

第11問 次の文章は、**照明の分類**について述べている。文中の〔　　　〕の部分に、下記に示すア～オのそれぞれの語群から最も適当なものを選んで、解答欄にその番号を記入しなさい。

　店舗の照明は、天井埋め込み型やルーバー型などの形態で店舗の全体を均等に照らす〔ア〕、スポットライトやダウンライトなどにより主要商品や特定の場所を照らす〔イ〕、光で照らすよりも店舗の装飾やアクセントとして用いられる〔ウ〕、照明の間引きや調光によって徹底した照度管理を行っていく〔エ〕に大別される。また、蛍光灯などの光源によって照らされる面の明るさの程度を「照度」といい、単位は〔オ〕で表す。

【語　群】

	1	2	3	4
ア	1. 重点照明	2. 装飾照明	3. 全般照明	4. 直接照明
イ	1. 間接照明	2. 重点照明	3. 全般拡散照明	4. 省電力照明
ウ	1. 全般拡散照明	2. 間接照明	3. 半直接照明	4. 装飾照明
エ	1. 間接照明	2. 直接照明	3. 省エネ照明	4. 重点照明
オ	1. ルーメン	2. ルクス	3. カンデラ	4. ワット

ア	イ	ウ

エ	オ	

第12問 次の文章は、**色彩**について述べている。文中の〔　　　〕の部分に、下記に示すア～オのそれぞれの語群から最も適当なものを選んで、解答欄にその番号を記入しなさい。

　店舗内の色彩において、天井の色は〔ア〕の高い色を使用する。特に〔イ〕を使うと光線反射の効果がある。壁の色は〔ウ〕を使い、床の色は〔エ〕が低い色を使う店舗が多い。また、非常に小さい店舗は店内のすべてに明るい色を、天井が低い店舗は天井を壁よりも〔オ〕にすることで店舗を広く感じさせることができる。

【語　群】

	1	2	3	4
ア	1. 演色性	2. 色温度	3. 反射率	4. 屈折率
イ	1. 白　色	2. 黄　色	3. 赤　色	4. 青　色
ウ	1. 濃　色	2. 寒　色	3. 暖　色	4. 淡　色
エ	1. 屈折率	2. 反射率	3. 演色性	4. 色温度
オ	1. 明るい色	2. 濃い色	3. 暗い色	4. 重たい色

ア	イ	ウ

エ	オ	

第5編　販売・経営管理

接客は、気持ちのよい笑顔で挨拶し、正しい敬語で接客することが大切です。不適切な接客はクレームや返品の原因になる場合もあります。ここでは、接客マナーの基本である接客態度と言葉遣いについて学んでいきましょう。

第5編

🔔 重要

〇接客

お客様に接し、サービスを行うこと。お客様と関わる直接的なサービスをいう。

❓ 補足

〇笑顔

来店時、顧客は何かしらの防衛本能をもっている。明るい笑顔で挨拶することで、顧客は警戒心を解き、落ち着いて買物を行うことができる。

■図1-1-2
お辞儀の種類
①会釈

15度

1.5m

②普通礼

30度

1m

③最敬礼

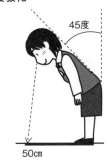

45度

50cm

1 接客の心構え

接客では、サービスを提供するという気持ちよりも、もてなしの気持ち（ホスピタリティ）をもって接することが大切である。

1 接客の心構えの基本

よりよい接客を行うことによって、顧客満足度を高めることができます。そのためには、次の心構えのすべてについて理解し、実践していくことが必要です。

■図1-1-1 接客の心構え

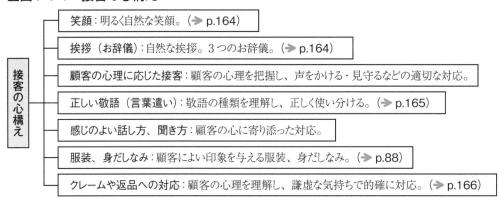

接客の心構え
- 笑顔：明るく自然な笑顔。（➔ p.164）
- 挨拶（お辞儀）：自然な挨拶。3つのお辞儀。（➔ p.164）
- 顧客の心理に応じた接客：顧客の心理を把握し、声をかける・見守るなどの適切な対応。
- 正しい敬語（言葉遣い）：敬語の種類を理解し、正しく使い分ける。（➔ p.165）
- 感じのよい話し方、聞き方：顧客の心に寄り添った対応。
- 服装、身だしなみ：顧客によい印象を与える服装、身だしなみ。（➔ p.88）
- クレームや返品への対応：顧客の心理を理解し、謙虚な気持ちで的確に対応。（➔ p.166）

2 笑顔や挨拶（お辞儀）

接客の基本は笑顔と挨拶。顧客に安心感を与える、明るく自然な笑顔と挨拶を心がける。

1 笑顔と挨拶の基本

接客でまず大切なことは笑顔と挨拶です。目尻を下げて口角を上げた自然な笑顔を心がけ、明るく元気に挨拶をします。

2 お辞儀の基本

接客の際に重要となるお辞儀には①会釈、②普通礼、③最敬礼の3つがあり、状況によって使い分けます。

■表1-1-1 お辞儀の種類

	種　類	状　況	言葉遣い
①会　釈	15度のお辞儀	顧客の指示を受けたときやお待たせするとき	「はい、かしこまりました」 「少々お待ちください」 「失礼いたします」
②普通礼	30度のお辞儀	顧客を迎えるとき	「いらっしゃいませ」
③最敬礼	45度のお辞儀	お買い上げのときやおわびをするとき	「ありがとうございます（ました）」 「申し訳ございません」

③ 敬語

敬語は従来の「尊敬語」、「謙譲語」、「丁寧語」の３種類から、「尊敬語」、「謙譲語Ⅰ」、「謙譲語Ⅱ（丁重語）」、「丁寧語」、「美化語」の５種類に変更された。

1 敬語の種類

敬語は、相手や状況によって使い分けながら相手に対する敬意や丁重におもてなしする気持ちなどをあらわすものです。接客の際には必要不可欠な敬語ですが、使い方を間違うと失礼な言い回しになるので、どのような状況でどの敬語を使うのか理解する必要があります。

敬語には、次の５種類があります。

■表1-1-2　敬語の種類

敬語の種類		例
①尊敬語	【相手側の行為に対しての敬語】 相手側または第三者の行為・ものごと・状態について、その人物を立てて述べる。 目上の人の行為などを高める言い回しを使い、直接敬意をあらわす。	【特定の語形】 いらっしゃる（行く・来る・いる）・なさる（する）・おっしゃる（言う） 【一般的な語形】 「お（ご）……になる」お読みになる（読む） 「……（ら）れる」来られる（来る）
②謙譲語Ⅰ	【自分側からの行為の、相手側に向けての敬語】 自分側からの、相手側または第三者に向かう行為・ものごとなどについて、その向かう先の人物を立てて述べる。 相手に対して行う自分の行為などを低める言い回しを使って、相手に敬意をあらわす。	【特定の語形】 伺う（訪ねる・尋ねる・聞く）・申し上げる（言う）・頂く（もらう）・拝見する（見る） 【一般的な語形】 「お（ご）……する」お届けする（届ける） 「お（ご）……いただく」お読みいただく（読む）
③謙譲語Ⅱ （丁重語）	【自分側の行為の敬語】 自分側の行為・ものごとを、相手に対して丁重に述べる。 自分が行う動作を低める言い回しを使って、丁重な気持ちをあらわす。	【特定の語形】 参る（行く・来る）・申す（言う）・おる（いる） 【一般的な語形】 「……いたす」利用いたす（利用する）
④丁寧語	【丁寧な言い回しをする敬語】 語尾に「です」「ます」を使う。 話をする相手や文章の相手に対して丁寧に述べる。	【「です」「ます」の形】 おいしいです（おいしい）・行きます（行く） 【「（形容詞）＋ございます」】 たこうございます（高い） おいしゅうございます（おいしい）
⑤美化語	【ものごとを美しく表現する敬語】 言葉に「お」「ご」をつける。 話し手の品格を保持する働きがある。	【お（ご）＋（名詞）】 お電話（電話）・お時間（時間）・ご希望（希望） 【言い換え型】 おひや（水）・お手洗い（トイレ）

一緒に覚える

謙譲語Ⅰと謙譲語Ⅱの違い　〜敬う相手がいるか・いないか〜

○謙譲語Ⅰ　敬う相手がいる

謙譲語Ⅰは敬う相手がいる場合に使います。たとえば、目の前のお客様に対して「お荷物をお預かりします」と言う場合、敬う相手（目の前のお客様）に対して、自分の行為（預かる）を低めることで、お客様に敬意をあらわしています。

○謙譲語Ⅱ（丁重語）　敬う相手がいない

謙譲語Ⅱ（丁重語）は敬う相手がいない場合に使います。たとえば、「本店に参ります」と言う場合、動作の対象である「本店に」を敬っているわけではなく、自分の行為（行く）を低めることで、丁重な気持ちをあらわしています。

顧客からのクレーム（苦情）や返品は早い段階で適切に対応することが大切です。ここでは、クレームや返品について、その種類と発生原因、対応の手順について学んでいきましょう。

1 クレーム（苦情）とその対応

クレーム（苦情）を全従業員で共有することにより、小売店経営の改善に役立て、より一層よい店舗をつくっていくことができる。

1 クレーム（苦情）対応への心構え

顧客の立場に立って考えると、**クレーム（苦情）** は言いにくいものです。それをわざわざ言ってくれたことに対して、販売員は素直な気持ちで謙虚に向かい合い、顧客のクレームを真摯に聞く姿勢をもたなければなりません。たとえ自分に関係ないミスによるクレームであっても、顧客のクレームは店舗に対するものであることを自覚し、販売員は自分が店舗の代表者であるという気持ちをもって、心からおわびをするように心がけることが必要です。クレームへの適切な対応は、顧客の小売店に対する信頼感を生み、固定客化へとつなげることができます。

2 クレームの種類

顧客が不満を感じる点によってクレームを分別すると、①商品に関するもの、②接客に関するもの、③施設に関するもの、④その他の4つがあります。

■表1-2-1 クレームの種類

種　類	クレームの例
①商　品	・商品に汚れや傷がある ・故障している ・品切れしている ・商品の使用で病気やけがをした
②接　客	・接客態度や言葉遣いが悪い ・レジ待ち時間が長い ・レジの順番を間違えた ・包装が雑だった
③施　設	・ディスプレイが見づらい ・トイレが汚い ・駐車場がとめられない
④その他	・営業時間が短い（開店が遅い、閉店が早い）・ポイントカードのポイントが他店より少ない

3 クレーム対応の手順

クレームは店舗への電話や手紙、Eメール、来店などによって顧客から伝えられます。どの方法でクレームが伝えられた場合でも、内容を傾聴して心からおわびし、すぐに適切な対応をとらなければなりません。特に、電話や来店によってクレームが伝えられた場合は、直接顧客と言葉を交わすので、言葉遣いや態度、声色、表情などにも注意します。

適切なクレーム対応をするには練習が必要です。そのため、事前にマニュアルを作成して店舗内で**ロールプレーイング（役割演技法）** を行い、対応の仕方を身につけるようにします。また、マニュアルで対応できないようなクレームが発生した場合には上司の指示を仰ぎます。

クレーム対応の一般的な手順は、次の通りです。

❶おわびをする

クレームの対応は心からおわびすることから始まります。販売員が丁寧で誠意あるおわびの言葉を述べることで、顧客は自分の話を聞いてもらえると思い、不満や怒りが軽減します。

❷よく聴く

おわびの次の段階はしっかりと顧客の話を聴くことです。事務的に話を「聞く」のではなく、誠意ある態度でしっかりと話を「聴く」ことが大切です。そして、クレームを言ってくれたことに対して、「このたびは、貴重なご意見をいただきまして、誠にありがとうございました」と感謝の言葉を述べます。

重要

○クレーム（苦情）

顧客が、商品・サービスに関して、直接的に損害を受けた場合に行う行為。または、店や商品・サービス、接客などに不満を感じた顧客がその不満をあらわす行為。

補足

○クレーム対応の心構え

・謙虚に顧客の言い分を聴く
・心からおわびする
・嫌な顔をしない
・感情的にならない、冷静に
・面倒がらない
・こじれるような場合には場所・人・日をあらためる
・たらい回しになるような社内対応をしない

重要

○ロールプレーイング（役割演技法）

現実に起こる場面を想定して、複数の人がそれぞれの役を演じ、疑似体験を通じて、ある事柄が実際に起こったときに適切に対応できるようにする学習方法の1つ。

重要

○クレーマー

苦情を申し立てる人を言います。商品の欠陥、客への対応の仕方などについてしつこく苦情を言う人で、特にその苦情が言いがかりと受け取られるような場合にいいます。

第5編

❸状況を把握する

　状況を確認する際は、その内容と程度を把握します。また、後日の対応となる場合は相手の連絡先の確認も必要です。状況が確認できたあとは、今後の対応方法を検討します。

❹原因の究明と対応方法を提示する

　状況が把握できたら、原因の究明とともに顧客が納得できる対応方法を提示します。具体的な対応方法は、修理・交換・返品・返金・謝罪などです。対応に時間が必要な場合はなるべく具体的な対応時間を示し、新たなクレームを生まないようにします。

❺全員へフィードバックする

　朝礼やミーティングを使用して、クレームの原因と対策について従業員全員に知らせます。

❻店舗運営を迅速に改善する

　同じクレームを起こさないようにするために改善策を検討します。

■表1-2-2　時間の基本的な考え方

言葉遣い	時間の目安
「ただちに」「すぐに」対応いたします。	「5分以内」に対応
「のちほど」対応いたします。	「30分以内」に対応
「後日」お電話いたします。	「48時間以内」に対応

②　返品の発生原因とその対応

　返品は小売店のミス以外に顧客の勘違いや間違って購入した場合などにも発生する。顧客側の理由による返品の場合でも、顧客に対するサービスととらえて対応することが必要である。

1　返品の発生原因と対応の心構え

　返品の発生原因が小売店側のミスであれば当然対応しなければなりません。しかし、小売店側のミス以外にも返品が発生することがあります。たとえば、顧客が商品購入後に自身の誤り等で返品を申し出る場合などです。このような場合でも、小売店側は返品を受けつけると同時に、どのような原因で返品することになったのかを聞き取ることで、ディスプレイや接客の方法について改善点がないかを検討することができます。クレームへの対応と同様、返品の要求に的確に応えることで、顧客の小売店に対する信頼感が生まれ、固定客化へと結びつけていくことができるのです。

2　返品対応の手順

　返品対応の手順はクレーム対応の手順と似ています。返品対応の手順は、次の通りです。

❶おわびをする

　クレーム対応と同様にまずしっかりとおわびをします。おわびをすることにより、顧客は自分の話を聴いてもらえると思い、不満や不安が軽減します。

❷よく聴き、事実を確認する

　返品の原因をよく聴きます。それと同時に、自店の返品の基準にあてはまるかを確認します。

❸感謝の言葉を述べる

　指摘してくれたことに対して感謝の気持ちを述べます。

❹対応方法を提示する

　返品の状況を確認したあと、自店の基準に合わせて対応方法を提示します。このときには顧客が納得できる対応方法を提示することが求められます。

❺再発防止策を検討・実施する

　同じケースの返品が起こらないように再発防止策を検討し、実施していきます。

■図1-2-1
クレーム対応の手順

①おわびする

②よく聴く

③状況を把握する

④原因の究明と対応方法を提示する

⑤全員へフィードバックする

⑥店舗運営を迅速に改善する

■図1-2-2
返品対応の手順

①おわびする

②よく聴き、事実の確認をする
自社（自店）基準・法基準を確認する

③感謝の言葉を述べる

④対応方法を提示する

⑤再発防止策を検討・実施する

販売員の目的と役割

　販売員は、心を込めた接客によって顧客の消費生活を支援し、自店の発展に貢献していくことができる重要な存在です。ここでは、販売員の2つの目的と3つの役割について学んでいきましょう。

1　販売員の2つの目的

　現代は、多くの世帯で可処分所得が減少傾向にあります。このような時代に小売業が売上を維持するには、顧客と接する販売員の存在が重要になります。

　販売員の目的は、顧客に対するものと自店に対するものの2つに大別できます。

①顧客に対する目的

　安全で品質のよい商品を提供することにより、顧客に対して安全で豊かな消費生活を送る手助けをすること。

②自店に対する目的

　顧客満足度を高めることによって、多頻度来店をうながし、自店の発展に寄与すること。

2　販売員の3つの役割

　販売員は顧客と接する立場にあります。小売業にとって、顧客と直接コミュニケーションをとれる機会はとても貴重です。顧客とコミュニケーションをとる中で顧客のニーズやウォンツをくみ取り、気持ちのよい接客サービスによって顧客満足度の向上をはかることができます。

①情報提供と情報蓄積

　情報に関する販売員の役割には、顧客への情報提供と、自店への情報蓄積の2つがあります。

　⑴　顧客に対し、商品などに関する情報を提供する

　現代の消費者は、豊富な商品に囲まれてニーズが個性化・多様化し、商品や店舗に対してこだわりをもつ傾向にあります。小売業が自店の顧客のニーズに対応し、自店を選んでもらうようにするために、販売員にはより多くの専門的な商品知識をもつことが求められています。商品の価格や機能、性能、使用方法などはもとより、CMや口コミ情報など、自分が扱う商品については多面的な情報を収集することが必要です。

　⑵　顧客の情報を自店に蓄積する

　買上商品名や買上金額だけでなく、顧客からの意見や質問、苦情といった接客や販売を通して得た顧客情報は、自店にとって貴重な経営情報となります。これらの情報を蓄積してデータベース化し、仕入やディスプレイ、接客などにいかしていきます。

②接客サービス

　顧客は商品の購入だけでなく、よい接客サービスを受けることでより深い満足感を得ることができます。それが固定客化へとつながるのです。接客サービスは、顧客の立場に立って考えることと、態度や挨拶、言葉遣い、身だしなみへの気配りが基本となります。

③顧客満足度の向上

　顧客満足度の向上には、商品を販売するだけでなく、貴重な体験やアドバイスを通して顧客に感動を与えることが必要となります。

　気配りが行き届いた気持ちのよい売場となるように環境を整備し、演出技術を駆使したディスプレイなどによって顧客満足度を高め、固定客化をめざします。

第 2 章 販売員の法令知識

　小売業が事業を行ううえで、経営全般・販売・販売促進といったさまざまな活動についての関連法規や規制が存在します。ここでは小売業に関係する法律や規制について学んでいきましょう。

1 小売業と法律

　小売業をはじめとする企業はさまざまなルールを遵守することでスムーズに企業活動を行うことができる。

1　小売業に関する法律や規制

　小売業の経営や営業、販売に関する法律には、さまざまなものがあります。なかには実際に従事する職務と関係が薄い法律もあり、そのような法律に関しては理解がとぼしくなりがちですが、小売業に関わるうえで関連する法律の概要は把握しておく必要があります。

■図2-1-1　小売業に関するおもな法規類

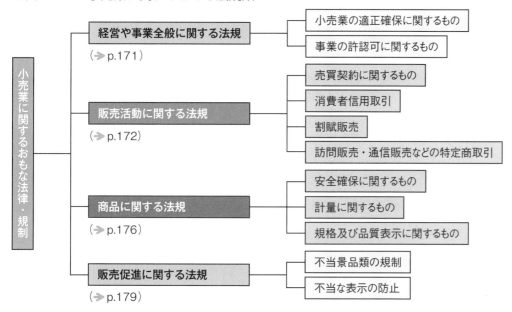

2 小売業の適正確保に関する法規

　小売業の経営規模の大型化が進み、大規模小売業と中小小売業との企業格差が拡大している。このような状況の中で、中小小売業の事業機会を確保するための法律が制定されている。

1　小売業の適正確保に関する法規の基本

　現在の小売業は、フランチャイズチェーンの発展などにより経営規模が拡大し、大規模小売業が増えつつあります。しかし、依然として中小規模の事業所が全体の9割以上を占め、消費者にとって大きな役割を果たしています。

　このような状況の中、大規模小売業と中小小売業の間に生じる企業格差をおさえ、事業活動の機会が適正に与えられるように、さまざまな政策が施されています。

　小売業の適正確保のために定められている法律には、おもに次のものがあります。

小売業の適正確保に関するおもな法規

①大規模小売店舗立地法（大店立地法）　②中小小売商業振興法
③商店街振興組合法　　　　　　　　　　④中心市街地活性化法

2 大規模小売店舗立地法（大店立地法）

　以前は小売業の事業活動を調整する法律として大規模小売店舗法（大店法）が運用されていました。この法律では大規模店の出店や営業活動が規制されていましたが、1998年の規制緩和の高まりなどから新たに制定された大規模小売店舗立地法（大店立地法）では、一部の規制が緩和されています。ただし、新たに加わった規制もあります。大規模小売店舗立地法の第一の目的は、地域の生活環境の保持です。そのため、大規模店舗の設置者は駐車場の確保や騒音の防止に配慮すべきとされており、この要件を満たさない場合は出店が規制されます。

■表2-1-1　大規模小売店舗立地法のおもな内容

目　　的	地域の生活環境の保持に配慮した出店・店舗運営がなされること。		
届 出 者	建物の設置者（所有者）	店舗の基準面積	店舗面積1,000㎡を超える大型店
届出事項	①店舗の名称、所在地 ②店舗の設置者、小売業者の名称・住所 ③開店日 ④店舗面積	⑤駐車場・駐輪場の位置、収容台数 ⑥廃棄物の保管施設の位置、容量 ⑦開店時刻及び閉店時刻 ⑧騒音レベルの予測結果　　　　　など	

3 中小小売商業振興法

　中小小売商業振興法は、中小小売商業の振興をはかるために制定された法律であり、中小小売商業に対して助成や保護を行っています。

> **中小小売商業振興法のおもな施策**
>
> ①中小小売商業者の組合や会社が**高度化事業**を実施する場合にこれを認定し、金融上、税制上の助成を行う。
> ②一般の中小小売商業の経営近代化について、種々の助成を行う。
> ③フランチャイズチェーンに加盟する中小小売商業者を保護するため、本部事業者に対し、重要な契約事項をあらかじめ加盟者に書面で説明することを義務づける。

4 商店街振興組合法

　商店街振興組合法は商店街の振興をはかるための法律であり、この法律にもとづいて設立された商店街振興組合が行う事業に対し、国がさまざまな助成を行います。

> **助成対象となる商店街振興組合の事業**
>
> ①**共同事業**：共同仕入、保管、運送、共同登録、チケット、商品券の発行など
> ②**環境の整備改善をはかるための事業**：アーケード、カラー舗装、街路灯の設置など

5 中心市街地活性化法

　中心市街地活性化法は、少子高齢化などに対応するため、中心市街地における都市機能の増進、経済活力の向上を総合的かつ一体的に推進することを目的とした法律です。この法律では、内閣総理大臣を本部長とする中心市街地活性化本部を設置し、中心市街地ごとに中心市街地活性化協議会を組織します。具体的には、中心市街地への居住促進や大型店の出店促進を行います。

> **中心市街地活性化法の内容**
>
> ①中心市街地の活性化に関する基本理念の創設
> ②市町村が作成する基本計画の内閣総理大臣による認定制度の創設
> ③中心市街地活性化本部の設置
> ④多様な民間主体が参画する中心市街地活性化協議会の法制化などの措置

重要
○中小小売商業振興法
　商店街の整備や店舗の集団化、共同店舗等の整備等を通じて、中小小売商業者の経営を近代化することで、多様化する消費者のニーズに応えることを目的とした法律。

重要
○高度化事業
　中小小売商業振興法において、中小小売業が商店街の整備化やチェーン事業を行うときに国がその事業を高度化事業と認定した場合は、低利で借入が可能となるなどの優遇を行っている。

重要
○商店街振興組合法
　商店街が振興組合として組織化し、法人化した場合、アーケード設置などの環境整備やイベントなどの共同事業の実施に対して、資金助成などを行うための法律。

重要
○中心市街地活性化法
　内閣に中心市街地活性化本部を、地域には一体的にまちづくりを推進するための中心市街地活性化協議会を設置し、国と地方が一体となって中心市街地の活性化に取り組むことについて定めている法律。

3 事業の許認可に関する法規

特定の業種についての事業を行う場合は、保健・衛生・公安・財政などの理由から許認可が必要となっている。

1 事業の許認可に関する法規の基本

小売業は憲法において「営業の自由」が認められており、さまざまな業種があります。しかし、食品や医療品を扱う事業など一部の事業については、衛生面や施設設備に不備があると商品の安全が保証されず、消費者が不利益をこうむる可能性があります。そのため、特定の業種についてはそれぞれの根拠法にもとづく規制を受けるとともに、管轄する官公庁への許認可が必要とされています。

許認可を必要とするおもな業種には、次のものがあります。

許認可を必要とするおもな業種

①食肉販売業・魚介類販売業　　②豆腐製造・そうざい製造業
③喫茶店・飲食店の営業　　　　④薬局の開設・医薬品の販売
⑤酒類販売業　　　　　　　　　⑥米穀類販売業（年間 20 精米トン以上）
⑦古物営業　　　　　　　　　　⑧ペットショップの営業（第 1 種動物取扱業者）
⑨たばこ販売業

2 許認可を必要とするおもな業種と根拠法・許認可先

許認可を必要とするおもな業種には次のものがあり、取り扱う商品によって根拠法や管轄する官公庁が異なります。

■表2-1-2　許認可を必要とするおもな業種と根拠法・許認可先

業　種	許可等	根拠法	主務官公庁	備考
①飲食店・食品販売店	許可 届出	食品衛生法	都道府県知事	2018 年の法改正で食中毒のリスクが低い業種には、許可よりも手続きが簡易な届出制度が認められるようになった。
②薬局の開設・ 医薬品の販売	許可	医薬品、医療機器等の品質、有効性及び安全性の確保等に関する法律（医薬品医療機器等法）	都道府県知事（または政令市の市長、特別区の区長）	
③酒類販売業	免許	酒税法	販売所がある所轄税務署長	販売所ごとに免許の取得が必要。
④米穀類販売業 （年間 20 精米トン以上）	届出	主要食糧の需給及び価格の安定に関する法律（食糧法）※ 2004 年から	農林水産大臣	以前は「食糧管理法」にもとづき都道府県知事の許可が必要だった。
⑤古物営業	許可 届出	古物営業法	営業所の所在地がある都道府県公安委員会	取り扱う古物の種類を定め、許可を得る。ただし複数の都道府県に営業所を設置する場合、主たる営業所を設置する都道府県公安委員会の許可を得れば、ほかの営業所は届出のみでよい。
⑥ペットショップの営業 （第 1 種動物取扱業者）	登録	動物愛護及び管理に関する法律（動物愛護管理法）	都道府県知事（または政令市の市長）	「動物取扱業の登録」を行う。施設ごとに動物取扱責任者を設置する。
⑦たばこ販売業	許可	たばこ事業法	財務大臣	

4 販売活動に関する法規

店舗販売では顧客の申し込みと代金の支払いが同時に行われる。これを「現実売買」といい、それ以外の方法の場合、「予約」や「手付」が必要となる。

1 販売活動に関する法律の基本

商品の売買は商品の引き渡しと代金の支払いによって行われます。販売の方式には、商品の引き渡しと代金の支払いが同時に行われるものや、商品を予約して購入するもの、クレジット会社を介して行うものなどがあり、それぞれ民法や割賦販売法などによって規制されています。

2 売買契約などに関する民法の規定

商品を売買する際、買い手が商品購入の意思表示をして売り手がそれを承諾すると売買契約が成立します。そして、売り手は商品を買い手に渡し、買い手はその代金を支払います。このように売り手と買い手の双方に義務が生じる契約を双務契約といいます。店舗販売では買い手が代金を支払うまでの一連の流れがその場で行われることが多く、これを現実売買といいます。

しかし、その場で商品の引き渡しや代金の支払いが行われない場合もあります。買い手が購入したい商品が品切れしていた場合や買い手の手持ちの金額が不足していた場合は、予約や手付金の支払いによって、売買契約を結びます。

この売買契約は、民法によって次のように規定されています。

> **❶予約**
> 予約とは、「売買の一方の予約」といわれるもので、売買契約の完結を前提とした契約になります。つまり、売買することを前提に予約をするという意味です。予約期間を定め、その期間内に顧客の履行がない場合は、予約の効力が失われます。
>
> **❷手付と内金**
> 顧客が売買契約を結んだときに、手付金や内金という名目で代金の一部を支払う場合があります。手付と内金とは、それぞれ次のようなものをいいます。
> ・手付
> 手付とは、売り主が契約を履行するまでの期間、買い主がその手付を放棄して自由に契約を解除できるもの。また、手付金を受け取った売り主は、その倍額を買い主に支払うことで契約を解除することができる。
> ・内金
> 内金は商品代金の一部前払いであり、手付のように契約の解除は認められない。
>
> **❸委任契約**
> 委任契約とは、委任者が受託者に委託して、相手がそれを受諾することによって契約が成立するものです（民法643条）。たとえば、卸売業者（委任者）が小売業者（受託者）と委任契約を結び、小売業者が自社の名前で商品を販売するケースなどがあります。

3 消費者信用取引

商品の代金を支払わずに売買することを消費者信用取引といい、販売信用と金融信用（消費者金融）があります。

> **販売信用と金融信用**
>
> **販売信用**
> 一般的にクレジットという。カードを使って商品を購買するもの。商品の代金は割賦方式または非割賦方式によって後払いする。割賦方式の場合、割賦販売法の適用を受ける。
> **金融信用（消費者金融）**
> 一般的にローンという。直接金銭を貸与するもので、有担保と無担保、割賦方式と非割賦方式に分類される。

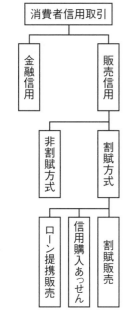

■図2-1-2
消費者信用取引

消費者信用取引
├ 金融信用
└ 販売信用
　　├ 非割賦方式
　　│　└ ローン提携販売
　　└ 割賦方式
　　　├ 信用購入あっせん
　　　└ 割賦販売

販売信用
クレジット。信販会社が代金を立て替える。

金融信用
ローン。直接金銭を貸与する。

割賦方式
代金を分割して支払う方式。

非割賦方式
1回払いなど、割賦方式以外の支払い方式。

割賦販売
消費者と小売店の間で割賦販売契約を結ぶもの。

信用購入あっせん
消費者・小売店・信販会社が契約を結び、2か月以上分割して代金を支払うもの。

ローン提携販売
消費者・小売店・金融機関が契約を結び、2か月以上かつ3回以上分割して代金を支払うもの。

4 割賦販売法

　割賦方式とは商品の代金を分割して支払うもので、割賦販売法では契約のしくみによって３つに大別しています。

契約のしくみ

①割賦販売
②信用購入あっせん
③ローン提携販売

①割賦販売

　小売店が「指定商品」「指定権利」「指定役務（サービス）」を販売する際、その代金を２か月以上かつ３回払い以上分割した支払いで受け取ることをいいます。この場合、消費者と小売店の間で割賦販売契約が結ばれます。契約には、消費者と小売店の間で結ばれる個別方式の割賦販売と、小売店が発行するクレジットカードを用いた包括方式の割賦販売があります。

■図2-1-3　個別方式の割賦販売

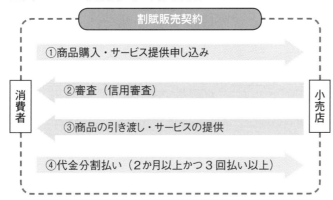

■図2-1-4　包括方式の割賦販売

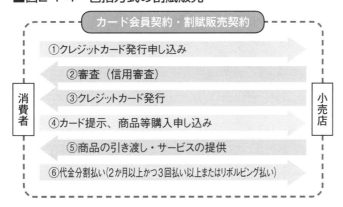

⚠️ **重要**

○指定商品
　割賦販売法では市場で売買されている商品の中から52種類を指定商品としている。

⚠️ **重要**

○指定権利
　割賦販売法では市場で売買されている権利の中から5種類を指定権利としている。

⚠️ **重要**

○指定役務（サービス）
　割賦販売法では市場で売買されているサービスの中から8種類を指定役務としている。

②信用購入あっせん

　信用購入あっせんでは、消費者が小売店で商品等を購入する際、クレジットカード会社が消費者に代わって小売店に代金を支払います。そして、消費者は後日その代金を、2か月を超えて分割し、クレジットカード会社に支払います。信用購入あっせんでは、消費者と小売店との間に売買契約、消費者とクレジットカード会社の間に立替払い契約が結ばれます。また、契約には割賦販売と同じく、商品ごとに契約を結ぶ個別方式の信用購入あっせんと小売店が発行するクレジットカードを用いて月ごとに決済する包括方式の信用購入あっせんがあります。

■図2-1-5　個別方式の信用購入あっせん

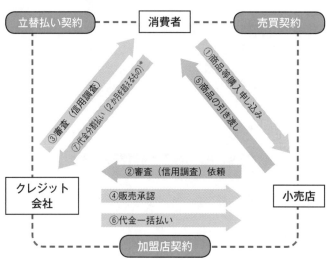

＊2か月以上のものでボーナス1回払いも含まれる。

参照
○リボルビング払い
→ p.87

■図2-1-6　包括方式の信用購入あっせん

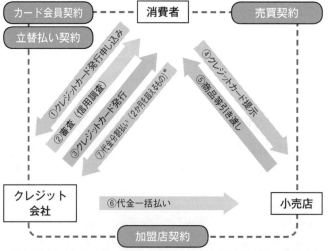

＊2か月以上のものでボーナス1回払いのほかリボルビング払いも含まれる。

③ローン提携販売

　ローン提携販売は、消費者が小売店から購入する商品の代金を金融機関から借り入れ、2か月以上かつ3回払い以上に分割して返済することを条件に、小売店が消費者の支払い（債務）を保証するものです。ローン提携販売では、消費者と金融機関との間に金銭消費貸借契約、消費者と小売店の間に売買契約と保証委託契約、金融機関と小売店の間に保証契約が結ばれます。

5　割賦販売法の義務規定

　割賦販売法とは、クレジット取引等を対象に事業者が守るべきルールを定めるものであり、購入者等の利益を保護することや、割賦販売等にかかる取引を公正にすること、商品等の流通・役務の提供を円滑にすることを目的としています。また、割賦販売法では、クレジットで商品を販売する際の条件表示などを割賦小売店やクレジットカード会社に義務づけ、一定の条件のもとで代金の支払いを停止できる権利やクーリングオフについて規定しています。

①小売店の書面交付義務

　小売店が割賦販売契約を結んだ際は、次の事項を記載した書面を交付しなければなりません。

小売店が書面に記載しなければならない事項

- ・商品もしくは権利、役務（サービス）の現金提供価格
- ・商品の引き渡し、権利の移転、役務の提供の時期
- ・契約解除に関する事項
- ・その他、経済産業省令で定める事項

②クレジット契約のクーリングオフ

　クレジット契約のクーリングオフは、個別方式の信用購入あっせんに適用されます。適用期間は販売形態などによって、次のように異なります。

■表2-1-3　クーリングオフの適用期間

訪問販売・電話勧誘販売・特定継続的役務（サービス）提供にかかるもの	8日間
連鎖販売取引・業務提供誘引販売契約にかかるもの	20日間

？補足

○クレジット契約において
　クーリングオフの適用が
　除外されるもの
　乗用自動車、葬儀、化粧品や健康食品などの指定消耗品、生鮮食料品など、クーリングオフになじまないものについては適用が除外される。

一緒に覚える

特定商取引法

　特定商取引法は、訪問販売や通信販売などの消費者トラブルが生じやすい取引を7つに分類し、事業者が守るべきルールと、クーリングオフなどの消費者を守るルールを定めています。

○訪問販売

　訪問販売とは、販売業者または役務（サービス）提供事業者が、通常の店舗以外の場所で行う商品・権利の販売または役務の提供をいいます。

　特定商取引法では、訪問販売に対する規制として次のものをあげています。

行政規制
- ・事業者の氏名等の明示
- ・申込書面の交付
- ・再勧誘の禁止等
- ・禁止行為[1]

民事ルール
- ・契約の申し込みの撤回または契約の解除（クーリングオフ制度）[2]

[1]・契約撤回を妨げるために、事実と違うことを告げる、事実を告げない、脅す。
　　・勧誘目的を告げない誘引方法を行い、公衆の出入りする場所以外で勧誘を行う。
[2]・消費者がすでに商品を受け取っている場合、販売業者の負担によって、商品を引き取ってもらうことができる。また、商品が使用されている場合や役務がすでに提供されている場合でも、その対価を支払う必要はない。

○通信販売

　通信販売とは、販売業者または役務提供事業者が郵便等によって売買契約または役務提供契約の申し込みを受けて行う商品・権利の販売または役務の提供をいいます。

　通信販売の規制には次のものがあります。

行政規制
- ・広告の表示
- ・誇大広告等の禁止
- ・未承諾者に対する電子メール広告の提供の禁止
- ・前払式通信販売の承諾等の通知
- ・契約解除に伴う債務不履行の禁止
- ・顧客の意に反して契約の申し込みをさせようとする行為の禁止

民事ルール
- ・契約の申し込みの撤回または契約の解除[3]

[3]・通信販売の場合、通信販売業者が返品特約を広告に表示していないときは、商品の引き渡しを受けた日から数えて8日以内であれば、消費者は事業者に対して、契約申し込みの撤回や解除ができ、消費者の送料負担で返品ができる。（これはクーリングオフとはまったく別のもの。）

5 商品に関する法規

小売業には消費者に安全かつ適正な商品を販売する社会的責任があるため、消費者の生命・身体・健康を害する商品を排除するために、さまざまな規制が設けられている。

1 商品の安全確保に関する法規

商品の安全確保に関する法規には、消費生活用製品安全法・食品表示法・医薬品医療機器等法などがあります。これらは日常生活に使用する身近な製品や食品、医療品などについて、その品質と安全性の確保を目的として施行されています。

①消費生活用製品安全法

消費生活用製品安全法は、一般消費者に対する危害の発生防止をはかるために、特定商品の製造・輸入及び販売を規制しています。また、安全性の確保について、民間事業者の自主的な活動を促進するための措置を講じています。

この法律では、PSC マーク制度によって製品の安全性の確保を行うとともに、製品による重大事故発生時のメーカー・小売業の対応、長期間使用する製品の経年劣化による事故を防止するためのメーカーの義務などを定めています。

■表2-1-4　PSC マーク制度と PSC マーク

PSC マーク制度	消費者の生命・身体に対して特に危害を及ぼすおそれが多い製品については、PSC マークがないと販売できない。規制対象商品には、特定製品と特別特定製品がある。	
特定製品	製品を製造または輸入した事業者が自社で検査を行い、定められた事項を国に提出すればマークの表示が認められるもの。 ≪規制対象品目≫ 家庭用の圧力なべ及び圧力がま 乗車用ヘルメット　　登山用ロープ　　石油給湯機 石油ふろがま　　　　石油ストーブ	PSC（丸）
特別特定製品	特定製品のうち、その製品を製造または輸入した事業者による自社検査に加え、第三者機関の検査が義務づけられているもの。 ≪規制対象品目≫ 乳幼児用ベッド　　　　携帯用レーザー応用装置 浴槽用温水循環器　　　ライター	PSC（ひし形）

製品事故情報報告・公表制度

消費生活用製品によって、死亡事故や重傷病事故など重大な製品事故が発生した場合は、事故製品のメーカー・輸入業者は、事故発生を知った日から10日以内に内閣総理大臣に報告しなければならない。また、小売店などの販売業者は、重大製品事故を知った時点で、ただちに、製品のメーカー・輸入業者に報告するように努めなければならない。

②食品表示法

食品表示法は、食品表示法にもとづいた食品表示基準によって食品に表示すべき項目や表示方法などを定めた法律です。食品表示基準にのっとった表示をしていないものは販売することができません。

🖊 **重要**
○食品表示法
　2015（平成27）年4月施行。食品衛生法・JAS法・健康増進法による食品表示の基準を1つに統合したもの。

第5編

■表2-1-5　食品表示法による規定

表示項目	表示が義務化されている項目は、名称・アレルゲン・保存方法・消費期限または賞味期限・原材料名・添加物・原産地・内容量・栄養成分・製造者など。
栄養表示	加工食品の栄養表示が義務化されている。義務表示の栄養成分は、次の5項目。熱量（カロリー）・たんぱく質・脂質・炭水化物・食塩相当量
アレルギー表示	義務表示となる「特定原材料」（小麦・乳・卵・えび・かに・落花生・そばの7品目）と、任意表示となる「特定原材料に準ずる物質」（牛肉・大豆ほか20品目）がある。
添加物の表示	原材料名と添加物を分けて表示する。表示方法には、原材料名と別に添加物の欄を設ける方法や、原材料と添加物の間に記号（／）を入れる方法などがある。
機能性表示食品	保健機能食品の中に、新たに機能性表示食品が設けられた。国の審査は必要なく、事業者の責任において、機能性表示食品であることを表示できる。

③医薬品医療機器等法（医薬品、医療機器等の品質、有効性及び安全性の確保等に関する法律）

　薬事法が改正され、2014（平成26）年から医薬品医療機器等法が施行されています。この法律では、医薬品や医療機器の安全の確保と迅速な提供をめざし、医薬品・医薬部外品・化粧品・医療機器・再生医療等製品について規制しています。また、医薬品の安全確保のため「日本薬局方（にほんやっきょくほう）」を定めています。

　また、特定の医薬品については、厚生労働大臣がその製法・性状・品質・貯蔵などに関して必要な基準を設けています。

④製造物責任法（PL法：Product Liability法）

　製造物責任法（PL法）は、製品の欠陥により消費者が生命、身体、または財産上の被害をこうむった場合に、事業者に対して賠償責任を負わせることを定めた法律です。従来は、製造業者の故意・過失と損害発生の因果関係をすべて被害者側で証明しなければなりませんでしたが、PL法では、欠陥の存在、損害の発生、欠陥と損害の因果関係を証明すればよいことになりました。これを欠陥責任主義または無過失責任主義といいます。

2　安全な食生活と法制度

　消費者の食生活の安全を確保するため、有機食品の認証や、遺伝子組換え食品の表示、賞味期限と消費期限の表示について定められています。

①有機食品の検査認証・表示制度

　近年、消費者の健康志向の高まりから有機食品に関心が寄せられています。しかし、これまでは有機表示の基準があいまいだったため、消費者にとってわかりにくいものになっていました。こうした状況を受け、2000（平成12）年から有機食品の認定制度が導入されています。この認定制度は、国際食品規格委員会（コーデックス（CODEX）委員会）の「有機食品に関するガイドライン」に適合しています。

　JAS法（農林物資の規格化等に関する法律）では、有機農産物・有機加工食品・有機畜産物・有機飼料の4つの有機食品について、有機の規格化を行っています。第三者の認証を受けてJAS規格に合格した食品は、有機JASマークを表示することができます。

②遺伝子組換え食品の表示制度

　遺伝子組換え食品の表示制度は食品衛生法にもとづいて2001（平成13）年からスタートしました。この制度では、食品安全委員会において遺伝子組換え食品の安全性審査を行い、審査を受けていない食品の輸入・販売を禁止しています。現在、安全性審査を通過している食品は農作物8作物、食品添加物9品目です。また、食品表示基準には遺伝子組換え表示について定められており、安全性審査を通過している農作物8作物と、それを使用した加工品33食品群について、遺伝子組換え表示を義務化しています。

③賞味期限と消費期限

　かつては製造年月日を表示していましたが、現在では製造年月日に代えて賞味期限と消費期

177

限のどちらかを表示することになりました。賞味期限と消費期限は、対象となる商品や表示方法などについて、次のように定められています。

■表2-1-6　賞味期限と消費期限

	賞味期限	消費期限
定　義	定められた方法により保存した場合、期待されるすべての品質の保持が十分に可能と認められる期限。	定められた方法により保存した場合、品質の劣化に伴い安全性を欠くことのおそれがない期限。
意　味	おいしく食べることができる期限。	期限を過ぎたら食べないほうがよい期限。
表示方法	賞味期限が3か月を超えるものは「年月」、3か月以内のものは「年月日」。	「年月日」
対象となる商品	劣化が比較的遅いもの。スナック菓子、カップめんなど	劣化が速いもの。弁当、サンドウィッチ、生めんなど

3　商品の計量に関する法規

商品の内容量などを表示する際には、決められた単位で、正確な量を表示しなければなりません。商品の計量に関する事項を定めたものが、計量法です。計量法では、おもに次のものが規定されています。

計量法によるおもな規定

①**法定計量単位**：商品の内容量などを示す際の単位について、長さはメートル、質量はグラム・キログラム・トンなどと定めている。
②**計　量　器**：計量に使う計量器は検定証印が付されているものでなければならない。
③**量目公差**：計量の際は、どうしても避けられない誤差が生じる場合があるため、計量法に定められている特定商品29品目について、許容される誤差の範囲（量目公差）が設定されている。

■表2-1-7　おもな計量単位

長　さ	メートル
質　量	キログラム・グラム・トン
体　積	立方メートル・リットル
濃　度	モル毎立方メートル・モル毎リットル・キログラム毎立方メートル・グラム毎立方メートル・グラム毎リットル
照　度	ルクス
音響パワー	ワット

■図2-1-7　検定証印

定期検査が必要な計量器については、検査に合格したものに定期検査済証印が付される。

4　商品の規格及び品質表示に関する法規

市場に流通する商品についてその機能や品質などに関する基準を定め、決まった品質表示をすることは、市場全体の公正性を維持するために重要です。基準を満たす商品であることを消費者に知らせることで、安全性を確保することもできます。

5　家庭用品品質表示法

家庭用品品質表示法の目的は、消費者が製品の品質を正しく認識し、不測の損失をこうむることのないように、事業者が家庭用品の品質に関する表示を適正に行うことです。この法律で

補足

○品質表示が必要な家庭用品

「品質表示が必要な家庭用品」とは、繊維製品・合成樹脂加工品・電気機械器具・雑貨工業品のうち、消費者が品質を識別するのが困難であり、品質を識別することの必要性が高いものとされている。

は「品質表示が必要な家庭用品」を定めています。また、表示については、成分・性能・用途・貯法などの表示事項と、メーカーや販売業者、表示業者が表示する際に守らなければならない遵守事項が品目ごとに定められています。

■表2-1-8　標準品や規格品であることを示すマーク

JISマーク （工業標準化法）	JASマーク （JAS法）	特定JASマーク （JAS法）	特定保健用食品マーク （健康増進法・食品衛生法）
		認定機関名	
工業標準化法にもとづき、認証を受けた製品や包装に表示することができる。	品位・成分・性能等の品質について規格を満たす食品や林産物に表示することができる。	特定JAS規格を満たす食品や標準的な製品に比べて品質などに特色がある食品に付与される。	特定の保健の用途の表示を消費者庁が許可した食品に付与される。

PSEマーク （電気用品安全法）	PSEマーク （電気用品安全法）	BLマーク （優良住宅部品認定制度）	
電気用品安全法にもとづき、製造または輸入された「特定電気用品」に付与される。	電気用品安全法にもとづき、特定電気用品以外の電気用品に付与される。	安全で快適な住まいづくりのためにすぐれていると認定された住宅部品に付与される。	

6 販売促進に関する法規

販売促進のために企業はさまざまな方法を工夫するが、それらが公正な競争を阻害し、消費者利益を損なわないように、規制が設けられている。

1 不当景品類の規制

販売促進の方法の1つに景品の提供があります。これは、消費者の購買意欲を高める効果的な方法です。しかし、競争が過熱すると景品の内容が過大になり、不当な**景品類**によって公平な競争が阻害されるおそれがあります。そのため、独占禁止法の特例として、「不当景品類及び不当表示防止法（景品表示法）」が制定されており、不当景品類の規制や不当な広告、表示の規制が行われています。

景品の提供には、自己の商品や役務（サービス）の取引に付随して消費者に景品類を提供する場合と、取引に付随しないで景品類を提供する場合があり、景品表示法では取引に付随した景品類を提供する場合について規制を設けています。また、取引に付随しないで景品類を提供する場合を**オープン懸賞**といい、こちらは独占禁止法が適用されます。

景品表示法・独占禁止法によって規制されている景品類

景品表示法 ┬ ①**総付（べた付け）景品**：商品すべてに景品をつけるもの。
　　　　　　├ ②**一般懸賞**：単独のメーカーや小売業が懸賞によって景品を提供するもの。
　　　　　　└ ③**共同懸賞**：複数の事業者が共同し、懸賞によって景品を提供するもの。
独占禁止法 ─ ④**オープン懸賞**：商品を購入するかどうかに関係なく景品を提供するもの。

!重要
○景品類
　景品表示法では、景品について、「顧客を誘引するための手段で、事業者が自己の供給する商品・サービスの取引に付随して提供し、物品、金銭その他の経済上の利益を得るもの」と定義している。

!重要
○オープン懸賞
　商品購入等の条件がなく誰でも応募できる懸賞。クイズやアンケートに答えて応募する形のものが多い。

❶総付（べた付け）景品

　取引に付随する景品のうち、懸賞によらない場合、つまり全員に景品を与える場合をいいます。景品類の限度額は、取引価額1,000円未満は200円、取引価額1,000円以上は取引価額の10分の2となっています。

❷一般懸賞

　単独のメーカーや小売店などが取引に付随して懸賞によって景品類を提供する場合をいいます。景品類の限度額は、取引価額5,000円未満は取引価額の20倍、取引価額5,000円以上は10万円です。また、景品類の総額は、懸賞にかかる売上予定総額の2％以内となっています。

❸共同懸賞

　複数の事業者が共同して取引に付随して懸賞によって景品類を提供する場合をいいます。景品類の限度額は、取引価額にかかわらず30万円までです。また、景品類の総額は、懸賞にかかる売上予定総額の3％以内とされています。

■図2-1-8　景品規制の概要

取引価額	景品類限度額
1,000円未満	200円
1,000円以上	取引価額の10分の2

一般消費者告示／総付景品

懸賞による取引価額	景品類限度額	
	最高額*	総額*
5,000円未満	取引価額の20倍	懸賞にかかる売上予定総額の2％
5,000円以上	10万円	

懸賞景品告示／一般懸賞

景品類限度額	
最高額*	総額*
取引価額にかかわらず30万円	懸賞にかかる売上予定総額の3％

共同懸賞

景品表示法（第3条）

独占禁止法／オープン懸賞

提供できる金品等に具体的な上限額の定めはない。

＊「最高額」「総額」両方の限度内でなければならない。

2　不当な表示の防止

　景品表示法における不当表示とは、商品やサービスの品質・規格・価格・数量が事実と異なっている表示や、実際のものよりすぐれているあるいは有利であると誤認されるような表示をいいます。違反した事業者は、都道府県知事による指示や立ち入り検査及び消費者庁長官による措置命令などが行われます。違反となる不当表示には、次のものがあります。

❶商品の品質、規格その他の内容についての不当表示（優良誤認表示）

　内容について、実際のものよりも著しく優良であると消費者に示す表示。

❷商品の価格その他取引条件についての不当表示（有利誤認表示）

　取引条件について、実際のものよりも取引の相手に著しく有利であると誤認される表示。

❸二重価格表示

　不当な二重価格とは、実際の価格が7,000円程度のものを5,000円で販売するときに、「市価の半額」や「50％OFF」などと表示する場合をいいます。

補足

○共同懸賞として認められる条件

①一定地域における小売業者またはサービス業者の相当多数が共同して行う。

②1つの商店街に属する小売業者またはサービス業者の相当多数が共同して行う。

　ただし、中元や歳暮の時期において、年3回かつ年間70日間の期間内を限度とする。

③一定地域における同業者の相当多数が共同して行う。

補足

○優良誤認表示の例

　カシミヤ80％でありながら100％と表示する。

補足

○有利誤認表示の例

　懸賞で10人当選といいながら全員当選している。

第2節 環境問題と消費生活

現代の小売業は、商品を消費者に提供するだけでなく、環境への配慮も求められています。ここでは、日本の環境保全の基本法である環境基本法と、各種リサイクル法について学んでいきましょう。

1 環境基本法

環境基本法は、日本の環境保全に関する基本理念とその施策の枠組みを定めたものである。

1 環境基本法の概要

1993（平成5）年に制定された環境基本法は、日本の環境保全に関する基本理念とその施策の枠組みを定めたもので、「循環」「共生」「参加」「国際的取り組み」という日本の環境政策の基本的な枠組みを示しています。

環境に関する具体的な対策や目標

① 大気環境の保全 　　　 ② 水環境の保全
③ 土壌環境・地盤環境の保全 　　 ④ 廃棄物・リサイクル対策
⑤ 化学物質の環境リスク対策 　 ⑥ 技術開発に関する環境配慮及び新たな課題

2 各種リサイクル法

さまざまな商品に対してリサイクル法が導入されているが、メーカー・小売業・消費者のそれぞれが積極的な取り組みを行っていくことが求められている。

1 容器包装リサイクル法

1995（平成7）年に公布された容器包装リサイクル法（容器包装に係る分別収集及び再商品化の促進等に関する法律）は、商品の容器包装に関するリサイクルを促進するための法律です。

容器包装廃棄物は家庭や企業から出るごみ全体の容積の約6割を占め、容器包装リサイクル法の成立以前はそのほとんどが焼却処分されていました。容器リサイクル法では、これらの廃棄物ついて、消費者の分別排出・市町村の分別収集・事業者の再商品化を定めています。容器包装リサイクル法を推進することは、ごみ処分場が限界になる問題やダイオキシン問題などの対策にも結びつきます。

この法律の対象となる容器包装は、次の通りです。ただし、⑤アルミ缶・⑥スチール缶・⑦紙パック・⑧段ボールは、市町村が分別収集したあと、市場において有価で取引されることが多いため、事業者による再商品化の義務の対象とはなっていません。

容器包装リサイクル法の対象となるもの

① ガラスびん 　② PETボトル 　③ 紙製容器包装 　④ プラスチック製容器包装
⑤ アルミ缶 　　⑥ スチール缶 　⑦ 紙パック 　　⑧ 段ボール

■図2-2-1　リサイクルに関するマーク

スチール缶
（飲料缶）

アルミ缶
（飲料缶）

PETボトル
（飲料、しょうゆ用）

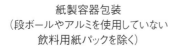

紙製容器包装
（段ボールやアルミを使用していない
飲料用紙パックを除く）

プラスチック製容器包装
（飲料、しょうゆ用
PETボトルを除く）

? 補足

○環境問題と小売業

環境に配慮した商品やサービスを提供すること、過剰包装の撤廃や容器包装のリサイクル活動など、小売業に求められている環境問題への取り組みは多数存在している。現代の小売業は、より積極的に環境問題に取り組むことが求められている。

? 補足

○容器包装リサイクル法のしくみ

容器包装リサイクル法では、消費者・市町村・事業者の役割が明確化されている。

【消費者の役割】
容器包装廃棄物の排出を抑制し、住んでいる地域のルールにそって分別排出する。

【市町村の役割】
容器包装廃棄物の分別収集を行う。

【事業者の役割】
事業において利用または製造・輸入した容器包装の量の「排出の抑制」を行うとともに、その量に応じてリサイクルの義務を負う。

2 家電リサイクル法

2001（平成13）年に施行された家電リサイクル法（特定家庭用機器再商品化法）は、これまで埋め立てごみとなっていた冷蔵庫やテレビなどの家庭用機器のリサイクルを通じ、循環型社会をめざすことを目的とした法律です。対象となる家庭用機器については、2001（平成13）年に冷蔵庫・ブラウン管テレビ・エアコン・洗濯機の回収が義務づけられ、2004（平成16）年には冷凍庫が、2009（平成21）年には液晶テレビ・プラズマテレビ・衣類乾燥機が加えられています。

家電リサイクル法では、消費者・小売業・メーカーの役割が定められ、消費者は小売業への引き渡しと費用負担を、小売業は消費者からの引き取りとメーカーへの引き渡しを、メーカーは小売業からの引き取りとリサイクルを担います。こうして、関係する人々すべてが協力してリサイクルを進めていきます。

家電リサイクル法に定められている小売業の役割には、次の4つがあります。

小売業の役割

①消費者からの引き取り義務

②メーカーへの引き渡し義務

③収集・運搬料金の公表と請求及びリサイクル料金の請求

④家電リサイクル券の発行・3年間の保存

3 食品リサイクル法

2001（平成13）年に施行された食品リサイクル法（食品循環資源の再生利用等の促進に関する法律）は、調理くずや食べ残しなどの食品廃棄物の発生の抑制・減量と、飼料などへの再生利用をうながすことを目的とした法律です。

この法律は、製造業・加工業・卸売業・小売業・飲食店等の食品関連事業者を対象とし、一般家庭は対象となりません。

食品廃棄物の再利用に取り組む優先順位は、次のように定められています。

食品廃棄物の再利用に取り組む優先順位

①食品廃棄物の発生を抑制する

　製造・流通・消費の各段階において、食品廃棄物の発生を抑制する。

②食品廃棄物の再生利用を行う

　再資源化できる食品廃棄物は、飼料や肥料などへの再利用を行う。

③食品廃棄物を熱回収する

　再生利用が困難なものは熱回収（サーマルリサイクル）を行う。

④食品廃棄物の減量化を行う

　再生利用や熱回収が困難なものは脱水・乾燥などを行い、減量してから適正に処理する。

3 環境影響評価・環境関連事業の推進

環境基本法や各種リサイクル法以外にも、環境保全に関するさまざまな取り組みが行われている。

1 環境保全に関する取り組み

公害の発生や自然環境の破壊を未然に防ぐために施行されているのが、環境影響評価法（環境アセスメント法）です。この法律では、環境に大きな影響を及ぼすおそれがある事業に対し、環境への影響を事前に調査し、予測と評価をする手続きを定め、環境への影響を監視して事業を進めることを義務づけています。

また、使用後の製品や容器を返却することでお金が戻ってくる**預託払戻制度（デポジット・リファンド・システム）**は、環境負荷に伴う経済的措置であり、リサイクルを促進する環境への取り組みの1つとして行われています。

❓補足

○環境アセスメント

　開発事業などを実施する際に、あらかじめその事業が環境に与える影響を予測・評価し、その内容について、住民や関係自治体などの意見を聴くなど、事業の実施において適正な環境配慮がなされるようにするための一連の手続きをいう。

❗重要

○預託払戻制度（デポジット・リファンド・システム）

　製品本来の価格にデポジット（預託金）を上乗せして販売し、使用後の製品が所定の場所に戻された際に預託金を返却することにより、消費者からの当該製品の回収を促進しようとするもの。預託払戻制度と似たものとして、ビールびん保証金制度がある。

❓補足

○ビールびん保証金制度

　リターナブルびんのビールを販売する際に価格に保証金の5円を上乗せして販売し、びんの返却時に消費者に保証金5円を戻すもの。

2 エコマーク事業（環境ラベリング制度）

エコマーク事業（環境ラベリング制度）は、**公益財団法人日本環境協会**が運営する事業です。この事業では、消費者が環境保全に役立つ商品を選択しやすくすることをめざし、環境に配慮した商品に**エコマーク**を付与しています。

エコマークは、次の商品について、環境負荷が少なく、環境保全に役立つと認定される場合に付与されます。

エコマークの対象となる商品

①他の同様の商品と比較して、その商品の製造・流通・使用・廃棄・リサイクルの各段階で環境負荷が少ないこと。
　例）古紙を多く配合した印刷用紙など
②その商品を利用することで、他の原因から生じる環境負荷を低減することができること。
　例）リターナブルびんなど

3 グリーンマーク事業

グリーンマーク事業は、**公益財団法人古紙再生促進センター**が推進する事業です。この事業では、古紙の再生利用を通じて社会環境の緑化を推進し、あわせて古紙の回収・利用の促進に関わる啓発や普及活動を行っています。

公益財団法人古紙再生促進センターが制定した**グリーンマーク**は、原則として古紙を40％以上原料にした紙製品に付与されます。

4 国際エネルギースタープログラム

日米両政府の合意のもと、1995（平成7）年から実施されている国際エネルギースタープログラムは、オフィス機器の国際的省エネルギー制度であり、現在は世界9か国・地域が参加しています。

このプログラムでは、製品のオフ時の消費電力などについて省エネ性能がすぐれていると認められた製品に対し、**国際エネルギースターロゴ**の使用が認められます。

対象となる製品には、コンピュータ・プリンタ・ディスプレイ・複写機・複合機・ファクシミリ・デジタル印刷機があります。

4　環境規格とビジネス活動

国際的な環境規格であるISO14000シリーズの取得のほか、環境に配慮したさまざまなビジネス活動に取り組む小売業が増えている。

1 ISO14000シリーズ

環境管理・監査の国際規格としてISO14000シリーズという環境マネジメントシステムがあります。このシステムでは、企業が事業活動に伴う環境への負荷を把握し、環境に関する経営方針・目標や行動を掲げ、組織の責任体制を明確にすることが求められます。多くの企業が取得に取り組んでおり、環境報告書の発行などを行っています。

2 環境に配慮したビジネス活動

環境への意識の高まりとともに、小売業界でも環境に配慮したビジネス活動を実践することが求められています。このような中、前述のISO14000シリーズを取得する百貨店やスーパーマーケットなどが増えています。

また、商店街では、各店舗で排出される生ごみからつくったコンポスト（堆肥）を地域の農家へ配布したり、空き缶リサイクルのエコステーションを設置したりする取り組みが行われています。こうしたきめ細かな環境対応への活動を積極的に展開していくことで、商店街の活性化をはかることなどをめざしています。

第3章 小売業の計数管理

第1節 販売員に求められる計数管理

計数管理上では、利益は売上総利益、営業利益、経常利益といったいくつかの種類に分類されます。中身のちがいをよく理解しておきましょう。

第5編

※この章で使用している用語は、小売業の日常業務に即したものであり、会計や簿記で使用される用語とは一部異なるものがあります。

重要

○計数管理
　店舗経営について、売上と利益などの具体的な数値をもとに店舗の経営と管理を行うこと。

補足

○売上総利益（粗利益高）
　商品売買差益（商品を売買した利益）。
○営業利益
　営業努力（本業）によって得た利益。
○経常利益
　企業全体で得た利益。
○当期純利益
　手元に最終的に残る利益。

1 計数管理の必要性

店舗の状態を正確に把握するためには、売上や利益を数値で表す必要がある。

1 計数管理の意味

　小売業では、販売業務を円滑に進めるためにさまざまな事務処理が必要とされます。具体的には、顧客からの注文の受付や伝票の作成、領収書の発行、売上の集計、帳票類の保存と管理などがあり、これらの作業を販売事務といいます。**計数管理**は店舗の利益などを数値にもとづいて管理するもので、これに必要となる利益の計算などは販売事務に含まれます。計数管理を行うことによって、日々の経営における売上や費用、利益を数値にもとづいて客観的に見ることができ、目標を達成するために必要な対応を行うことができるようになります。

2 利益の構造

売上高から経費を差し引いたものが利益となる。

1 売上高と利益のちがい

　小売業にとって販売活動の成果を表すものは「売上高」になります。また、売上高からさまざまな経費を差し引いたものが「利益」です。お店でかかる経費にはさまざまなものがあり、どの経費を売上高から差し引くかで利益の名称も変わります。

小売業にとって大切なこと

・どれだけの売上高を達成するのか？
・その結果どれだけの売上総利益（粗利益高）を得ることができるのか？

■図3-3-1　利益の構造

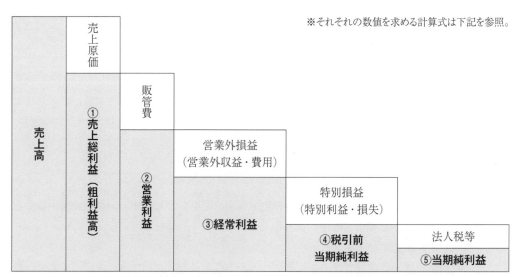

①売上総利益（粗利益高）＝売上高－売上原価
③経常利益＝営業利益±営業外損益
　（営業外損益＝営業外利益－営業外費用）
⑤当期純利益＝税引前当期純利益－法人税等

②営業利益＝売上総利益（粗利益高）－販売費及び一般管理費（販管費）
④税引前当期純利益＝経常利益±特別損益
　（特別損益＝特別利益－特別損失）

計数管理に必要な計算式の基礎を学んでいきます。実際のケースを想定して、計算練習を積むと、理解が定着します

1 売上高

売上高を増やすためには、買上客数か客単価、またはその両方を増やす必要がある。

1　売上高の計算

売上高とは、小売業が顧客に商品やサービスを提供して得た金額です。つまり、売上高は販売単価に販売個数を掛けることで求めることができます。この売上高を顧客側から見た場合は、次の計算式で求めることができます。

Check!	売上高の計算
	売上高　＝　買上客数　×　客単価

たとえば、5人の顧客が1,000円ずつ商品を購入した場合は、「5（買上客数）× 1,000（客単価）」と計算します。このときの売上高は、5,000円です。

2　売上高を増やす方法

売上高を増やすためには、買上客数と客単価を増やす必要があります。少なくとも、買上客数か客単価のどちらかを増やさなければ売上高を増やすことはできません。

買上客数を増やすためには、来店する顧客の増加や新規顧客の獲得が必要です。一方、客単価は、これまでの顧客にもう1品多く購入してもらえれば増やすことができます。このため、一般的には**客単価を増やすほうが取り組みやすい**と考えられています。

3　買上客数

買上客数は次の式に分解することができます。

Check!	買上客数の計算
	買上客数　＝　入店客数　×　買上率

たとえば、入店客数が10人で買上率が30％の場合は、「10（入店客数）× 0.3（買上率）」と計算します。このときの買上客数は、3人です。このように考えると、買上客数を増やすためには、入店客数か買上率、またはその両方を増やす必要があるとわかります。

4　客単価

客単価は次の式に分解することができます。

Check!	客単価の計算
	客単価　＝　買上点数　×　1品当たりの平均単価

たとえば、買上点数が3点で1品当たりの平均単価が1,500円の場合は、「3（買上点数）× 1,500（1品当たりの平均単価）」と計算します。このときの客単価は、4,500円です。

つまり、客単価を増やすためには、買上点数か1品当たりの平均単価、またはその両方を増やす必要があるのです。

買上点数は「買上点数＝総買上点数÷買上客数」の計算式で、1品当たりの平均単価は「1品当たりの平均単価＝売上合計額÷買上点数」で求めることができます。

? 補足
○買上客数
　実際に商品を購入した顧客の人数。
○客単価
　顧客1人当たりの買上金額。

! 重要
○売上高を増やす方法
①買上客数と客単価の両方を増やす。
②買上客数を増やす。
③客単価を増やす。

? 補足
○入店客数
　その店舗に入店した顧客の総数。
○買上率
　入店した顧客のうち、実際に商品を購入した比率。

2 売上総利益（粗利益高）

売上高から売上原価を差し引いた利益を売上総利益（粗利益高）という。

1 売上総利益（粗利益高）の計算

売上総利益（粗利益高）とは、売上高から売上原価を差し引いて残った利益です。

Check! 売上総利益（粗利益高）の計算
売上総利益（粗利益高）　＝　売上高　−　売上原価

2 売上総利益率（粗利益率）の計算

売上総利益率（粗利益率）とは、売上高に対する売上総利益（粗利益高）の割合です。

Check! 売上総利益率（粗利益率）の計算
売上総利益率（粗利益率）（%）　＝　$\dfrac{売上総利益（粗利益高）}{売上高}$　×　100

たとえば、80円で仕入れた商品を100円で販売した場合は、「20（売上総利益）÷ 100（売上高）× 100」と計算します。このときの売上総利益率（粗利益率）は、20%です。

3 値入高と売上総利益（粗利益高）の違い

仕入原価に予定の利益を上乗せすることを値入といいいます。たとえば、80円で仕入れた商品に20円の値入をすると、売価は100円になります。このときの20円を値入高といいます。

Check! 値入高の計算
値入高　＝　売価　−　仕入原価

値入高と売上総利益の違いに注意しなければなりません。値入高は商品を販売する前の仕入時に予定した利益です。一方、売上総利益（粗利益高）は、販売活動の結果、実際に得られた利益です。販売活動のなかでは値下などにより予定した利益が得られない場合もあるため、予定の利益である値入高と結果の利益である売上総利益（粗利益高）は一致しないのです。

■図3-2-1　値入高と売上総利益（粗利益高）の違い

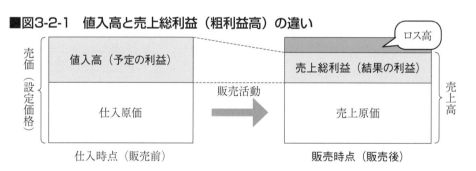

4 値入率（売価値入率）

売価に対する値入高の割合を値入率（売価値入率）といいます。

Check! 値入率（売価値入率）の計算
値入率（売価値入率）（%）　＝　$\dfrac{値入高}{売価}$　×　100

たとえば、仕入原価80円の商品に100円の売価を設定した場合は値入高が20円になります。このときの値入率は、「20（値入高）÷ 100（売価）× 100」と計算し、20%と割り出すことができます。

5 値下と売上総利益（粗利益高）の関係

売価を値下すると、その分だけ値入高より売上総利益（粗利益高）は少なくなります。

ケース：値下と売上総利益（粗利益高）の関係

1個1,000円で仕入れたネックレスに対して1,200円の売価を設定し、20個販売することにしました。15個は予定どおりの売価で売れましたが、残りの5個は1個当たり100円の値下をして販売しました。

```
<仕入時点>                          <販売時点>
仕入原価  1,000円×20個＝20,000円   売上原価  1,000円×20個＝20,000円
値 入 高    200円×20個＝ 4,000円   値 下 高    100円× 5個＝   500円
売   価  1,200円×20個＝24,000円   売 上 高 （1,200円×15個）＋（1,100円×5個）＝23,500円
                                    売上総利益（粗利益高）  23,500円－20,000円＝3,500円
```

結果の利益（売上総利益）は、予定の利益（値入高）よりも500円少ない結果となりました。なお、この場合の値入率と売上総利益率（粗利益率）は次のとおりです。

値入率　$\dfrac{4,000 円}{20,000 円} \times 100 = 20\%$　　売上総利益率（粗利益率）　$\dfrac{3,500 円}{23,500 円} \times 100 = 14.89\cdots$　14.89%

3 売上原価

一定期間に実現した売上高に対して使用された仕入原価の合計を売上原価という。

1 売上原価の計算

売上原価とは、実際に販売した商品にかかった費用です。

たとえば、みかんを1個80円で100個仕入れ、それを1個100円で80個販売した場合を考えてみましょう。仕入金額は「80（仕入原価）×100（仕入れた個数）」と計算し、8,000円になります。それを1個100円で80個販売したので、売上高は「100（売価）×80（実際に販売した個数）」と計算し、8,000円となります。売上原価は実際に販売した商品にかかった費用なので、「80（仕入原価）×80（実際に販売した個数）」と計算し、6,400円となります。

2 正確な売上原価の把握

実際の売上原価とは、一定期間に実現した売上高に対して使用された商品の仕入原価の合計です。これは、次の計算式によって正確に算出できます。

Check!	売上原価の計算

売上原価　＝　期首在庫高　＋　期中仕入高　－　期末在庫高

■図3-2-2

仕入金額 8,000円	売上原価 6,400円
	残りの在庫 1,600円

重要

○期首在庫高
　ある期間の最初の時点にあった在庫の原価。
○期中仕入高
　ある期間の途中で仕入れにかかった原価。
○期末在庫高
　ある期間の期末の時点で残っている在庫の原価。

ケース：ある期間の売上原価

10月の1か月間に1個100円の商品を100個仕入れ、150円の売価で80個販売しました。10月1日時点の在庫高は1,000円でした。

■図3-2-3　計算上の売上原価

期首在庫高（1,000円）	売上原価 1,000円＋10,000円－2,000円＝9,000円
期中仕入高 （10,000円）	期末在庫高（2,000円）

売上原価　1,000円（期首在庫高）＋10,000円（期中仕入高）－2,000円（期末在庫高）＝9,000円

4 ロス高

予定の利益と結果の利益の差額をロス高、売上高に対するロス高の割合をロス率という。

1 ロス高とロス率

参照
○ロスの発生原因
→ p.71

ロス高とは、当初予定した売価の合計と結果としての売上高との差額です。ロスの発生原因には、値下ロス・廃棄ロス・不明ロスの3つがあります。

売上高に対するロス高の割合は**ロス率**といいます。

Check!	ロス率の計算

$$\text{ロス率（%）} = \frac{\text{ロス高}}{\text{売上高}} \times 100$$

5 商品の効率

一定期間に仕入れた商品が何回転したか示す指標を商品回転率という。

1 商品回転率の計算

商品回転率とは、一定期間（通常1年間）に仕入れた商品が何回転したかを示す指標のことをいいます。商品回転率を計算するためには売上高と平均在庫高の把握が必要です。店舗の在庫は日々変化しますが、毎日棚卸をするのは現実的に不可能です。そこで、平均在庫高として次の3つの方法で計算します。

- ・（期首在庫高＋期末在庫高）÷2
- ・毎月の在庫高合計（1年分）÷12
- ・毎週末の在庫高合計（1年分）÷52

商品回転率は、次の計算式で求めることができます。

Check!	商品回転率の計算

$$\text{商品回転率（回）} = \frac{\text{売上高}}{\text{平均在庫高（売価）}}$$

たとえば、今期の期首在庫高が100万円、期末在庫高が200万円、年間売上高が3,000万円だった場合の商品回転率を見てみましょう。平均在庫高は「(100（期首在庫高) + 200（期末在庫高)) ÷ 2」で150万円です。このときの商品回転率は「3,000（売上高）÷ 150（平均在庫高）」と計算し、20回転となります。

2 在庫日数

在庫日数は、現在持っている在庫が何日でなくなるかを示す指標で、今ある在庫が何日分の売上高に相当するかを示しています。1日当たりの平均売上高は、「売上高÷営業日数」で計算します。

Check!	商品回転率の計算

$$\text{在庫日数} = \frac{\text{現在の手持ち売価在庫高}}{\text{1日当たりの平均売上高}}$$

　小売業における計数管理のうち、ここでは消費税について、その意味や内税（税込み）・外税（税抜き）の違い、計算方法について学びましょう。

1 消費税の基本

消費税とは、商品やサービスを消費したときに支払う税金である。

1　消費税とは何か

　消費税は、商品やサービスを消費したときに支払う税金です。店舗で商品を買った場合、客（消費者）は店に対してその商品の価格に消費税分を上乗せした金額を支払います。そして、店舗（事業者）は消費者から預かった消費税分の金額を国に納めます。このように、税金を支払う人（消費者）と、税金を納める人（事業者）が異なる税のことを間接税といいます。

2　内税と外税の違い

　商品やサービスの小売価格を表示する場合、すでに消費税分を含めた金額を表示したものを「内税」または「税込み」といいます。

　一方、消費税分を含んでいない価格を表示したものを「外税」または「税抜き」といいます。

2 消費税の計算

消費税を計算する場合には、おもに４つパターンがある。

1　消費税の計算方法

　消費税を計算する場合には、おもに次の４つのパターンがあります。ここでは、計算式に数字をあてはめて、実際に計算してみましょう。

Check!	①　税抜き（外税）商品の消費税の計算

消費税額　＝　税抜き商品価格　×　消費税率

例）　1,000 円【税抜き商品価格】× 0.1【消費税率】＝ 100 円【消費税額】

Check!	②　税抜き（外税）商品の税込み（内税）価格の計算

税込み商品価格　＝　税抜き商品価格　×　（１　＋　消費税率）

例）　1,000 円【税抜き商品価格】×（１ +0.1【消費税率】）＝ 1,100 円【税込み商品価格】

Check!	③　税込み（内税）商品の消費税の計算

消費税額　＝　税込み商品価格　÷　（１　＋　消費税率）　×　消費税率

例）　1,320 円【税込み商品価格】÷（１ +0.1【消費税率】）× 0.1【消費税率】
　　　＝ 120 円【消費税額】

Check!	④　税込み（内税）商品の税抜き（外税）価格の計算

税抜き商品価格　＝　税込み商品価格　÷　（１　＋　消費税率）

例）　1,100 円【税込み商品価格】÷（１ +0.1【消費税率】）＝ 1,000 円【税抜き商品価格】

第 4 章 店舗管理の基本

第 1 節 金券類の扱いと金銭管理の基本知識

代金の支払い方法は、現金や商品券などの金券以外に、クレジットカードなどさまざまな種類が存在しています。ここでは、代金支払い方法の種類や金銭管理のポイントについて学んでいきましょう。

第5編

1 金券

金券は現金及び換金性のある証券のことをいう。小売店での代金の支払い方法には金券を使うもののほか、クレジットカードを使うものなどがある。

1 金券の種類

現代では、売買の際にさまざまな決済手段が使われています。決済に使われる金券には現金のほか、小切手・百貨店などの商品券・図書カード・ギフト券などがあり、小売店での金券の取扱は増加の一途をたどっています。

■表4-1-1 金券の種類

金券	現金	中央銀行や政府が発行する紙幣や硬貨。 日本では、日本の中央銀行である日本銀行が発行する紙幣（日本銀行券）と、政府が発行する硬貨がある。
	換金性のある証券	各種商品券・ギフト券や小切手などがある。 ・各種商品券・ギフト券 　百貨店・スーパーマーケット・専門店などが発行する商品券や図書カード及びギフト券。 ・小切手 　金額が記入された紙で、現金の代わりとなる。小切手を振り出すには、事前に当座預金口座を開設していなければならず、また、当座預金に記入する金額以上の預金額が入っていなければならない。

■図4-1-1

代金支払い方法の種類

```
代金支払い方法の種類
├ ①現金
├ ②各種商品券・ギフト券
├ ③小切手
├ ④クレジットカード
├ ⑤デビットカード
└ ⑥電子マネー
```

2 代金支払い方法の種類

代金の支払い方法は現金によるものが一般的です。このほか、現金以外の金券を使う場合や、クレジットカード、デビットカード、電子マネーを使う場合があります。

■表4-1-2 代金支払い方法の種類

種 類	支払い方法
①現金	紙幣や硬貨で支払う。最も一般的な支払い方法。
②各種商品券・ギフト券	商品券等で支払う。小売店はその商品券等を発行した発行会社に商品券を持参することによって現金に換金できる。
③小切手	小切手用紙に金額・署名・捺印し、小売店に渡す。小売店は、小切手に記載されている銀行に限らず、自店の取引銀行の窓口で入金処理ができる。ただし、現金化までに2営業日ほどかかる。
④クレジットカード	後日、クレジット会社から小売店に代金が支払われ、クレジット会社は会員である顧客の銀行口座から代金を回収する。（➡ p.174「包括方式の信用購入あっせん」）
⑤デビットカード	口座をもっている銀行のキャッシュカードで支払う。買物をすると顧客の銀行口座からすぐに引き落とし手続きが行われる。預金残高が商品代金に満たない場合は取引が成立しない。
⑥電子マネー	現金を使用せず、電子データのやり取りだけで商品代金を支払う。

🛈 重要

○電子マネー

ICカード型電子マネー

プラスチックカードや携帯電話にICチップを埋め込み、事前にチャージ（入金）して支払いを行うもの。Suica、PASMOなどの交通系と、Edy、iDなどの商業系がある。

ネットワーク型電子マネー

スマートフォンなどに専用のソフトウェアをインストールして電子的な財布を設置し、金融機関を経由して支払いを行う。

2 金銭管理のポイント

金銭管理の際には、金券や小切手の確認・レジ段階でのミスの防止・盗難や窃盗の防止など、さまざまな点に留意する必要がある。

■表4-1-3

①金券の確認	コンピュータやカラーコピー機などの技術革新によって金券偽造が行われやすくなっている。代金を受け取る際には、金券の透かし印刷や蛍光発色インクなどを注意深く確認する必要がある。
②小切手の確認	小切手を受け取ったときは、振出人の署名・捺印・金額を確認する。小切手の振出人の当座預金口座が残高不足のときは不渡りになる場合がある。不渡りになると、代金の回収ができなくなるため、顧客に連絡し、別の支払い手段を依頼する。
③店内での金銭管理	レジスターの管理は、ルールを徹底する必要がある。原則として時間を決め、定期的にレジスター内にある金銭の確認を行う。毎日レジをしめたあとは1日の売上と金券類の実査をおこない、責任者が現金と金券類を金庫に保管する。
④レジ段階での金銭管理	レジの打ち間違いや、つり銭の間違い、返品や値引き、価格変更によって、売上高と入金金額が一致しない場合がある。まずは誤りが発生しないように、注意深く正解にレジ処理をする。不一致が発生したときの処理手順や確認方法も徹底しておく。
⑤金銭の盗難防止	外部者による金銭の盗難のほかに、従業員による金銭の盗難も起こりえる。犯罪を未然に防ぐためにも、金銭管理の手続きや監視カメラの設置、金銭管理マニュアルなどの整備が必要。
⑥無意識の窃盗防止	内部の従業員が店舗の金銭を盗難する以外に、勝手な値引きや商品の無償提供なども犯罪になる。従業員管理が不十分であると、販売員自身は犯罪の意識がないままこれらの行為をしてしまう場合がある。無意識の窃盗を防ぐためにも、店舗管理や従業員教育を徹底することが必要。

■図4-1-2　金銭管理のポイント

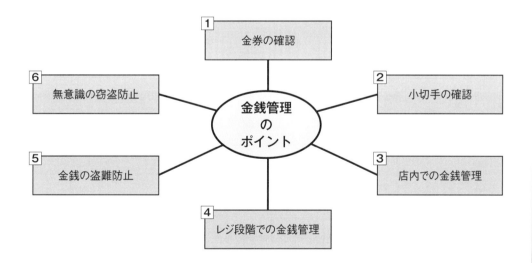

万引によるロス率を低減することは、小売業の利益率を向上させることに直結しています。ここでは、万引によるロス率を低減させるための方法について学んでいきましょう。

1 商品ロス

万引によるロスは、欠品や売れ残りによるロスと同様に商品ロスとなる。

1 商品ロスと利益率

小売店内において発生する商品ロスは、欠品による販売機会ロス、売れ残りによる廃棄ロス、万引によるロスに大別できます。店頭でのロス率が高くなることは、小売業にとっての利益率がダウンすることに直接つながります。一般的に、売上高に対するロス率は、高いところで2〜3%、低いところで1%以下といわれています。

利益率の低下を防ぐためには、商品ロスを防ぐ対策が必要です。

2 ロス・マネジメント

商品ロスをいかに少なくするかは小売店が抱える課題の1つです。商品ロスを少なくしてロス率を低下させるために対応することをロス・マネジメントといいます。

販売機会ロスや廃棄ロスを減少させるには、売れ筋商品・死に筋商品を正確に把握し、適正な仕入を行うことが必要です。こうすることによって、売場欠品率の低下や適正在庫の確保、顧客ニーズに合った品ぞろえが可能となります。

万引によるロスを減少させるには、販売員の対応や売場の整備によって、万引しにくい環境をつくることが必要です。

2 万引の現状と防止策

万引によるロスは最近の犯罪件数の増加とともに悪質化しており、小売業には早急な対策が求められている。

1 万引の防止策

万引を防止するには、万引しにくい環境をつくることが必要です。具体的な対策には、次のものがあります。

■表 4-2-1 万引の防止策

①声かけ	声をかける。 声かけは万引防止の基本。「いらっしゃいませ」のひと言が万引防止に役立つ。
②きれいな売場	欠品がなく、きれいに保たれた売場を維持する。 管理の行き届いた売場は、小売店側がしっかりと管理しているというイメージにつながり、万引防止に役立つ。
③売場づくり	死角をつくらない。 売場のレイアウトに配慮し、死角をつくらないようにする。売場にすきをつくらないことが、万引防止に役立つ。

また、ICタグを使ったセキュリティシステムを導入する方法もあります。

 重要

○ ICタグ

電波を受けて働く小型の電子装置の1つで、RFID（Radio frequency identification）の一種。ICタグは、ICチップとアンテナからなる超小型装置で、チップに記憶された情報を直接触れずに読み取る技術である。

食品の衛生管理では、食品を取り扱う人が衛生的であることや、使用する食品が衛生的に安全であること、施設が衛生的に管理されていることが求められます。ここでは、食品の衛生管理に関する法律や管理システムについて学んでいきましょう。

1 食中毒の防止と商品管理

食品を扱う小売業にとって、食中毒は細心の注意をはらって防止しなければならないものである。

1　食中毒防止の3原則

食品を取り扱う小売業が最も気をつけなければならないことは、食中毒を防止することです。食中毒を防止するためには、次の3原則を厳守しなければなりません。

食中毒防止の3原則

①**細菌をつけない**

食品を清潔にする。材料・手指・調理器具の洗浄と殺菌、原材料と調理済み食品の区分け包装などの徹底。

②**細菌を増やさない**

冷凍・冷蔵の温度管理の徹底、計画的な仕入と販売による保存期間の徹底。

③**細菌を殺す**

調理時に確実に加熱する。

2　保存期間の管理と保存場所の整備

食中毒の防止には、計画的な仕入と販売によって適正な保存期間を守ることが大切です。そのため、商品などは先入れ先出しを徹底し、仕入日が古いものから販売するようにします。また、商品を保存する場所は清潔に保ち、その商品に適した温度管理をすることも必要です。

2 衛生管理

食品の安全を守る方法には、HACCPやJAS法による規定などがある。

1　従業員の衛生管理

食品を取り扱う従業員が注意しなければならない衛生管理の原則には、次のものがあります。

衛生管理の原則

①**健康状態に留意する**

病気が疑われる状態で食品を取り扱ってはならない。

②**服装・身なりを清潔に保つ**

帽子・エプロン・作業着・マスク・手袋・履物などは規則を守り、清潔を保つ。
髪が落ちないようにし、爪は短く切って指輪や腕時計などは外す。手洗いを徹底する。

③**不衛生な行動はしない**

作業中に顔や髪をさわったり、マスクなしでくしゃみや咳をしたりしないようにする。

■図4-3-1　従業員の衛生管理

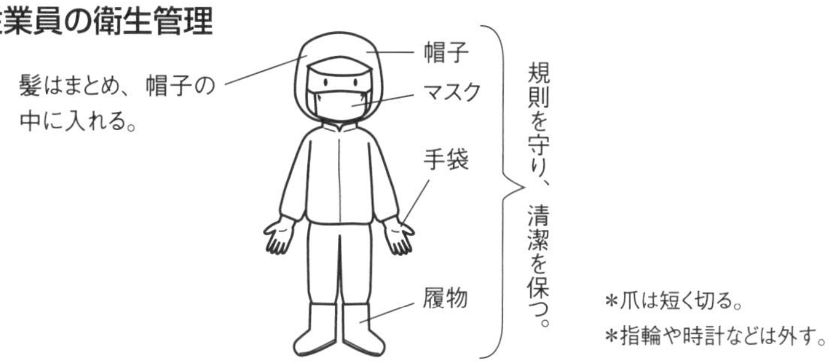

髪はまとめ、帽子の中に入れる。

帽子
マスク
手袋
履物

規則を守り、清潔を保つ。

＊爪は短く切る。
＊指輪や時計などは外す。

2 HACCP（危害分析重要管理点）による衛生管理

HACCP（ハサップ：Hazard Analysis and Critical Control Point）は、加工食品に関して、原材料から製造・加工工程全般にわたって危害となる要素を洗い出し、それらを取り除く方法を明確にしたシステムです。これはアメリカのNASAが宇宙食の衛生管理を行うために培ったノウハウをもとにしています。HACCPは、おおむね次のような手順で行われます。

HACCPの手順

①食品の安全を損なう（危害となる）要素を明らかにし、取り除く方法を決定する。
②危害となる要素の中から食中毒を防止するために最も適している重要管理点を決定する。
③重要管理点ごとに適正に管理を行うための基準を決定する。
④基準が守られているかモニタリングし、守られていない場合の対応方法を決定する。
⑤各工程の作業を標準作業手順書として文書化する。
⑥モニタリングの結果などを記録・保管する。

3 食品表示法・JAS法などによる基準

内閣総理大臣は食品表示法にもとづいて食品表示基準を設け、生鮮食料品や加工食品について、関連事業者等が表示義務がある項目や表示方法などを定めています。

①生鮮食品の品質表示基準

食品表示基準のうち、生鮮食品（農産物・水産物・畜産物）の表示に関する基準です。生鮮食品の「名称」と「原産地」の表示は、次のように規定されています。

■表4-3-1　生鮮食品の表示

農産物	・名　　称：「トマト」「みかん」など一般的な名称を表示。 ・原産地：国産の場合は都道府県を表示。輸入品の場合は国名を表示。ただし、「帯広産」「カリフォルニア産」など地名を表示してもよい。
水産物	・名　　称：魚介類の名称のガイドラインにのっとった名称を表示。 ・原産地：国産の場合は生産または漁獲した水域名を表示。輸入品の場合は原産国名を表示。
畜産物	・名　　称：「牛肉」「豚肉」など一般的な名称を表示。 ・原産地：国産の場合は「国産」「国内産」などと表示。輸入品の場合は原産国名を表示。

②加工食品の品質表示基準

食品表示基準のうち、冷凍食品などの加工食品の表示に関する基準です。加工食品の表示では、これまで原料原産地の表示が任意表示となっていましたが、食品表示基準では一部の加工食品について、原料原産地の表示が義務化されました。

③遺伝子組換え食品の表示

遺伝子組換え技術を用いて生産された農産物や、それを原材料とした加工食品には、**遺伝子組換え食品の表示**が義務づけられています。

④食品の日付表示

容器包装された食品には、原則として**賞味期限**または**消費期限**を表示します。

⑤有機の表示

JAS法（農林物資の規格化等に関する法律）では、有機の規格化を行っています。**有機の表示**には第三者の認証が必要です。有機食品のJAS規格に合格していないものは有機食品の表示ができません。

4 食品のトレーサビリティ（traceability）

トレーサビリティは「食品が、いつ、誰に、どこで、どうやって製造され、どういう流通経路にのせられて、店頭に並んだのか」という生産、加工、流通の履歴を広く消費者に開示するものです。

左段：

補足
○食品表示基準の策定・変更

食品表示基準を策定または変更する際、内閣総理大臣は、厚生労働大臣・農林水産大臣・財務大臣と協議し、さらに、消費者委員会に意見聴取を行わなければならない。

補足
○食品表示法における、生鮮食品と加工食品の違い
生鮮食品

刺身（1種類のみ）、単一の畜種のミンチ、切り身、冷凍しただけのもの（いずれも加熱処理や調味等を行っていないもの）。

加工食品

2種類以上の魚介類を使用した「刺身盛り合わせ」、複数の畜種を混合したミンチ、ボイルした「ゆでタコ」などの加熱処理や調味等を行っているもの。

必要な食品表示

生鮮食品は名称や原産地等の表示が必要。加工食品を容器包装に入れて販売する場合には加工食品の表示が必要。

参照
○遺伝子組換え食品の表示
→ p.177

参照
○消費期限と賞味期限
→ p.178

参照
○有機の表示
→ p.177

補足
○トレーサビリティ制度化の背景

トレーサビリティは牛肉のBSE問題や原産地の偽装表示問題が多発したことが背景となり、法令によって制度化された。

第1問 次のア～オは、接客マナーについて述べている。正しいものには1を、誤っているものには2を、解答欄に記入しなさい。

ア　接客の心構えの1つに笑顔での接客があるが、目尻や口角を上げた自然な笑顔を心がけ、販売員の明るく元気な挨拶によって、来店した顧客に安心感をもたらすことができる。

イ　会釈は「はい、かしこまりました」など、顧客に指示を受けたときのお辞儀で、15度の角度で腰を曲げ、目線は1.5m先に落とす。

ウ　普通礼とは「少々お待ちください」など、顧客をお待たせするときのお辞儀で、30度の角度で腰を曲げ、目線は2.0m先に落とす。

エ　最敬礼とは「ありがとうございます」など、お買い上げいただいたときのお辞儀で、45度の角度で腰を曲げ、目線は0.5m先に落とす。

オ　販売員は日ごろから顧客の心理をすばやくキャッチし、それに応じた接客ができるようにトレーニングすることによって顧客との良好な人間関係を築くことができる。

ア	イ	ウ	エ	オ

第2問 次のア～オは、敬語について述べている。正しいものには1を、誤っているものには2を、解答欄に記入しなさい。

ア　尊敬語とは相手側または第三者の行為や状態についてその人物を立てて述べる敬語で、「いらっしゃる」や「なさる」などが該当する。

イ　謙譲語Ⅰは自分側の行為・ものごとを相手に対して丁重に述べる敬語で、「参る」や「いたす」が該当する。

ウ　謙譲語Ⅱは自分から相手側または第三者側に向かう行為・ものごとについて、その向かう人を立てて述べる敬語で、「伺う」や「頂く」が該当する。

エ　丁寧語は話の相手や文章の相手に対して丁寧に述べる敬語で、「たこうございます」や「おいしゅうございます」が該当する。

オ　美化語はものごとを美化して述べる敬語で、「お化粧」や「お茶」が該当する。

ア	イ	ウ	エ	オ

第3問 次のア～オは、小売業の適正確保に関する法規について述べている。正しいものには1を、誤っているものには2を、解答欄に記入しなさい。

ア　大規模小売店舗の立地に関する法律として大規模小売店舗立地法があるが、この法律では、原則として10,000㎡を超える大型店を対象としている。

イ　大規模小売店舗立地法の目的は、大規模小売店の立地に関し、その周辺の中小小売業の存続維持のため、大規模小売店舗を設置する者に対して適正な配慮を求めることである。

ウ　商店街の整備、店舗の集団化、共同店舗の整備を通じて中小小売業の振興をはかるための法律として中小小売商業振興法がある。

エ　商店街振興組合法が行う事業には、共同仕入や保管などの「共同事業」とアーケード、カラー舗装の設置などの「環境の整備改善をはかるための事業」がある。

オ　少子高齢化や消費生活の状況変化に対応して、中心市街地における都市機能の増進などを推進するための法律として、中心市街地活性化法が制定されている。

ア	イ	ウ	エ	オ

第4問 次のア～オは、事業の許認可に関する法規について述べている。正しいものには1を、誤っているものには2を、解答欄に記入しなさい。

ア　食肉販売・魚介類販売を行う者は、営業施設について、食品衛生法にもとづく基準を満たしたうえで都道府県知事の許可を得なければならない。

イ　薬局の開設、医薬品の販売を行う者は薬事法によって規制され、原則として所定の要件を備えて都道府県知事の許可を得なければならない。

ウ　酒類の販売は食品衛生法によって規制され、販売所ごとに所在地の所轄税務署長に届け出なければならない。

エ　古物の販売は古物営業法によって規制され、営業所ごとに古物の種類を定めて所在地の都道府県公安委員会の許可を得なければならない。

オ　動物取扱業者の規制により、動物を扱うすべての事業者は動物愛護管理法によって都道府県知事に対する動物取扱業の登録と施設ごとに動物取扱責任者の設置が必要となる。

ア	イ	ウ	エ	オ

第5問　次のア～オは、**商品に関する法規**について述べている。正しいものには **1** を、誤っているものには **2** を、解答欄に記入しなさい。

ア　消費者の生命・身体に対して特に危害を及ぼすおそれが多い製品については PSC マークの貼付が必要で、規制対象品目によって「特定製品」と「特別特定製品」に分かれている。

イ　消費者が日常生活で使用する製品の安全性を確保するための制度として JIS があり、一般財団法人製品安全協会が認定基準を作成し、その安全性を認定した製品に JIS マークを貼付している。

ウ　医薬品の性状や品質の適正をはかるために日本薬局方を定め、厚生労働大臣は特定の医薬品の製法、性状、品質、貯蔵に関して必要な基準を設けている。

エ　有機食品の検査認証・表示制度では、厚生労働省の「有機食品に関するガイドライン」に適合した有機食品の認定制度が導入されている。

オ　食品衛生法にもとづいた遺伝子組換え食品表示制度では、食品安全委員会で審査を受けていない遺伝子組換え食品の輸入・販売などが禁止されている。

ア	イ	ウ	エ	オ

第6問　次のア～オは、**損益計算**について述べている。正しいものには **1** を、誤っているものには **2** を解答欄に記入しなさい。

ア　原価 80 円の商品を仕入れ、100 円で販売した場合、値入率は 25％となる。

イ　売上高が 100 万円で売上原価が 70 万円のときの売上総利益率は 70％である。

ウ　今期の期首在庫高（売価）が 10 万円、期末在庫高（売価）が 30 万円、年間売上高が 100 万円だったときの商品回転率は 5 回転である。

エ　税込み価格が 1,320 円のときの消費税は 120 円である。

オ　税込み価格が 2,310 円のときの税抜き価格は 2,310 円である。

ア	イ	ウ	エ	オ

第7問　次の文章は、**クレームへの対応**について述べている。文中の〔　　　〕の部分に、下記に示すア～オのそれぞれの語群から最も適当なものを選んで、解答欄にその番号を記入しなさい。

　クレームは、商品やサービス、接客などに対して顧客が〔ア〕を抱いているために発生する。クレームは、的確に対応することによって顧客との間の強い信頼関係を生むこともできる。クレーム対応は、まず〔イ〕することから始まる。そして、よく〔ウ〕ことによって顧客に冷静になってもらう。その後は、状況確認に努め、原因の究明と顧客に〔エ〕を提示する。最後は、従業員全員に〔オ〕することで、二度と同じようなクレームが起きないように努めていくことが必要である。

【語　群】
ア　1. 疑　　　　問　　2. 不　　　　満　　3. 好　　　　意　　4. 悪　　　　意
イ　1. 聴　　　　く　　2. 説　明　す　る　　3. お　わ　び　す　る　　4. 状　況　把　握
ウ　1. 説　明　す　る　　2. お　わ　び　す　る　　3. 見　　　　る　　4. 聴　　　　く
エ　1. 対　応　方　法　　2. 金　　　　額　　3. 代　替　商　品　　4. 始　末　書
オ　1. キャッチアップ　　2. ボトムアップ　　3. フィードバック　　4. トレードオフ

ア	イ	ウ	エ	オ

第8問 次の文章は、不当景品類の規制について述べている。文中の〔　　〕の部分に、下記に示すア〜オのそれぞれの語群から最も適当なものを選んで、解答欄にその番号を記入しなさい。

　　景品の提供のうち、取引に付随しないで景品類を提供する場合は〔ア〕とよばれ、〔イ〕が適用される。一方、取引に付随して景品を提供する場合は〔ウ〕が適用される。〔ウ〕にもとづく景品の規制には、景品類の提供方法によって、〔エ〕、一般懸賞、共同懸賞がある。〔エ〕は商品購入者全員に景品類を提供するもので、取引価額が1,000円未満の場合は、景品類の最高額が〔オ〕まで、1,000円以上の取引価額の場合は取引価格の10分の2の額と定められている。

【語　群】

ア	1. クローズド懸賞	2. オープン懸賞	3. 公開懸賞	4. 排他懸賞
イ	1. 景品表示法	2. 消費者安全法	3. 独占禁止法	4. 消費者基本法
ウ	1. 独占禁止法	2. 消費者基本法	3. 消費者安全法	4. 景品表示法
エ	1. 総付景品	2. ノベルティ	3. プレミアム	4. サンプル
オ	1. 100円	2. 150円	3. 200円	4. 250円

ア	イ	ウ

エ	オ

第9問 次の文章は、衛生管理について述べている。文中の〔　　〕の部分に、下記に示すア〜オのそれぞれの語群から最も適当なものを選んで、解答欄にその番号を記入しなさい。

　　近年注目されている衛生管理システムに〔ア〕がある。このシステムは、アメリカの〔イ〕の衛生管理のノウハウがベースになっている。また国内では、JAS法、食品衛生法、健康増進法の3つの法律で規定されていた食品の表示について一元化した〔ウ〕が施行されている。〔エ〕は、食品表示基準を策定し、名称、アレルゲン、保存方法、消費期限、原材料、添加物、原産地など、食品関連事業者等が遵守すべき事項を定めている。食品表示基準を策定・変更する場合、〔エ〕は、関係する大臣と協議するとともに、〔オ〕の意見聴取を行うことが定められている。

【語　群】

ア	1. CODEX	2. HACCP	3. トレーサビリティ	4. RFID
イ	1. NASA	2. AMA	3. CIA	4. FBI
ウ	1. JAS法	2. 消費生活用製品安全法	3. 食品表示法	4. 食糧法
エ	1. 内閣総理大臣	2. 環境大臣	3. 厚生労働大臣	4. 農林水産大臣
オ	1. 食品安全委員会	2. コーデックス委員会	3. 一般財団法人製品安全協会	4. 消費者委員会

ア	イ	ウ	エ	オ

第10問 次の文章は、小売業の計数管理について述べている。文中の〔　　〕の部分に、下記に示すア〜オのそれぞれの語群から最も適当なものを選んで、解答欄にその番号を記入しなさい。

・売上高から売上原価を差し引いたものを〔ア〕といい、アから販売費及び一般管理費（販管費）を差し引いたものが〔イ〕である。また、手元に残る最終的な利益を〔ウ〕という。
・商品回転率とは一定期間に仕入れた商品が何回転したかを示す指標で、〔エ〕を〔オ〕で割って求める。

【語　群】

ア	1. 営業利益	2. 売上総利益	3. 経常利益	4. 当期純利益
イ	1. 売上総利益	2. 営業利益	3. 当期純利益	4. 経常利益
ウ	1. 粗利益	2. 経常利益	3. 営業利益	4. 当期純利益
エ	1. 売上高	2. 期首在庫高	3. 平均在庫高（売価）	4. 粗利益高
オ	1. 売上総利益	2. 売上原価	3. 売上高	4. 平均在庫高（売価）

ア	イ	ウ	エ	オ

(p.40)

第1問

ア	イ	ウ	エ	オ
2	1	1	2	2

ア　年間販売額の70%以上ではなく、半分以上が消費者に対するものである場合、小売業と定義している。

イ　そのほか、商品を販売し、かつ、同種商品の修理を行う事業所や、製造小売事業所、ガソリンスタンド、産業用使用者に少量または少額で販売する事業所も小売業となる。

ウ　卸売りとは、生産活動や事業活動のために原材料や部品、設備などを販売する活動をいう。文具店が消費者に商品を販売すれば小売活動であるが、ほかの小売店に販売すれば卸売活動となる。

エ　小売りと卸売りは買い手によって区別できる。小売業は消費者に対して商品やサービスを販売し、卸売業は消費者以外の事業者に販売する。

オ　小売業は、メーカーに代わって消費者に商品を販売する「販売代理」を行うと同時に、消費者が望む商品を消費者に代わってメーカーから仕入れてくる「購買代理」を行う。

第2問

ア	イ	ウ	エ	オ
1	2	2	2	2

ア　組織小売業は「資本形態」「店舗形態」「取扱商品の種類」によって分類することができる。資本形態によって分類すると、コーポレートチェーンは単一資本、ボランタリーチェーンは共同資本、フランチャイズチェーンは契約による独立資本、生協チェーンは組合員の共同出資に分類される。

イ　カジュアルウェア・スーパーや家電スーパーは、店舗形態による分類の中の取扱商品を限定しているリミテッドマーチャンダイズ組織に分類される。

ウ　本部から継続的投資に対する利益還元を得る権利を受けることができるのはボランタリーチェーンである。フランチャイズチェーンは本部と加盟店が完全に独立しているため、契約以外の利害関係は発生しない。

エ　COOPの根拠法は消費生活協同組合法で、消費者が出資して組合員となり運営される共同組織体である。

オ　フランチャイズビジネスでは特権を与える本部をフランチャイザーとよび、特権を与えられている加盟店をフランチャイジーとよぶ。

第3問

ア	イ	ウ	エ	オ
2	1	2	2	2

ア　「令和4年版　情報通信白書」によると、端末別に過去1年間にインターネットを利用した人の割合は、スマートフォンが68.5%と最も多く、次にパソコン（48.1%）、タブレット端末機（25.1%）とつづいている（2019年）。

イ　ネットショッピングを利用する世帯の割合は、25.1%と4世帯に1世帯までに増加している。また個人利用率では、20代といった若者より、60代といった高齢者が上回っている。

ウ　電子商取引の分野は、「物販系」以外では、ネット予約やチケット販売、金融サービスなどの「サービス系」のほか、電子書籍や音楽の配信サービスなどの「デジタル系」に大別できる。

エ　ショールーミングとは、実店舗で商品を確認し、購入は家からオンラインショップで行う行動パターンをいう。

オ　ウェブルーミングとは、インターネット上で商品を検索してから、実店舗を訪れ、商品を最終確認して購入する行動パターンをいう。

第4問

ア	イ	ウ	エ	オ
2	1	1	2	2

ア　総合品ぞろえスーパーや百貨店、コンビニエンスストアなどは業態による分類である。業態とは来店する顧客ニーズに合わせて、どのような売り方をするかといった店舗運営の形態を総合的に見たものをいう。

イ　委託販売はメーカーや問屋などの仕入先企業に売場を貸して商品を販売する方法。百貨店は売場を貸しているだけなので、商品の所有権はメーカーや問屋側にあり、百貨店は在庫リスクが発生しない。しかし、収入面では買取販売と比べて粗利益額が少なくなるといったデメリットもある。

ウ　ワンストップショッピングとは、1か所で、ある生活シーンに必要な商品をまとめ買いすることをいう。総合品ぞろえスーパーは生活必需品をワンストップショッピングすることができる利便性を提供している。

エ 複数の店舗で販売する商品を本部が一括集中して仕入れることをセントラルバイングという。スーパーマーケットはこのシステムを通して、仕入コストの引き下げや仕入担当者などの効率的な活用を行うことができる。

オ 医療機関に頼らず、できるだけ自分の手で健康管理を行うことをセルフメディケーションという。H＆BCとはヘルスアンドビューティーケアという健康と美に関するカテゴリーを主体に販売するとするドラッグストアのコンセプトである。

第5問

ア	イ	ウ	エ	オ
2	2	1	2	1

ア 商店街は、駅前や観光地、門前などの人が集まりやすい場所に、自然発生的に小売業やサービス業、飲食店などが集まってできたもの。計画的に作られた商業集積はショッピングセンターである。

イ 令和3年度の商店街実態調査の商店街における問題をみると、「経営者の高齢化による後継者問題」が72.7%と最も多く、「店舗の老朽化」は36.4%となっている。

ウ 商店街は、取扱商品と商圏の大きさから、近隣型商店街、地域型商店街、広域型商店街、超広域型商店街の4つに大別できる。地域型商店街は近隣型商店街よりも広範囲の顧客を集客することができる。

エ 令和3年度の商店街の景況に関する調査では、「繁栄している」は1.3%で、「衰退している」と「衰退の恐れがある」を合わせた割合は約67.2%となっており、依然厳しい状況が続いている。

オ ワンストップショッピング機能とは、消費者が必要とする商品をその場所ですべてそろえることができるという機能。商店街は自然発生的に集まってできた商業集積であるため、ワンストップショッピング機能を発揮することが難しい。

第6問

ア	イ	ウ	エ	オ
3	3	1	4	2

ア 流通とは生産者から消費者への商品の橋渡しを意味し、生産と消費のギャップを埋める活動である。

イ 取引機能は仕入機能と販売機能から構成されている。生産者が流通を経由して消費者に商品を販売し、消費者は流通を経由して生産者から商品を仕入れることによって、商品の所有権と所有することによる商品の価値を生産者から消費者に移転することができる。

ウ 輸送機能とは生産地と消費地の空間的ギャップを埋める機能である。流通が輸送機能を積極的に行うことによって、あらゆる地域で生産された商品を消費者は購入することができる。

エ 情報伝達機能は生産者と消費者の商品やサービスに対する認識のギャップを埋める機能である。具体的には、売り手のプロモーション活動と顧客ニーズなどの情報収集活動から構成されている。

オ 保管機能とは生産する時期と消費する時期のギャップを埋める機能である。流通が保管機能を積極的に行うことによって、消費者は年間を通して商品を購入することができる。

第7問

ア	イ	ウ	エ	オ
2	2	3	4	1

ア 国際チェーンストア協会の定義では、チェーンストアとは一企業がすべての店舗を運営する、「単一資本による運営」とされている。

イ チェーンストアとは11店舗以上の店舗を直接経営管理するものをいう。日本では11店舗以上となっているが、アメリカでは200店舗以上が基準となっている。

ウ 国際チェーンストア協会の定義では、小売業のほかに飲食業もチェーンストアの対象となっている。しかし、日本チェーンストア協会の定義では、「チェーンストアを営む小売業法人であって、11店舗以上または年商10億円以上」となっている。

エ チェーンストアは、本部主導型で店舗運営をバックアップし、コントロールする点が特徴である。

オ チェーンストアは、セルフサービス販売方式を主体とし、画一的な店舗で標準化された売場によって運営される。

第8問

ア	イ	ウ	エ	オ
1	4	3	3	4

ア B to Bとは Business to Business の略称で、企業間取引をいい、企業が企業に向けて商品を販売する取引である。

イ B to Cとは Business to Consumer の略称で、企業と消費者間取引をいい、企業が個人としての消費者に商品やサービスを販売する取引である。

ウ C to Cとは Consumer to Consumer の略称で、消費者間取引をいい、個人が出品するネットークションなど、個人が個人に商品を販売する取引である。

エ O2Oとは Online to Offline の略称で、オンラインとオフラインを連携させるマーケティング手法である。

オ O2Oの代表的な手法に、ネット上のクーポンによって顧客を自店に誘導するものがある。

第9問

ア	イ	ウ	エ	オ
4	3	1	3	4

ア　専門店は、取扱商品において特定の分野が90％以上を占める。なお、取扱商品において特定の分野が50％以上を占めている場合は中心店という。

イ　専門店は、非セルフサービス販売方式、つまり、対面販売方式の小売業である。特定の商品を90％以上取り扱っていても、セルフサービス販売方式の店舗で、顧客が自由に商品を手に取れる小売業は、各種商品の量販店に該当する。

ウ　広義の専門店は、特定分野の商品を90％以上取り扱っている非セルフサービス販売方式の小売業を指しているので、精肉店や鮮魚店、青果店などの業種店（専業店）はすべて専門店に該当する。

エ　狭義の専門店は業種店（専業店）と対比するものであり、特定分野の商品を取り扱いつつ、自店に来店する顧客がどのようなニーズをもって商品を購入しているのかを意識した店舗となっている。

オ　広義の専門店である業種店（専業店）は商品の専門性を追求する小売店であり、狭義の専門店である業態店（専門店）は顧客ニーズの専門性を追求する小売店であるといえる。

第10問

ア	イ	ウ	エ	オ
1	2	4	3	2

ア　コンビニエンスストアの売場面積は、住宅地に隣接する零細小売店からミニスーパークラスの大きさである。しかし近年、駐車場の併設やATMや端末機器などの設置から店舗の大型化が進んでいる。一方で、駅ナカなど、機能を絞った小型店舗も多くなっている。

イ　日本経済新聞社が行った1978年の「第1回コンビニエンスストア調査」では、営業時間は12時間程度となっていた。現在では24時間営業を行っているコンビニエンスストアが多くなっているが、商業統計調査では「営業時間14時間以上」と定義している。

ウ　POSシステムは販売時点情報管理システムと訳される。レジスターにあたるPOS端末で商品につけられたバーコードを読み取ることにより、売れ筋商品や死に筋商品の把握などを的確に行うことができるようになった。

エ　POSシステムの導入によって、店舗内の1つひとつの商品を正確に把握することができる単品管理が可能となった。これにより、店舗面積が小規模であっても顧客ニーズに合った多品種少品目の品ぞろえを行うことができる。

オ　コンビニエンスストアでは、宅配便の取り扱いや公共料金の収納代行、ATM、チケット購入などさまざまなサービスを提供している。

第11問

ア	イ	ウ	エ	オ
2	1	3	3	2

ア　デベロッパーとは開発業者をいう。一般社団法人日本ショッピングセンター協会によると、ショッピングセンターはデベロッパーである開発業者によって計画、開発されるものと定義されている。

イ　商業集積には、自然発生的に形づくられた商店街と、デベロッパーによって計画的に造成されたショッピングセンターがある。

ウ　キーテナントとはショッピングセンターの集客の中心となる店舗をいい、総合品ぞろえスーパーや百貨店などの大型小売店がその役割を担っている。最近では、アパレルや雑貨、家具、家電などの大型量販店がキーテナントとしての役割を担っているショッピングセンターも出現している。

エ　ショッピングセンターにおける小売業の店舗面積は1,500㎡以上である。ただし、キーテナントがショッピングセンター面積の80％程度を超えないことなど細かい基準が設定されている。

オ　ショッピングセンター内の専門店は10店舗以上含まれていることが条件となっている。また、ショッピングセンター内にテナント会（商店会）等が存在し、共同で広告宣伝や催事を行うことも条件となっている。

解答・解説

第1問

ア	イ	ウ	エ	オ
2	2	2	1	1

ア　物財としてのモノ以外に、クリーニングなどの「サービス」、携帯電話キャリアなどの「システム」、新聞などの「情報」、著作権などの「権利」、特許などの「技術」なども商品である。

イ　日本標準商品分類や日本標準産業分類、日本標準職業分類などの統一的に決められたものを制度分類という。慣用分類とは、最寄品、買回品、専門品といった消費者の購買慣習による分類である。

ウ　最寄品とは、食料品や生活必需品など、購買頻度が高く、安価で、時間や労力をかけずに購買する商品をいう。

エ　買回品とは、洋服やアクセサリーなど、最寄品に比べると購買頻度が低く、比較的高価格な商品でいくつかの店舗を回って比較購買する商品をいう。

オ　鮮魚店や青果店など商品別の店舗を業種店という。また、業態店とは毎日の夕食の食材が取りそろえられているスーパーマーケットや、すぐに使える、すぐに食べられる状態で商品を提供するコンビニエンスストアなど、用途別に商品を提案する店舗である。

第2問

ア	イ	ウ	エ	オ
2	1	1	2	1

ア　チェーンストアのマーチャンダイジング・サイクルはチェーンストア本部の業務から始まる。商品計画の策定に始まり、販売計画の策定、仕入計画の策定と続く。

イ　店舗での業務である補充発注は、小売店で一定期間に継続して販売される定番商品が対象となる。発注に際しては、天候や地域の行事、競合店の特売状況などを考慮する。

ウ　小売段階で、単品ごと、仕入価格に利益となる一定の額あるいは一定の率を加えて販売価格を設定することをマークアップ（値入）という。

エ　マーチャンダイジング・サイクルにおいて、店舗業務の起点は、「荷受・検品」である。本部が初期発注した商品や店舗が補充発注した商品が店舗へ納品されたときに、店舗側の担当者が立ち会い、商品を受け入れる業務を指す。

オ　現代の小売業は、顧客が必要とする商品を必要なときに必要な数量だけ品ぞろえすることが求められている。そのためには、迅速かつ正確な配送や納品を行う必要がある。

第3問

ア	イ	ウ	エ	オ
2	2	1	2	1

ア　商品計画ではなく、販売計画である。仕入予算とは、販売計画にもとづいて立案された仕入計画を金額ベースで管理するものである。

イ　店舗ではなく本部の商品部に所属する商品担当者が行う。仕入とは、本部の商品部に所属する商品担当者が、買いつける商品の品目や数量、時期、仕入先企業を決定することである。

ウ　大量仕入とは、一度にたくさんの商品の仕入を行うもので、その分、発注作業も少なくなり、仕入コストを低減することができる。

エ　セントラルバイングは集中仕入ともいわれ、チェーンストアの本部が各店舗分を一括大量仕入するもので、各店舗の特性に合わせた商品を仕入れることが難しい。

オ　随時仕入とは、必要に応じてそのつど商品の発注を行うもので、その分、発注業務に時間とコストがかかってしまう。

第4問

ア	イ	ウ	エ	オ
1	2	1	2	1

ア　小売店の特定の売場における特定メーカー商品の占有率をインストアシェアという。メーカーは自社商品のインストアシェアを高めることで自店商品の売上増加をめざす。

イ　小売店が、ターゲットである主要顧客層に向けて利益の柱と定めた商品を「育成商品」という。おもに、競合店では取り扱っていない高利益率の商品で、推奨販売によって自店で育て上げていく商品が対象となる。

ウ　フェイシングとは、単品をゴンドラ（陳列棚）の最前列にどのように並べるかといった、陳列棚の中での単品の配分スペースを決めることをいう。

エ　棚割は、その店舗の売上や利益を大きく左右する。棚割表作成のねらいは、顧客にとって目的の商品が探しやすく、見やすく、選びやすく、手に取りやすくすることである。棚割表を作成することによって、顧客が買いやすいディスプレイをめ

ざす。

オ　棚割とは、一定のゴンドラスペースの中で、売上に貢献する商品の位置をいかに広くとるか、またどれだけ多くの利益を
　　獲得できるように商品を配置できるかを検討する店舗マネジメント手法である。

第5問

ア	イ	ウ	エ	オ
2	2	1	1	2

ア　価格設定の方法には、コストに応じた価格設定法である「コストプラス法」と、地域需要に対応した価格設定法である「マー
　　ケットプライス法」のほか、「競争を意識した価格設定法」もある。

イ　段階価格政策とは、品種ごとに、高級品（アッパープライス）、中級品（ミドルプライス）、普及品（ローワープライス）
　　というように3段階ほどのクラスを設ける方法である。一般に真ん中の価格は中心価格といわれ、売れ筋商品の価格がつけ
　　られる。

ウ　名声価格政策はプレステージ価格政策ともいわれ、高級品に対して高価格を設定することで高品質であることをイメージ
　　させるものである。高級ホテルやブランド品などの価格政策がこれに該当する。

エ　特別価格政策とは、特定の商品に対して年間を通じて著しく安い価格を設定して来店客数を高め、それに伴って他の商品
　　の売上を高める方法である。ただし、極端に安い価格を日常的に行うと独占禁止法の不当廉売に抵触するおそれがある。

オ　二重価格表示とは、メーカーの希望小売価格や小売店の通常価格に対して値下げした販売価格を併記するものである。併
　　記している価格が正しい場合は問題ないが、実売価格と比較対照価格が著しく異なる場合は景品表示法の不当表示にあたる
　　可能性がある。

第6問

ア	イ	ウ	エ	オ
1	2	1	2	1

ア　総枠管理では、売上目標を達成するための適正在庫量や月別在庫目標、仕入予算や仕入許容量を決める。

イ　入出庫管理では、すべての在庫について同じレベルで管理するのではなく、在庫の種類によって管理する方法やウエイト
　　を変えていく。

ウ　ユニットコントロールは数量による在庫管理で、金額による在庫管理と補完関係にある。ユニットコントロールによって、
　　個々の売れ筋商品の販売動向を把握することができる。

エ　商品回転率は小売業の販売効率を見る指標で、一定期間（通常1年間）に仕入れた商品が何回転したかを示すものである。
　　通常は年間売上高を平均在庫高（商品在庫高）で割って算出する。

オ　売れ行きのよい商品は短い在庫期間になるため、高い商品回転率となる。逆に、売れ行きの悪い商品は在庫期間が長くな
　　り、デッドストック（死蔵在庫）になるリスクがあるので、販売場所や販売方法を再検討することが必要である。

第7問

ア	イ	ウ	エ	オ
2	1	1	1	2

ア　JANコードには13桁の標準タイプと8桁の短縮タイプがあり、JANコードを貼付する商品の大きさによって使い分ける。

イ　JAN企業コードは一般財団法人流通システム開発センターが一元管理し、企業に貸与している。企業は最寄りの商工会
　　議所や商工会を通じてJAN企業コードを申請する。なお、JAN企業コードは3年ごとの更新手続きが必要である。

ウ　JANコードは、左からJAN企業コード、商品アイテムコード、チェックデジットの順に記載されている。JAN企業コー
　　ドが「49」で始まる場合はJAN企業コード（7桁）、商品アイテムコード（5桁）、チェックデジット（1桁）に、JAN企業
　　コードが「45」で始まる場合はJAN企業コード（9桁）、商品アイテムコード（3桁）、チェックデジット（1桁）となって
　　いる。

エ　ソースマーキングとは、製造・出荷段階で商品包装にJANシンボルを直接表示しているものである。また、インストアマー
　　キングとは、生鮮食料品や量り売りする商品などに、小売業が販売する段階でJANコードを貼付するものをいう。

オ　インストアマーキングには、JANコードによって価格を検索するPLU方式と、JANシンボルの中にあらかじめ売価が
　　表示されているNon PLU方式がある。

第8問

ア	イ	ウ	エ	オ
3	4	2	2	4

ア　機能とは商品を使用するために必要なそのものの価値である。筆記具であれば「書ける」ことがそのものの価値であり、
　　書けない筆記具であれば、商品としての価値をもっていないことになる。

イ　性能とは機能が発揮される程度を指す。商品がより高い性能をもっていれば、商品を使用することによって消費者はより
　　高い満足を得ることができる。

ウ　意匠とはデザインのことである。より美しいデザインが施されることによって商品の価値が高まり、市場性を高めることにつながる。

エ　デザインなどの品質を二次品質という。ちなみに、機能や性能といった物理的な品質を一次品質、ブランドなどの社会的評価を三次品質という。

オ　デザインを法的に保護するものとして、意匠法による意匠登録制度がある。意匠登録を受けると、その意匠と類似する意匠を独占的に利用する権利を得ることができる。2007（平成19）年4月1日以降に登録されたものは20年間の権利が与えられる。

第9問

ア	イ	ウ	エ	オ
3	2	1	2	4

ア　コンビニエンスストアの商品構成の特徴は多品種少品目少量の品ぞろえである。つまり、1つの品種内では売れ筋の3〜4品目のみを取り扱い、1品目あたりの在庫数量も少なくすることで多品種の品ぞろえを実現している。

イ　品種とは、弁当、菓子、飲料など商品の種類をあらわす単位である。ちなみに、品目とは品種の中の個々の商品を構成する単位でアイテムともよばれる。たとえば、「コカ・コーラ」や「生茶」といった1つひとつのブランドが品目にあたる。

ウ　売れ筋とは、メーカーのCMやパブリシティ、口コミ等によって認知力が高まっている商品で、小売店でも販売数量を伸ばそうと積極的にアピールしていく商品である。

エ　コンビニエンスストアでは、多品種少品目少量の品ぞろえを維持するために1品目あたりの在庫数量も少なく、小口（少量）の在庫単位となっている。

オ　発注サイクルと発注リードタイムを短縮化することで多品種少品目少量の品ぞろえでも、多頻度小口の物流システムによって、欠品を最小限にすることができる。

第10問

ア	イ	ウ	エ	オ
2	1	3	3	4

ア　仕入はバイングともいわれ、顧客ニーズに合った品ぞろえを実現するために、具体的な商品や仕入数量、時期、仕入先企業などを決めることをいう。

イ　チェーンストア本部の商品部に所属する商品担当者のことをバイヤーという。バイヤーは、店舗での商品の売れ行き状況や商品のトレンドなどを考慮に入れて仕入を行う。

ウ　商品は「仕入→在庫→販売」と流れていくが、商品計画の立案はまず顧客ニーズに合った品ぞろえを実現するための商品構成の検討から始まる。

エ　大量仕入とは一度に大量の商品の仕入を行う方法である。大量仕入によって、仕入原価の引き下げを実現することができるが、仕入れた商品が売れなければデッドストックや廃棄のリスクを負うことになる。

オ　随時仕入とは、必要に応じてそのつど商品を発注する方法である。手持ちの在庫量を少なくすることができ、資金面で有利な方法といえるが、発注の頻度が高くなるため発注に関わる時間やコストが増加するというデメリットがある。

第11問

ア	イ	ウ	エ	オ
4	2	3	1	3

ア　調達物流とは、メーカーや卸売業などの仕入先企業から小売業の店舗に商品を納品するための仕入に関する物流であり、仕入先企業と小売業の店舗を結びつける物流を指す。

イ　販売物流とは、店舗から顧客に商品を届けるための物流であり、小売店と顧客を結びつける物流を指す。

ウ　社内間移動物流とは、店舗で売れ残った商品をほかの店舗に移動したり、返品やダメージ商品を店舗から物流センターに戻したりするときの物流である。

エ　返品物流とは、店舗や物流センターから仕入先企業に商品を返品するための物流である。

オ　ダメージ商品とは、生産段階や小売店への納品段階、小売店の店頭販売時などに傷がついた商品をいう。ダメージ商品はそのままの状態で販売することができないので、返品するか、商品としての価値が著しく損なわれていない場合は値引きをして販売することになる。

第1問

ア	イ	ウ	エ	オ
2	2	1	1	2

ア　レジ業務の基本には「買上金額の登録」と「代金の受け渡し」のほかに「接客」もある。

イ　顧客からクレジットカードを提示された際には、一括払い、分割払い、リボルビング払いといった支払い方法から確認する。リボルビング払いとは、利用金額にかかわらず毎月一定の金額を支払う決済方法をいう。

ウ　電子マネーにはICカード型電子マネーなどが用いられている。クレジットカード決済で求められるサインなども不要なことや小銭の受け渡しがないため、コンビニエンスストアや駅の売店等の少額決済の店舗を中心に普及が進んでいる。

エ　セルフチェックアウト・システム（セルフレジ）は、顧客サービスの向上という視点から見ると、買上点数が10点以下の顧客に利用してもらうことでレジ待ち時間の長さを解消することができる。

オ　レシートには、レシートの発行番号、買上商品の売価、買上商品売価の合計額、消費税、請求金額、預かり金額、つり銭等が記載されているが、買上商品の原価は記載されていない。

第2問

ア	イ	ウ	エ	オ
1	2	1	1	2

ア　初期発注とは、定番商品と定める新規取扱商品や臨時の販売促進商品に関する発注である。本部が仕入先企業と条件を打ち合わせて、そのつど契約して注文する。

イ　定番商品などを店舗の商品担当者が継続的に一定の仕入先企業に必要な数量を発注するものを補充発注という。

ウ　オンライン受発注システムは、店舗と本部の間の狭義のEOSと小売業の本部と取引先間の企業間オンライン受発注システムに大別できる。

エ　EDI（Electronic Data Interchange）とは、電子データ交換とよばれ、企業間がオンラインで情報をやり取りするシステムである。EDIでデータを交換することによって、大量のデータを高速で交換できるので、さまざまな伝票等を削減することができ、取引に関わる事務処理を大幅に合理化することができる。

オ　POSデータを利用して、各種の情報管理や分析を行う店舗内のコンピュータをストアコントローラという。

第3問

ア	イ	ウ	エ	オ
1	2	1	2	2

ア　レジの精算業務担当者をチェッカーという。セルフサービス販売方式を主体とする店舗において、レジスター部門は顧客と従業員が唯一コミュニケーションできる場であるため、チェッカーの接客の良し悪しは、顧客の来店頻度や売上高に影響を及ぼす。

イ　顧客をレジで迎え、商品のバーコードをスキャンする役割をチェッカーという。一般の小売店は、チェッカーとキャッシャー（金銭の授受を担当）を兼ねている店舗が多い。

ウ　顧客の買上商品を包装または袋詰めし、顧客に渡す役割をサッカーという。セルフサービス販売方式の店舗では、顧客自身で買上商品の袋詰めをする店舗も多いのが現状である。

エ　FSPとはフリークエント・ショッパーズ・プログラムのことで、たくさん商品を買い続けてくれる優良顧客により多くの特典を提供するためのプログラムである。FSPデータとは、「どのような顧客が、いつ、何と何を、どのような目的で購入したか」という顧客の購買情報を指す。

オ　セルフサービス販売方式の店舗におけるレジ係の役割には、商品の受け渡しと金銭授受だけでなく、クレーム対応や店内ガイドも含まれる。

第4問

ア	イ	ウ	エ	オ
2	1	1	2	2

ア　斜め包みは回転包みともいい、手早くきれいに包める包装の基本である。破れにくく丈夫であり、フォーマルな包装にも使われる。

イ　合わせ包みはキャラメル包みともいい、箱を回転させずに包むことができる。開けやすい気軽な包装なので、うれしい出来事があったときなどのパーソナルギフトに適している。

ウ　ふろしき包みは、回転させられない箱または高さのある箱を包む場合に便利な包み方である。箱を包装紙の中央に斜めに置いて、紙の4つ角を立ち上げて包む、ふろしきのような包み方のためにこのような名称となった。

エ　斜め合わせ包みは、正方形や正方形に近い箱を包むのに適した包み方である。せまい場所でも包むことができ、比較的小

さな包装紙でも包めるため経済的な包装といえる。

オ　分割包装とは、T型定規の上の部分と棒状の部分のように2つに分けて包む方法である。店舗名などが入っているシールは1か所にとどめ、ほかの部分はセロハンテープ等でとめると美しく仕上がる。

第5問

ア	イ	ウ	エ	オ
1	2	1	2	1

ア　水引きの結び方には大きく分けて2つあり、何度も繰り返してほしい場合は「蝶結び（花結び）」、二度とそのことが繰り返されないようにという祈りを込める場合は「結び切り」を使う。

イ　あわじ結びは結び切りの一種である。水引きの両端を引っ張るとさらに強く結ばれることから、「末永くおつき合いをしたい」という意味が込められている。

ウ　表書きの墨の色は慶事と弔事で使い分ける。慶事のときは濃い墨、弔事のときは悲しみの涙で墨が薄くなったことをあらわす薄い墨を使う。

エ　のし紙を品物にかけたときに裏側で端が重なる場合は、慶事は向かって右を上にする「右前」、弔事は向かって左を上にする「左前」にする。

オ　満中陰志とは、おもに関西地方で使われるもので、四十九日の法要の香典返しの表書きに記される。「満中陰」とは四十九日を意味する。

第6問

ア	イ	ウ	エ	オ
2	1	2	2	1

ア　同じ商品名で容量の異なる商品をディスプレイする場合、原則として容量の大きい商品を顧客から見て右側にディスプレイする。顧客の視線は左から右に動くため、小さい商品から徐々に大きい商品を見ることになる。

イ　顧客側に近い売場のほうから小型の商品をディスプレイし、後方へ行くほど大型の商品をディスプレイすることで、商品が見やすくなる。

ウ　商品の豊富感を演出するためには、品種の中で品目（アイテム）の数を多くすることが必要である。品種とは緑茶飲料やミネラルウォーターなどの商品の単位、品目（アイテム）とは品種の中のそれぞれのブランド名を指す。

エ　商品に触れやすくするためには、商品を高く積み上げない、商品を詰め込まない、商品を貼りつけたり結んだりしないといった点に留意する。

オ　顧客にとって最も手に取りやすいゴンドラの高さをゴールデンラインという。具体的には床から85〜125cmの高さであり、これは手線（腰線）ともいわれる。

第7問

ア	イ	ウ	エ	オ
2	1	3	4	3

ア　店舗内外の清掃によって清潔に保たれた店舗では、顧客が気持ちよく買物をすることができる。このことが顧客満足度の向上につながる。

イ　小売業では売場のクリンリネスのキーワードとして「整理」「整頓」「清掃」を掲げている店舗が多い。

ウ　「整理」「整頓」「清掃」のそれぞれの頭文字をとって3Sという。また、「整理」「整頓」「清掃」に「清潔」を入れて4Sとしている小売業もある。

エ　ここでは、小売店の店頭部分のことをピロティといっている。具体的には、2階以上の建物の1階を吹き抜けにしたその1階部分をいう。

オ　バックヤード（バックルーム）は、荷受・検品場所や商品保管の倉庫、事務所、従業員の休憩所などの場所である。

第8問

ア	イ	ウ	エ	オ
3	1	2	2	4

ア　ここでの補充とは、補充発注によって納品された定番商品を、一定数量決められた場所に陳列することをいう。

イ　棚割表とは、棚の中に単品ごとの商品をどのように配列するかをあらわした表である。棚割表によって日々の在庫を確認しながら補充する。

ウ　最寄品を中心とするセルフサービス販売方式の小売店では、原則として、先に入ってきた商品を手前に陳列する「先入れ先出し陳列」を行う。これにより、商品の鮮度を保つことができる。

エ　「前進立体陳列」とは、商品をディスプレイする際に、商品を顧客の手前側、つまり通路側に引き出して顧客が商品を取りやすい状態にする陳列方法である。

オ　前出し作業とは、前進立体陳列を維持するために行う作業である。具体的には、商品が少なくなった陳列棚の手前側部分

に商品を引き出す作業をいう。

第9問

ア	イ	ウ	エ	オ
2	1	1	3	2

ア　個装とは商品1つの包装で、「商業包装」ともいわれる。セルフサービス販売方式の店舗では、個装が販売の単位となる。

イ　個装を保護するための包装が内装である。水、湿気、光、熱、衝撃などの商品への影響を考慮して、発泡スチロールなどの適切な材料・容器で物品の保護を施すものである。

ウ　包装の第一義的な目的は、生産から消費までの間で商品を破損や汚損から保護することである。包装技術の改良によって、商品の保存性は大幅に改善されている。

エ　包装の目的の1つである「販売単位の形成」とは、1ダースや1ℓ、5kgパックなど、販売に適した大きさや個数などに商品をまとめることをいう。これによって、顧客の買いやすさの向上を促進することができる。

オ　包装の目的の1つに「販売促進」がある。商品のパッケージは「もの言わぬ販売員」ともいわれ、販売を促進するツールになっている。

第10問

ア	イ	ウ	エ	オ
3	1	4	2	1

ア　ジャンブル陳列は商品をわざとバラバラにして投げ込んだようにディスプレイすることから、投げ込み陳列ともいわれる。

イ　顧客導線とは顧客が店舗内を歩く道筋をいう。顧客導線は、顧客が店舗内を快適かつ効率的に回遊できるように配慮する。また、メイン通路を主通路、サブ通路を副通路という。

ウ　商品を山盛りにすることで量感を出し、顧客の目にとまりやすくする。

エ　アンコとはダミーの商品をいう。商品を入れるカゴやバケツの下部にアンコを入れることによって、商品の量感を演出することができる。

オ　ジャンブル陳列では、カゴやバケツを顧客側に傾けると商品が見やすく手に取りやすくなる。

第11問

ア	イ	ウ	エ	オ
2	2	1	3	2

ア　コーディネート陳列とは、あるシーンに適合する異なる商品を陳列するものである。たとえば、冬物のコートとマフラー、手袋、ブーツのように、一緒に使用することを意識した商品を組み合わせて陳列する方法を指す。

イ　コーディネート陳列は、顧客に対して商品の使用方法などをアドバイスすることができる。

ウ　関連陳列とは、パスタとパスタソースなどのように、ある生活シーンで使用される商品を組み合わせた陳列方法である。

エ　コーディネート陳列は、一緒にディスプレイした商品を一緒に購入する同時購買の確率を高める効果がある。

オ　コーディネート陳列はあるシーンに適合する商品を組み合わせるため、販売員には商品を組み合わせるセンスと技術力が要求される。

第12問

ア	イ	ウ	エ	オ
2	4	4	4	3

ア　三角構成は全体的に安定感を演出することができる。形や大きさが異なる商品のディスプレイに適している。

イ　リピート構成はシンプルでモダンなイメージを演出することができる。ブランド品のディスプレイに適している。

ウ　対称構成はシンメトリー構成ともいわれ、落ち着いた雰囲気を演出することができる。フォーマルな商品のディスプレイに適している。

エ　非対称構成はアンシンメトリー構成ともいわれ、躍動感や斬新さを演出することができる。カジュアルなディスプレイに適している。

オ　目立つ色のことを誘目性が高い色といい、赤、橙、黄などの暖色系の色がそれに該当する。

解答・解説

第1問

ア	イ	ウ	エ	オ
1	2	1	2	1

ア　メーカーは広域的エリアでマクロレベルに対して自社のブランドシェアの拡大をめざす。一方、小売業は狭域的エリアでマイクロ（ミクロ）レベルに対して顧客の来店率と購買率を高める顧客シェアの拡大をめざす。

イ　4P理論のプロダクトにおいて、メーカーは製品化計画であるプロダクトプランニングを、小売業は商品化政策であるマーチャンダイジングを行う。

ウ　4P理論のプロモーションにおいて、メーカーはテレビCMなどの大規模広域型広告宣伝であるマスプロモーションを行い、小売業はチラシ広告などの店舗起点の狭域型購買促進であるリージョナルプロモーションを行う。

エ　4P理論のプライスにおいて、メーカーは全国標準価格であるスタンダードプライスを展開し、小売業は地域基準の公正価格であるエブリディフェアプライスを展開する。

オ　4P理論のプレイスにおいて、メーカーは流通経路戦略であるマーケティングチャネルを検討し、小売業は立地・業態開発であるストアアロケーションを検討する。

第2問

ア	イ	ウ	エ	オ
2	2	2	1	1

ア　顧客志向の小売業は顧客を経営活動の出発点として顧客を主体とした双方向的な経営を行い、売上志向の小売業は商品を経営活動の出発点とした小売業主体の一方通行的な経営を行う。

イ　顧客満足の新3原則のホスピタリティとは、「もてなしの精神」を意味する。もてなしの精神をもって接客サービスを行うことが小売業のホスピタリティである。

ウ　顧客満足の新3原則のエンターテインメントとは、「娯楽」や「余興」を意味する。顧客に感動を与え、顧客との心の絆をつくることをいう。

エ　顧客満足の新3原則のプリヴァレッジとは、「特権」を意味し、顧客を特別な存在として扱うことをいう。

オ　ギャランティード・サティスファクション（満足保証付き）サービスは、買い上げた商品に満足してもらえない場合の無期限での返品や交換サービス、顧客の生活習慣に合わせた食事のメニュー提案などを行うものをいう。

第3問

ア	イ	ウ	エ	オ
1	2	2	1	2

ア　商業力指数とは、都道府県の1人あたりの小売販売額とある都市の1人あたりの小売販売額を比較したもので、商業力指数が100を上回っていれば、周辺の都市から吸引力があり、商圏が広いことをあらわしている。

イ　商圏モデルのハフモデルとは消費者がその店舗で買物をする確率は売場面積に比例し、店舗までの距離に反比例するという考え方である。

ウ　総人口を3区分した場合、0〜14歳までを年少人口、15〜64歳までを生産年齢人口、65歳以上を老年人口という。

エ　超高齢化社会の到来などから店舗出店の立地条件も変化している。1990年代までは「人を集める店舗」という都市郊外型への出店が主流であったが、2000年代は「人の集まる場所への出店」が重視されるようになった。

オ　小売業の立地選定の手順は、まず土地柄や都市の盛衰度といったマクロレベルでの分析を行い、その後、商圏内の人口構成や所得水準といったマイクロレベルの分析を行う。

第4問

ア	イ	ウ	エ	オ
1	2	1	2	1

ア　マーケティングリサーチとは市場調査のことで、一般的にはMRとよばれている。小売業を取り巻くさまざまな環境について情報を収集・分析するマーケティングリサーチは、マーケティング活動の第一歩である。

イ　ライフスタイルや年齢、性別など、自店で買物をする顧客がどのような消費者層なのかを分析するのは、消費者の分析である。

ウ　マーケティングリサーチにおける市場と需要の分析とは、自店の主要顧客層であるメインターゲットをどのように把握するかという調査活動を指す。具体的には、需要量の分析や、消費者の分析、購買行動の分析を行う。

エ　マーケティングリサーチにおける販売効率の分析とは、マーケティング活動の有効性や問題点、課題点を明らかにするものである。具体的には、商品の分析、広告の分析、流通経路の分析を行う。

オ　売れ筋商品とは、テレビCMなどのマスメディア広告によって一定の地域で多量に売れている商品をいう。一方、死に

筋商品とは、ある品種の中で商品寿命が終わりかけている品目や、売上不振となった品目をいう。

第5問

ア	イ	ウ	エ	オ
2	2	2	1	2

ア　リージョナルプロモーションとは、売場起点の狭域型購買促進である。具体的には、プル戦略である来店促進策、プッシュ戦略である販売促進策、プット戦略である購買促進策の3つに大別できる。

イ　広告やパブリシティ、口コミ、ポスティングは顧客を呼び込むためのものであり、来店促進策に属す。

ウ　販売促進策は人的販売活動と非人的販売活動に大別される。非人的販売活動とは、プレミアム、FSP、値引き・値下げ、特売、サンプル提供などである。催事イベントは人的販売活動に属す。

エ　価格によるセールスプロモーションは販売促進策であり、顧客に割引券を配布するクーポン券以外に、特定商品を顧客が購入した場合に現金の一部を返金するキャッシュバックや、ボーナスパックともいわれる増量パックなどがある。

オ　購買促進策（プット戦略）は、来店した顧客に衝動的・想起的な購買をうながすための仕掛けを行い、買上点数を増加させ、1人あたりの買上金額の上昇をねらいとして行われる。

第6問

ア	イ	ウ	エ	オ
1	2	2	1	1

ア　POP（Point of Purchase）は「顧客が商品を購買する時点」という意味をあらわし、POP広告とは店内での売場や商品をわかりやすく説明するカードやボードを指す。

イ　POP広告は買上点数の増加を、チラシ広告は来店客数の増加をめざす。POP広告は、顧客により多くの商品を購入してもらうことをめざしている。

ウ　POP広告は店内にいる顧客の買上点数を高めるためのものである。店舗に集客するための広告はチラシ広告である。

エ　POP広告は販売員の役割を代替するものであることから「もの言わぬ販売員」ともいわれる。販売員が売場に常駐しないセルフサービス販売方式の店舗では、POP広告の役割が特に重要になる。

オ　POP広告のねらいとして、顧客の疑問に応えることのほかに、顧客が商品を選ぶうえでの情報を提供することや、他店との違いを主張することがあげられる。

第7問

ア	イ	ウ	エ	オ
2	2	1	1	1

ア　蛍光灯は、水銀水蒸気の放電によって紫外線を発生させ、この紫外線を蛍光体とよばれる物質にぶつけることで光を発生させる。フィラメントを高温に熱し、その光を光源とするのは白熱電球である。

イ　高輝度放電灯（HIDランプ）は、水銀やメタルハライドランプ、高圧ナトリウムランプを総称したものである。

ウ　発光ダイオード（LED）照明は、蛍光灯と比べて「省電力」「長寿命」「紫外線や熱線をあまり含まない」といった特長がある。また、光源の小ささや調光機能という特性をいかして照明の新たな付加価値を生み出している。

エ　高圧ナトリウムランプは黄色と赤色の光を発するランプで演色性はよくないが、効率は水銀灯の2.3倍となっている。

オ　水銀灯は大型商業施設や街灯などで広く用いられてきたが、近年では、演色性や効率がより高いメタルハライドランプや高圧ナトリウムランプに代替されてきている。

第8問

ア	イ	ウ	エ	オ
1	1	1	2	2

ア　色相とは赤・黄・緑といった色合いをいい、色相を環状に配置したものを色相環という。

イ　無彩色とは、色の3要素のうち、明度の段階しかもたない色であり、白・灰色・黒が該当する。

ウ　進出色は前方に飛び出してくるように見える色、後退色は後ろに下がって遠く見える色をいう。進出色は赤・橙・黄などの暖色、後退色は青・青緑・青紫などの寒色が該当する。

エ　明度とは色のもっている明るさの度合いをあらわす。明度が最も高いのは白、最も低いのは黒である。

オ　彩度とは色のさえ方や鮮やかさの程度をあらわす。彩度が高くなると混じりけのない純色に近づき、彩度が低くなると灰色っぽくなる。

第9問

ア	イ	ウ	エ	オ
2	4	1	2	1

ア 売上至上主義とは小売業の売上高拡大を第一に考えるものである。大量に仕入れた商品をいかに大量販売していくかといったマーケットシェアの拡大をめざしている。

イ 顧客中心主義とは、顧客ニーズを第一に考えるものである。いかにたくさんの商品を販売するかという売上至上主義的な考え方ではなく、限られた顧客に何回も買物をしてもらうといった顧客シェアの拡大をめざしている。

ウ 優良顧客とは店舗に高頻度で来店し、たくさんの定番商品を継続的に購入してくれる顧客をいう。このような顧客を数多く確保することで、店舗の経営は安定する。

エ POSシステムとは、商品を販売した時点でその情報をリアルタイムに収集し、店舗運営に生かしていくものである。

オ FSPとは、ポイントカードなどを活用して顧客を識別することであり、多頻度来店してたくさんの商品を購入してくれた顧客を優遇するプログラムをいう。

第10問

ア	イ	ウ	エ	オ
1	1	3	4	2

ア 対面販売方式は、販売員が顧客と向かい合い、レジや接客カウンターで接客をする方式である。この販売方式は百貨店やブランド商品を販売する店舗で採用されている。

イ セルフサービス販売方式では顧客が自分の意思で自由に商品を手に取ることができる。この販売方式はスーパーマーケットやコンビニエンスストアなどで採用されている。なお、精算は出口近くのレジで一括集中精算する。

ウ セルフセレクション販売方式は、セルフサービス販売方式の売場に側面販売を組み合わせたものである。この販売方式は総合品ぞろえスーパーなどで採用されている。精算はいくつかの売場に分かれているレジで行う。

エ 専門品や高級品を対象とした対面販売方式は購買頻度が低い。その分来店した顧客に対して対面販売による丁寧な接客サービスを行う。

オ セルフセレクション販売方式は、総合品ぞろえスーパーの衣料品売場などで見られる。売場に配置された販売員は顧客の求めに応じて商品説明やアドバイス、お直しの作業などを行う。奢侈品とは、ぜいたく品のこと。

第11問

ア	イ	ウ	エ	オ
3	2	4	3	2

ア 全般照明はベース照明ともいう。蛍光灯や白熱電球を使用して店舗や売場の全体を均等に照らす照明である。

イ 重点照明はアクセント照明や局部照明ともいう。スポットライトやダウンライトなどにより特定の場所や商品を目立たせるための照明である。顧客に注目してもらうためには、全般照明の2～5倍の明るさが必要になる。

ウ 装飾照明はインテリアライティングともいう。シャンデリアやペンダントライト、壁面ブランケットなどを使い、売場や商品に光を当てることよりも、インテリアとしての装飾効果を目的とした照明である。

エ 省エネ照明とは、照明の数を減らしたり（照明の間引き）、明るさを調節したり（調光）することでライトダウンを行うものである。改正省エネ法への対応もあり、省エネによって消費電力をおさえる傾向が高まっている。

オ 光源によって照らされる明るさの程度を「照度」といい、単位は「ルクス（lx）」であらわす。一般的な店舗の照度は、売場全体が500～750ルクス、重点ポイントが1,500～3,000ルクス、商品フェイスの部分が、900～1,200ルクスとなっている。

第12問

ア	イ	ウ	エ	オ
3	1	4	2	1

ア 店舗内の色彩のうち、天井の色に反射率の高い色を使うと光線反射の効果がある。また、濃い色を使うと落ち着いた雰囲気を演出できるが、あまり濃い色にすると圧迫感が出てしまうので注意が必要である。

イ 白色がいちばん反射率の高い色である。壁などに反射率の高い色を使うことによってより効率的に店舗内を明るくすることができる。

ウ 壁の色は淡い色を使うのが一般的である。あまりに鮮やかな色を使いすぎるとディスプレイした商品よりも目立ってしまう場合がある。

エ 床の色は、グレーやベージュなど、反射率が低くてあまり濃くない色を使うのが一般的である。しかし、高級店などでは落ち着いた雰囲気を演出するために、壁面より濃い色を使用している。

オ 明るい色は広がりを演出することができる。天井を壁よりも明るい色にすることで、天井を高く感じさせる効果が期待できる。

第1問

ア	イ	ウ	エ	オ
2	1	2	1	1

ア　自然な笑顔とは、目尻が下がり口角が上がった顔である。鏡の向こうの自分に「いらっしゃいませ」と笑顔で話しかけるなど、販売員は鏡で自分の笑顔を研究することが大切である。

イ　会釈は15度のお辞儀である。「はい、かしこまりました」以外にも「少々お待ちください」や「失礼いたします」など、顧客の指示を受けたときやお待たせしたときのお辞儀である。

ウ　普通礼とは、「いらっしゃいませ」と顧客を迎え入れるときのお辞儀である。30度の角度で腰を曲げ、目線を1m先に落とすと自然な普通礼になる。

エ　最敬礼とは、「ありがとうございます」や「申し訳ございません」など、お買い上げいただいたときやおわびをするときのお辞儀である。45度の角度で腰を曲げ、目線を50cm先に落とすと自然な最敬礼になる。

オ　顧客満足度の高い接客を行っていくためには、販売員が心を込めて顧客に接客していくと同時に、顧客の心理をすばやくキャッチしてそれに応じた接客を行っていくことが求められる。

第2問

ア	イ	ウ	エ	オ
1	2	2	1	1

ア　尊敬語とは、相手側または第三者の行為やものごと、状態について、それを高める表現を使い、直接その人物を敬う敬語である。具体的には、「いらっしゃる」「おっしゃる」「なさる」などが該当する。

イ　謙譲語Ⅰは、自分の動作などを低める表現を使い、自分側から相手側または第三者に向かう行為・ものごとについて、その向かう先の人物を間接的に高める敬語である。具体的には、「伺う」「申し上げる」「お目にかかる」などが該当する。

ウ　謙譲語Ⅱは丁重語ともいわれ、自分側の行為・ものごとを相手に対して丁重に述べる敬語である。具体的には、「参る」「申す」「いたす」などが該当する。

エ　丁寧語は話の相手や文章の相手に対して普通よりも丁寧に述べる敬語である。具体的には、「たこうございます」「おいしゅうございます」「かるうございます」などが該当する。

オ　美化語とはものごとを上品に美しく述べる敬語である。具体的には、名詞に「お（ご）」をつける「お酒」「お茶」「ご家族」などが該当する。

第3問

ア	イ	ウ	エ	オ
2	2	1	1	1

ア　大規模小売店舗立地法は、原則として1,000㎡を超える大型店から対象となる。この法律では、大規模小売店舗を設置する者は駐車場の確保や騒音の発生防止などに配慮すべきとされており、それらについての指針が公表されている。

イ　大規模小売店舗立地法の目的は店舗周辺の生活環境の保持である。大型小売店が出店しても地域の住民の環境が守られるように、駐車場や騒音、廃棄物の保管方法などについて基準を定めている。

ウ　中小小売商業振興法とは、商店街の整備、店舗の集団化、共同店舗等の整備を通じて中小小売業の振興をはかるための法律である。具体的には、中小小売業の組合などが高度化事業を行う場合にその事業を認定し、金融上、税制上の助成を行っている。

エ　商店街振興組合法の事業には、共同仕入や保管などを行う「共同事業」と、アーケードや街路灯などを設置する「環境の整備改善をはかるための事業」がある。この法律は2006（平成18）年6月に改正され、商店街振興組合等の運営に関する制度の全面的な見直しと共済事業の制限が行われた。また、2015（平成27）年5月には、コーポレート・ガバナンスの強化を目的として、組織再編に伴う差し止め請求制度などが導入された。

オ　中心市街地活性化法は、少子高齢化などに対応して中心市街地における都市機能の増進と経済活力の向上について総合的かつ一体的に進めるための法律である。具体的には、内閣総理大臣を本部長とする中心市街地活性化本部を設置し、地元の中心市街地活性化協議会が中心市街地の活性化を推進していく。

第4問

ア	イ	ウ	エ	オ
1	2	2	1	2

ア　食肉販売・魚介類販売を行う場合は、食品衛生法の基準を満たした営業施設を設置し、都道府県知事の許可を得なければならない。

イ　薬事法は改正され、医薬品医療機器等法（医薬品、医療機器等の品質、有効性及び安全性の確保等に関する法律）が施行

されている。それに伴い、薬局の開設、医薬品の販売に関しても医薬品医療機器等法によって規制されており、許可は都道府県知事もしくは政令指定都市の市長または特別区の区長に申請する。

ウ　酒類の販売に関して定めているのは食品衛生法ではなく酒税法である。販売に関しては販売所ごとに所在地の所轄税務署長の免許が必要となる。

エ　古物とは一度使用された物品などをいい、古物営業法では古物の種類について美術品類、時計・宝飾品など13に区分している。これらを販売する場合は古物営業法による規制があり、営業所ごとに所在地の都道府県公安委員会に許可を得なければならない。

オ　動物愛護管理法（動物愛護及び管理に関する法律）にもとづいて都道府県知事に対して動物取扱業の登録を行い、動物取扱責任者の設置を行わなければならないのは、動物取扱業者のうち、第1種動物取扱業者がペットショップを開業する場合である。

第5問

ア	イ	ウ	エ	オ
1	2	1	2	1

ア　消費者の生命・身体に対して特に危害を及ぼすおそれが多い製品を販売する際は、PSCマークの貼付が必要である。また、これらの規制対象品目は、登山用ロープや石油ストーブなど自己確認が義務づけられている「特定製品」と、乳幼児ベッドやライターなど第三者機関の検査が義務づけられている「特別特定製品」に分かれている。

イ　消費者が日常生活で使用する製品の安全を確保するための制度はSG制度であり、消費生活用製品安全法にもとづいて設立された一般財団法人製品安全協会による認定基準を満たした製品に対し、SGマークが付与される。

ウ　日本薬局方は医薬品の性状及び品質の適正をはかるための規格基準書であり、その根拠法は医薬品医療機器等法である。

エ　有機食品の検査認証・表示制度は、国際食品規格委員会（コーデックス委員会）の「有機食品に関するガイドライン」に適合している。国際食品規格委員会とは、国連の食糧農業機関（FAO）と世界保健機関（WHO）のプログラムの1つである。

オ　食品安全委員会で安全性審査を経たものは、農作物8作物（とうもろこし、じゃがいも、大豆、てんさい、なたね、綿実、アルファルファ、パパイヤ）と、食品添加物9品目となっている。

第6問

ア	イ	ウ	エ	オ
2	2	1	1	2

ア　原価80円の商品を仕入れ、100円で販売した場合の値入率は、

100円 − 80円 = 20円（値入高）

$\dfrac{20円}{100円} \times 100 = 20\%$（売価値入率）

イ　売上高が100万円で売上原価が70万円のときの売上総利益率は、

100万円 − 70万円 = 30万円（売上総利益）

$\dfrac{30万円}{100万円} \times 100 = 30\%$（売上総利益率）

ウ　平均在庫高は（10万円 + 30万円）÷ 2 = 20万円

商品回転率は $\dfrac{売上高}{平均在庫高（売価）}$ だから、

$\dfrac{100万円}{20万円} = 5回転$

エ　税込み価格商品の消費税は、

消費税額 = 税込み商品価格 ÷（1 + 消費税率）× 消費税率だから、

1,320円 ÷（1 + 0.1）× 0.1 = 120円

オ　税込み商品価格の税抜き価格の計算は、

税抜き商品価格 = 税込み商品価格 ÷（1 + 消費税率）だから、

2,310円 ÷（1 + 0.1）= 2,100円

第7問

ア	イ	ウ	エ	オ
2	3	4	1	3

ア　商品やサービス、販売員の接客態度など、顧客が抱く店への「不満」がクレームの原因となる。不満は話すことで軽減される。

イ　クレームへの対応は、まずおわびをすることから始まる。顧客に不快な思いをさせてしまったことに対して心からおわび

をすることが必要である。

ウ　次の段階は顧客の話をよく聴くことである。クレームは店や商品に対する何らかの不満であり、不満は話すことで軽減されるものなので、顧客の話は最後までしっかり聴くことが大切である。

エ　顧客の話をしっかりと聴いたあとは、クレームの原因を究明するとともに、修理や交換、返品、返金など、顧客が納得する対応方法を提示する。

オ　二度と同じようなクレームが起こらないように、クレームの原因と対策を従業員全員に朝礼やミーティングなどを活用して、フィードバックする。

第8問

ア	イ	ウ	エ	オ
2	3	4	1	3

ア　オープン懸賞は取引に付随しないで景品類を提供するものである。つまり、商品の購入を伴わない懸賞であり、広告などで懸賞を告知して応募させたり、懸賞を主催する企業などに空メールを送ったりすることで懸賞に参加するケースなどが該当する。

イ　取引に付随しないで景品類を提供するオープン懸賞には独占禁止法が適用される。

ウ　取引に付随して景品類を提供する場合は、独占禁止法の特例として制定されている景品表示法（不当景品類及び不当表示防止法）によって規制されている。

エ　総付（べた付け）景品とは、商品購入者全員に景品類を提供したり、申し込み順や先着順に景品類を提供したりするものである。

オ　総付景品の最高額は、取引価額が1,000円未満の場合は200円、1,000円以上の場合は取引価額の10分の2となっている。

第9問

ア	イ	ウ	エ	オ
2	1	3	1	4

ア　HACCP（危害分析重要管理点）は加工食品の安全管理を行う国際的なシステムであり、食品の製造・加工工程の全段階において危害となる要素を洗い出し、それらを取り除く方法を示している。

イ　HACCPのベースとなっているのは、アメリカのNASAが宇宙食の衛生管理のために考案したものである。AMAとは、アメリカマーケティング協会の略である。

ウ　従来の食品表示は複数の法律によって規制され、メーカーにとっても消費者にとっても複雑でわかりにくいものだった。そのため、食品表示に関する事項を一元化し、わかりやすく明確な食品表示をめざして制定されたものが食品表示法である。

エ　食品表示法にもとづく食品表示基準は内閣総理大臣によって策定される。

オ　食品表示基準を策定または変更する際、内閣総理大臣は、厚生労働大臣・農林水産大臣・財務大臣と協議し、さらに、消費者委員会に意見聴取を行わなければならない。なお、消費者委員会とは、消費者庁を含めた関係省庁の消費者行政全般に対して監視機能を有する、独立した第三者機関として、消費者庁及び消費者委員会設置法にもとづき設置される機関である。

第10問

ア	イ	ウ	エ	オ
2	2	4	1	4

ア　売上高から売上原価を差し引いたものを売上総利益という。粗利益高ともいわれ、商品の売買差益である。

イ　売上総利益（粗利益高）から販売費及び一般管理費（販管費）を差し引いたものを営業利益という。営業利益は営業努力（本業）によって得た利益である。

ウ　手元に残る最終的な利益を当期純利益という。当期純利益は税引前当期純利益から法人税等を差し引いた利益である。

エ・オ　商品回転率は、売上高を平均在庫高（売価）で割って求める。

■**参考文献**

　日本商工会議所・全国商工会連合会編「販売士ハンドブック（基礎編）～リテールマーケティング（販売士）検定試験3級対応～」株式会社カリアック

■**図表出典一覧**

※日本商工会議所・全国商工会連合会編「販売士ハンドブック（基礎編）～リテールマーケティング（販売士）検定試験3級対応～」カリアック（2019年）は「ハンドブック」と略す。

※2016年3月発行のハンドブックは「旧ハンドブック」とする。

編	章	節	ページ	図表番号	図表名	出典
1	1	1	10	図1-1-1	流通経路	ハンドブック上　p.4
			13	図1-1-2	流通における生産と消費のギャップ	旧ハンドブック① p.13
		2	14	表1-2-1	「中小企業基本法」による中小企業者の定義	ハンドブック上　p.7
				図1-2-1	小売業の従業者規模別事業所数	経済産業省「平成26年　商業統計調査確報」
			15	図1-2-2	小売業の事業所数と年間販売額	経済産業省「平成26年　商業統計調査」
				図1-2-3	就業者規模別の事業所数の構成比	経済産業省「平成26年　商業統計調査」
				図1-2-4	小売業の業種別事業所数	経済産業省「平成26年　商業統計調査」
	2	1	16	図2-1-1	チェーン3形態のしくみ	ハンドブック上　p.11『ビジネス基礎　新訂版』東京法令出版
			17	図2-1-2	フランチャイズチェーンの売上高	一般社団法人日本フランチャイズチェーン協会「2021年度　JFAフランチャイズチェーン統計調査」
		2	19	図2-2-1	チェーンストアのしくみ	ハンドブック上　p.21
			20	表2-2-1	チェーンストアの経営上のメリットとデメリット	ハンドブック上　p.26
		3	21	図2-3-1	販売形態の種類	ハンドブック上　p.27
				図2-3-2	商品販売形態別の年間商品販売額の割合	経済産業省「平成26年　商業統計調査」
		4	23	図2-4-1	端末別に過去1年間にインターネットを利用した人の割合（2021年）	総務省「令和4年度版　情報通信白書」
				図2-4-2	年代別ネットショッピングの利用率	総務省「平成27年度版　情報通信白書」
			25	図2-4-3	日本の消費者向け電子商取引市場規模の推移	経済産業省「令和3年度　我が国におけるデータ駆動型社会に係る基盤整備（電子商取引に関する市場調査）」
				表2-4-2	物販系分野の消費者向け電子商取引の市場規模（2020年）	経済産業省「令和3年度　我が国におけるデータ駆動型社会に係る基盤整備（電子商取引に関する市場調査）」
			26	表2-4-3	リアルショップとネットショップの比較	ハンドブック上　p.47
	3	2	30	表3-2-2	専業（業種店）と専門（業態店）の違い	ハンドブック上　p.60
				図3-2-1	百貨店の商品別売上高	日本百貨店協会「全国百貨店売上概況」
			35	図3-2-2	コンビニエンスストアの売上構成比	経済産業省「商業動態統計調査」
			37	図3-2-3	生協の機関運営	ハンドブック上　p.88　日本生活協同組合連合会
2	1	2	46	表1-2-2	慣用分類	ハンドブック上　p.116
	2	1	49	図2-1-1	マーチャンダイジングの基本的プロセス	ハンドブック上　p.124
			50	図2-1-2	マーチャンダイジング・サイクル	ハンドブック上　p.125
		2	54	図2-2-1	仮説・検証サイクル	ハンドブック上　p.141
	3	1	55	図3-1-1	差別化政策	ハンドブック上　p.147
			56	図3-1-2	商品構成の階層と手順	ハンドブック上　p.148
				図3-1-3	商品構成の基本類型	ハンドブック上　p.149
				図3-1-4	商品構成の総合化と専門化	ハンドブック上　p.150
	4	1	57	図4-1-1	販売計画の種類と体系	ハンドブック上　p.155
		5	63	図4-5-1	保管機能の進化	ハンドブック上　p.166
				図4-5-2	チェーンストアの物流管理	ハンドブック上　p.167
	5	1	66	図5-1-1	プライスゾーン・プライスライン・プライスポイント	日本商工会議所・全国商工会連合会編「販売士ハンドブック（基礎編）～販売士検定試験3級対応～　②」カリアック（2014年）p.125
		3	68	図5-3-1	利益の構造（1つの商品に関する利益）	ハンドブック上　p.179
			69	図5-3-2	値入高と売価の関係	ハンドブック上　p.180
				図5-3-3	売価値入率	ハンドブック上　p.182
			70	図5-3-4	値入高と粗利益高の違い	ハンドブック上　p.183
			71	図5-3-5	商品ロス	旧ハンドブック② p.95
	7	1	75	図7-1-1	販売管理	ハンドブック上　p.197
		2	77	図7-2-1	POSシステムのしくみ	ハンドブック上　p.198
		3	78	表7-3-1	バーコードの構成	ハンドブック上　p.203　一般財団法人流通システム開発センター「バーコードの基礎」
			79	図7-3-1	JANコードの種類	ハンドブック上　p.204
3	1	1	84	図1-1-1	ストアオペレーション・サイクル	ハンドブック下　p.4
		2	85	表1-2-1	おもな清掃場所	ハンドブック下　p.6
			86	表1-2-2	レジ業務に関わる開店前の準備作業	ハンドブック下　p.7
				図1-2-1	レジ業務の基本3要素	ハンドブック下　p.8

掲載箇所				図表番号	図表名	出 典
編	章	節	ページ			
3	1	2	87	図1-2-3	セルフレジシステム	旧ハンドブック③ p.16 https://www.ncr.co.jp
			88	図1-2-4	コミュニケーションの3大要素	ハンドブック下 p.12
				図1-2-5	適切な服装、身だしなみ	ハンドブック下 p.13
		3	90	図1-3-1	先入れ先出し陳列	ハンドブック下 p.19
			91	図1-3-3	商品管理サイクル	ハンドブック下 p.22
				図1-3-4	発注サイクルと発注リードタイム	ハンドブック下 p.22
			92	図1-3-5	EOS のしくみ	ハンドブック下 p.25
	1	4	93	図1-4-1	棚ラベルの情報	ハンドブック下 p.29
			94	図1-4-2	おもなピクトグラム	ハンドブック下 p.31 公益財団法人 交通エコロジー・モビリティ財団
			95	表1-4-1	消費税の総額表示（税抜価格 10,000 円、消費税 10％の場合）	ハンドブック下 p.32
				図1-4-3	消費税の総額表示をした値札	ハンドブック下 p.32
				図1-4-4	POP 広告とチラシ広告の違い	旧ハンドブック④ p.64
		5	97	図1-5-1	レジ係の仕事	ハンドブック下 p.39
				表1-5-2	レジでの接客話法	ハンドブック下 p.41
3	2	1	100	図2-1-1	包装の区分	ハンドブック下 p.48
		2	102	図2-2-1	斜め包み（回転包み）	ハンドブック下 p.53 ～ 54 http://www.print-ribbon.com
			104	図2-2-2	合わせ包み（キャラメル包み）	ハンドブック下 p.55 http://www.print-ribbon.com
			105	図2-2-3	ふろしき包み（スクエア包み）	ハンドブック下 p.56 http://www.print-ribbon.com
				図2-2-4	斜め合わせ包み	ハンドブック下 p.56 http://www.print-ribbon.com
			106	図2-2-5	慶弔時の包装	ハンドブック下 p.57
				図2-2-6	らせん型包装	ハンドブック下 p.58
				図2-2-7	分割包装	ハンドブック下 p.58
				図2-2-8	びんの包装	ハンドブック下 p.58
		3	107	図2-3-1	ひものかけ方	ハンドブック下 p.60
				図2-3-2	ハンガーの使い方	ハンドブック下 p.61
				図2-3-3	二重のさげ輪のつくり方	ハンドブック下 p.61
			108	図2-3-4	リボンのかけ方	ハンドブック下 p.62
				図2-3-5	フラワーリボンのつくり方	ハンドブック下 p.63
		4	109	図2-4-1	和式進物包装の要点	ハンドブック下 p.64
				図2-4-2	水引きの種類	ハンドブック下 p.65
				図2-4-3	のし	ハンドブック下 p.65
			110	表2-4-1	和式進物様式	ハンドブック下 p.67
	3	1	112	図3-1-1	商品を選びやすいディスプレイ	ハンドブック下 p.75
			113	図3-1-2	見やすさと触れやすさの範囲	ハンドブック下 p.79
		2	114	表3-2-1	ディスプレイの基本的パターン	ハンドブック下 p.80
				表3-2-2	平台陳列のメリット・デメリット	ハンドブック下 p.81
			115	表3-2-3	ハンガー陳列のメリット・デメリット	ハンドブック下 p.83
				表3-2-4	ゴンドラ陳列のメリット・デメリット	ハンドブック下 p.84
				表3-2-5	フック陳列のメリット・デメリット	ハンドブック下 p.85
			116	表3-2-6	ボックス陳列のメリット・デメリット	ハンドブック下 p.85
				表3-2-7	ショーケース陳列のメリット・デメリット	ハンドブック下 p.86
				表3-2-8	ショーケースのタイプ	ハンドブック下 p.87
			117	表3-2-9	エンド陳列のメリット・デメリット	ハンドブック下 p.88
				表3-2-10	ステージ陳列のメリット・デメリット	ハンドブック下 p.89
				表3-2-11	カットケース陳列のメリット・デメリット	ハンドブック下 p.91
			118	表3-2-12	前進立体陳列のメリット・デメリット	ハンドブック下 p.92
				表3-2-13	先入れ先出し陳列のメリット・デメリット	ハンドブック下 p.93
				表3-2-14	ジャンブル陳列のメリット・デメリット	ハンドブック下 p.95
			119	表3-2-15	コーディネート陳列のメリット・デメリット	ハンドブック下 p.98
				表3-2-16	オープン陳列のメリット・デメリット	ハンドブック下 p.99
				表3-2-17	サンプル陳列のメリット・デメリット	ハンドブック下 p.100
			120	表3-2-18	レジ前陳列のメリット・デメリット	ハンドブック下 p.101
				表3-2-19	島陳列のメリット・デメリット	ハンドブック下 p.102
				表3-2-20	壁面陳列のメリット・デメリット	ハンドブック下 p.103
		3	121	図3-3-1	三角構成	ハンドブック下 p.104
				図3-3-2	リピート構成	ハンドブック下 p.105
				図3-3-3	対称構成	ハンドブック下 p.105

参考文献

掲載箇所				図表番号	図表名	出典
編	章	節	ページ			
4	1	1	129	表1-1-1	メーカーと小売業のマーケティングの違い	ハンドブック下　p.117　PHP研究所「小売業の新戦略 マイクロマーケティング入門」(PHPビジネス新書)
				表1-1-2	4P理論から見たメーカーと小売業のマーケティングの違い	ハンドブック下　p.119　PHP研究所「小売業の新戦略 マイクロマーケティング入門」(PHPビジネス新書)
		2	130	表1-2-1	販売(セリング)志向とマーケティング志向の違い	ハンドブック下　p.123
	2	1	131	図2-1-1	顧客満足の新旧3原則	ハンドブック下　p.130
		2	133	図2-2-1	戦略的顧客維持政策のしくみ	ハンドブック下　p.136　流通サイエンス研究所「戦略的 顧客維持の運営体系」
		3	134	表2-3-1	FSPとポイントカードの違い	ハンドブック下　p.138　流通サイエンス研究所「顧客戦 略の実際」
	3	1	137	表3-1-1	商圏を区分する基準の例	ハンドブック下　p.145
		2	138	図3-2-1	立地の3大要素	ハンドブック下　p.147
			139	図3-2-2	立地選定の手順	ハンドブック下　p.150
4	4	1	142	図4-1-1	リージョナルプロモーションの体系	ハンドブック下　p.159
		2	143	表4-2-1	広告の種類	ハンドブック下　p.165
			145	表4-2-3	プレミアムの種類	ハンドブック下　p.162
				表4-2-4	価格によるセールスプロモーションの種類	ハンドブック下　p.163
		3	147	図4-3-1	訪日旅行消費額の費目別構成比の推移	観光庁「訪日外国人消費動向調査」
			148	表4-3-1	セグメンテーションの切り口	ハンドブック下　p.177
	5	1	151	表5-1-2	販売方式別の売場の違い	ハンドブック下　p.186　日経文庫「チェーンストアの基 本知識」
		2	152	表5-2-1	店舗照明の機能	ハンドブック下　p.189
				表5-2-2	照明計画のチェックポイント	ハンドブック下　p.190
			153	図5-2-1	店舗内各部の明暗差(店内平均照度を1とした場合)	ハンドブック下　p.192
			154	表5-2-4	照明の形式	ハンドブック下　p.196
		4	158	図5-4-1	色の特性	ハンドブック下　p.206
				図5-4-2	色相環	ハンドブック下　p.207　有峰書店「色彩入門」
5	1	1	164	図1-1-1	接客の心構え	ハンドブック下　p.214
				図1-1-2	お辞儀の種類	ハンドブック下　p.216
			165	表1-1-2	敬語の種類	ハンドブック下　p.217～219
		2	167	表1-2-2	時間の基本的な考え方	ハンドブック下　p.223
				図1-2-1	クレーム対応の手順	ハンドブック下　p.224
				図1-2-2	返品対応の手順	ハンドブック下　p.226
5	2	1	169	図2-1-1	小売業に関するおもな法規類	ハンドブック下　p.230
			170	表2-1-1	大規模小売店舗立地法のおもな内容	ハンドブック下　p.232
			171	表2-1-2	許認可を必要とするおもな業種と根拠法・許認可先	ハンドブック下　p.235
			173	図2-1-3	個別方式の割賦販売	ハンドブック下　p.238
				図2-1-4	包括方式の割賦販売	ハンドブック下　p.238
			174	図2-1-5	個別方式の信用購入あっせん	ハンドブック下　p.239
				図2-1-6	包括方式の信用購入あっせん	ハンドブック下　p.239
			176	表2-1-4	PSCマーク制度とPSCマーク	ハンドブック下　p.242
			178	表2-1-6	賞味期限と消費期限	ハンドブック下　p.245
				表2-1-7	おもな計量単位	旧ハンドブック⑤　p.44
				図2-1-7	検定証印	ハンドブック下　p.246
			179	表2-1-8	標準品や規格品であることを示すマーク	ハンドブック下　p.247
			180	図2-1-8	景品規制の概要	ハンドブック下　p.249
		3	181	図2-3-1	リサイクルに関するマーク	ハンドブック下　p.254
	3	1	184	図3-1-1	利益の構造	ハンドブック下　p.263
		2	186	図3-2-1	値入高と売上総利益(粗利益高)の違い	ハンドブック下　p.268
			187	図3-2-2		ハンドブック下　p.271
				図3-2-3	計算上の売上原価	ハンドブック下　p.272
	4	1	190	図4-1-1	代金支払い方法の種類	ハンドブック下　p.283
			191	図4-1-2	金銭管理のポイント	ハンドブック下　p.286

■執筆

上岡史郎　一般社団法人日本販売士協会登録講師，販売士１級
　　　　　目白大学短期大学部　教授

●本書に関する誤記・誤植につきましては，書名・該当ページと内容を明記のうえ，FAX または書面にてお送り願います。なお，内容によっては回答に日数をいただく場合もございますので，あらかじめご了承ください。
FAX：03-3238-7717

●表紙デザイン──エッジ・デザイン・オフィス
●本文基本デザイン──ニシ工芸
●編修協力──有限会社アクト，清郁美

レクチャー＆トレーニング

日商リテールマーケティング（販売士）検定試験３級

2022 年 12 月 30 日　　初版第 2 刷発行

●執筆者　　上岡史郎
●発行者　　小田良次
●印刷所　　株式会社　太洋社

無断複写・転載を禁ず

●発行所　　実教出版株式会社
〒102-8377
東京都千代田区五番町５番地
電話［営　　業］(03)3238-7765
　　［企画開発］(03)3238-7751
　　［総　　務］(03)3238-7700
https://www.jikkyo.co.jp/

C2063　　ISBN978-4-407-35263-4　　　　　　　　　　　　　　　　Printed in Japan